다이내믹

전정판

레크리에이션

조 민 구 | 이 재 선 | 주 정 호

dcb
대경북스

저 | 자 | 소 | 개

조 민 구

한국체육대학교 대학원 이학박사(여가스포츠 심리학)
서울시립대학교 대학원 행정학박사(여가정책)
미국 인디애나대학교(IUB) 객원교수
서일대학교 학생지원처장(처장협의회 회장)
한국정책개발학회 이사
NCS(국가직무능력표준) '레크리에이션지도 분야' 개발 심의위원장
NCS학습모듈 '레크리에이션지도 분야(13개 학습모듈)' 대표집필자
현) 한국직업능력심사평가원 통합심사평가위원
　　한국여가정책학회 회장
　　서일대학교 레크리에이션과 교수

이재선

명지대학교 대학원 교육학박사
서일대학교 레크리에이션과 겸임교수
한국놀이문화협회 전문위원
현) 명지대학교 대학원 평생교육학과 주임교수
　　한국유머 · 웃음치료학회 회장
　　건국대학교 미래지식교육원 교수

주정호

일본 Tokai 대학교 대학원 석사과정 졸업
국민대학교 대학원 이학박사(스포츠심리학)
한영대학교 대학원 사회복지학박사 (사회복지학)
한국레크리에이션협회 이사
현) 영유아보육행정학회 이사
　　서일대학교 보육교사교육원 교수

다이내믹 레크리에이션 전정판　KOMCA 승인필

초판발행/2017년 5월 10일 · 초판2쇄/2020년 4월 20일
발행인/민유정 · 발행처/대경북스 · ISBN/978-89-5676-597-6

dkb
대경북스

등록번호 제 1-1003호
서울특별시 강동구 천중로 42길 45 (길동) 2F · 전화: 02) 485-1988, 485-2586~87
팩스: 02) 485-1488 · e-mail: dkbooks@chol.com · http://www.dkbooks.co.kr

머리말

　우리 사회에서 여가를 즐기기 위한 적당한 놀거리가 없다는 말을 종종 듣곤 한다. 이 분야에 관심을 가지고 연구하는 사람의 입장에서 고개를 가로젓게 되는 이유는, 사실 소재가 없다기보다는 "여가를 선용할 수 있는 수단과 방법에 대한 대안 즉, 여가교육이 부족한 것이 아닐까?"하는 생각을 지울 수 없기 때문이다.

　여가교육이 정착되지 못한 사회적 분위기에서 레크리에이션이나 놀이에 대한 일반인들의 인식은 그저 공허한 시간을 메꾸고 즐기는 수단에 불과 하며 생산활동에 도움이 되지 않는 가치 없는 행위로 간주되기도 하였다.

　현재 우리는 전통적인 노동 위주의 사회를 탈피하여 국민 누구에게나 여가의 양적 분배가 동등하게 이루어지는 대중여가시대를 맞이하고 있다. 이제 여가는 내일의 활동을 위한 재충전의 기회와 삶의 질을 향상시키는 수단으로 받아들여지고 있다. 주5일 근무제의 확산과 더불어 정부와 여가지도자는 국민들의 여가욕구에 부응할 수 있는 대책 마련과 장기적인 프로그램 수립에 매진하여야 할 것이다.

　이러한 뜻에서 본 교재는 여가지도자가 수업시간에, 그리고 개인이나 단체의 여가선용을 위한 현장에서 지침서로 활용될 수 있도록 주로 실제지도 방법에 초점을 맞추어 집필되었다.

　필자들이 평소 교육현장에서 경험했던 일부를 정리하였지만, 부족한 내용임을 고백하지 않을 수 없다. 앞으로 개정판을 내면서 지속적으로 수정·보완할 것을 약속하면서 많은 질책과 지도를 바라는 바이다.

　끝으로, 본 서의 출판을 쾌히 승낙해주신 대경북스의 민유정 사장님께 감사를 드린다.

2017년 5월
저자 씀

차 례

제1부
레크리에이션 프로그램 지도론

제2부
레크리에이션 프로그램의 실제

제1장 주의집중을 위한 SPOT 프로그램

제2장 분위기조성을 위한 Ice Breaking 프로그램

제3장 관계개선을 위한 Communication 프로그램

제4장 집단협동을 위한 Group Dynamics 프로그램

5. 단체전 게임 · 352

제1부

제1장

여가와 레크리에이션

1 여가의 개념

우리 사회는 노동 중심의 사회로부터 여가중심의 사회로 패러다임이 변화하고 있다. 여가사회학자들은 후기산업사회의 이러한 현상을 '여가사회' 또는 '여가산업사회'라고 부르고 있다(조민구, 2015).

여가란 단어가 일상생활에서 자주 사용되기 시작한 것은 그리 오래된 것은 아니다. 여가는 영어의 leisure를 번역한 것으로 그 어원(語源)은 라틴어의 'otium(아무 것도 하지 않는, 소극적 행위)'과 혹은 'licere(허용된 활동, 자유로워지는 것)'와 그리스어의 'schöle(자기 교양을 높이는 적극적 행위, 배우다)'라는 의미로부터 출발하였다. 스콜레(schole)는 영어의 school 또는 scholar란 말로 발전되었다.

미국의 여가학자 크라우스(Richard Kraus, 1971)는 아리스토텔레스의 여가론에 관련지어 다음과 같이 설명하고 있다.

여가란 말은 고대 그리스의 schole에서 유래하고, schöle는 leisure 또는 education과 밀접한 관계를 가지고 있다고 볼 수 있다. 본디 schöle는 직접적으로 leisure의 의미를 가지고 있는 것과 동시에 '학문적인 토론의 장(場)'이란 의미도 내포하고 있다. 그런 토론의 장은 아폴로(Apollo) 신전(神殿)의 「Lykos의 이웃의 숲」이라고 하는 곳에 있었다. 그곳은 나중에 lyceum으로 알려지게 되었다. 여기서부터 프랑스어의 lycee가 파생되기도 하고 영어의 school을 의미하기도 하였다.

영어의 leisure에 대한 유래는 직접적으로 라틴어의 licere와 관계한다고 전해지고 그 뜻으로는 '허용된다', '자유롭다'의 의미를 나타내며, licere로부터 프랑스어의 loisir, 그리고 영어의 licence가 파생되었다.

크라우스뿐만 아니라 여러 관련학자들이 여가에 대한 어원을 조사 · 연구해 왔으며, 이것을 간단히 정리해 보면 그림 1과 같다.

그림 1에서와 같이 여가라고 불리는 의미로는 어원적으로 '배운다'라는 활동과 '허용된다'라는 자유성이라는 두 가지 의미가 포함되어 있는 것을 알 수 있다.

그러나 그리스, 로마시대의 여가는 당시 인구의 과반수를 차지하고 있는 노예계급이 아니라, 노예를 이용한 노동의 대가로 생활하는 시민계급과 귀족계급에게만 국한되

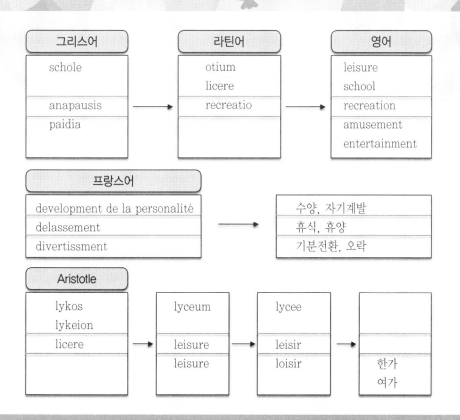

그림 1. 여가 및 레크리에이션의 어원

었다. 그런 형태의 여가는 소크라테스, 플라톤의 철학과 현대 연극의 모체 중의 하나로서 그리스 비극 등이 생겨나고, 로마시대에는 목욕탕에서의 유희·격투기 관람 등의 여가생활로 전개되었다. 이때의 여가시간의 활동유형을 보면 그림 2와 같다.

서양과 마찬가지로 우리나라도 옛부터 여가활동은 유한계급(양반, 왕족)의 산물로 여겨져왔다. 근래에 이르러 사회적 계층의 변화와 과학·기술의 발달로 인한 노동시간의 감소 등은 우리에게 대중여가시대(mass-leisure age)를 가져다 주었다. 계층의 파괴와 의·식·주와 같은 기본 생활의 충족은 여가라는 또 다른 과제를 부여하게 되었고, 이것을 적극적인 관점에서 보려는 경향이 많아지고 있다. 이미 현대사회를 살아가고 있는 우리에게는 "어떻게 먹을까?"라는 생존적인 고민보다는"무엇을 먹을까?" 라는 생활적인 고민에 휩싸이게 되었다.

이렇게 시간의 흐름에 따라 사회·문화적 변화가 있었고, 여가에 대한 견해 또한 학자에 따라 아주 다양해 졌다. 예를 들어, 칼 막스(Karl Marx, 1894)는 여가를 '인간

활동유형 1

· 아나파우시스(anapausis) ; 휴식, 휴양(rest/relaxation/recreation)
· relaxation ; 휴식, 휴양
· delassement ; 피로의 회복

· 레크리에이션으로서의 여가
· 노동으로부터 오는 피로회복

활동유형 2

· 파이디아(paidia) ; 기분전환, 오락(amusement/entertainment)
· entertainment ; 오락
· devertissement ; 지루함으로부터의 탈출

· 이탈, 해방으로서의 여가
· 노동으로부터 오는 스트레스의 해방

활동유형 3

· 스콜레(schöle) ; 진리와 자기이해의 추구, 자기개발(leisure/school, contempla-
tion, cultivation of mind)
· 자기 개발 ; self-development
· 신체, 감성, 이성의 도야 ; development de la personalite

· 단련, 수양(discipline)으로서의 여가
· 자기규율 속의 자유시간의 활동

그림 2. 여가의 활동유형

적 성숙을 위한 여유'라고 하고, 엥겔스(Friedrich Engels, 1889)는 '사회의 유익한 일
에 참여하기 위해, 충분한 자유시간을 확보하기 위한 수단'으로 해석해 노동시간의 단
축을 주장하였다.

프랑스의 대표적인 사회학사 둠마세디에르(Joffre Dumazedier, 1968)는 "여가를
근로자의 일상생활에서 중심적 요소로 간주하고, 노동·가족·정치에 관한 모든 문제
와 깊고 미묘하게 결합되어 있기 때문에 그런 문제들을 새롭게 정립함과 동시에 개선
해 나가지 않으면 안 된다"라고 주장했다. 그리고, 여가는 개인이 직장과 가정·사회에
서 부과된 의무로부터 해방되었을 때, 휴식 및 기분전환을 위하여 이익과는 무관한 지
식과 능력의 양성, 자발적인 사회참여, 자유로운 창조력을 발휘하기 위하여 스스로 행
하는 활동의 총체라고 규정짓고 있다.

또한, 미국의 리딕(Carol Culter Riddick, 1986)은 "성인의 정신적 건강은 건전한

여가활동을 통해서 얻어지는 만족도에 따라 크게 좌우된다"고 주장하여 개인의 여가활동의 중요성을 강조하기도 했다.

캐니어스와 몽텔파르(Michael A. Kaniers & William J. Montelpare, 1994)는 "여가는 자기 자신을 위해서 행해져야 하며, 또한 그것을 즐기기 위해서 반복하여 행하는 행위다"라고 하였다.

이에 대해 사회학적인 관점에서 여가를 관찰한 켈리(John R. Kelly, 1990)는 여가를 그림 3과 같이 설명하고 있다.

그리고, 베어드와 라게브(Jacob G. Beard & Mounir G. Ragheb, 1980)는 "여가활동은 개인의 참가 여부에 관계없이 자유선택으로 이루어지는 의무적 활동 이외의 활동"이라고 규정하여 개인의 여가활동에 대한 여가만족척도(Leisure Satisfaction Scale)를 개발하기도 했다.

이와는 반대로 아이소 알라와 베싱거(Seppo E. Iso-Ahola & Ellen Weissinger, 1990)는 이론과 경험에 기인한 여가에 대한 짜증·싫증·지루함 등의 개념구조를 파악하고, 여가의 지루함에 대한 조사표를 작성했다. 그리고 이것은 여가에 있어서 부정적인 기능의 검증과 치료적·실용적 상황에 적절히 이용될 수 있다고 주장했다.

이렇게 지금까지 논해져 왔던 여가에 대한 이론을 여가행동과 접목시켜 고려해 보면 그림 4와 같이 여가행동에 대한 기본구조를 나타낼 수 있다.

그림 4에서 보는 바와 같이 개인의 여가활동에 영향을 미치는 객관적 조건으로서는 사회적·경제적·정치적·문화적 조건을 들 수 있다. 좀 더 구체적으로 살펴보면, 사회적 조건은 여가활동에 같이 참여하는 친구·가족·회사원 등으로 간주할 수 있고, 경

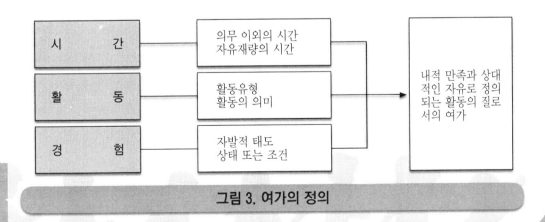

그림 3. 여가의 정의

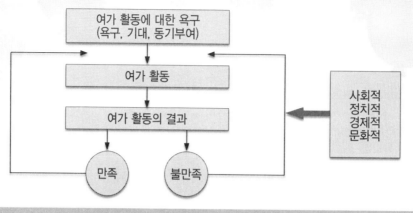

여가 활동에 대한 욕구
(욕구, 기대, 동기부여)

여가 활동

여가 활동의 결과

만족 불만족

사회적
정치적
경제적
문화적

그림 4. 여가행동의 기본구조

제적 조건은 여가활동을 즐기기 위한 제반비용을 들 수 있다. 그리고, 문화적 조건은 각 나라, 그 시대에 따른 사람들의 의식문화 등을 들 수 있다.

한편, 여가활동을 즐긴 후의 결과는 개인의 만족도에 따라 표현될 수 있다. 즉, 높은 만족도(요구, 기대에 대한 충족)는 개인의 여가활동에 적극적 영향요인으로, 이와 반대로 낮은 만족도(지루함, 싫증)는 소극적 영향요인 또는 활동을 멈추게 하는 요인으로 설명할 수 있다. 이것은 또한 개인의 여가활동의 주관적 조건으로 생각할 수 있다.

그리고 사회적·경제적·정치적·문화적 요인 등의 객관적 조건의 지원에 따라 개인의 여가활동유형이 달라진다고 볼 수 있다. 따라서, 만족도가 높으면 높을수록 적극적인 여가활동을 즐길 수 있다고 할 수 있다.

여가에 대해 많은 관련학자들이 논해왔지만, 이렇다 할 사전적인 정의는 내리기 어렵다. 이것이 여가가 가지고 있는 특징이라고도 할 수 있겠다. 생각하는 관점에 따라 그 견해가 달라지는 것은 마치 다양한 모양을 지닌 도형처럼 어느 부분을 자르느냐에 따라 그 단면도가 달라지는 것과 같다. 그렇지만 그 본질적인 요소는 달라지지 않는다. 여기에서는 지금까지 논의되어왔던 여가의 개념을 표 1과 같이 분류해 보았다.

우리나라는 주5일 근무제 실시 등으로 인하여 '여가의 올바른 활용'이라는 것이 피할 수 없는 숙제가 되었다. 청소년들의 학교와 가정으로부터의 일탈행위, 늘어나는 이혼율과 가정파괴 등의 사회 현상은 여가의 부정적 산물이다.

이제는 여가에 대해 사회·경제·정치·문화적인 차원에서 적극적인 지원이 이루어져야 하며, 이를 올바로 이끌어나갈 전문적인 인력의 양성도 절실히 필요하다.

표 1. 여가개념의 분류

구 분	특 징	관련 학자
시간개념으로서의 여가	생물적 생존과 사회적 생존시간 이외의 시간이다.	Alexander Szalai Sebastian De Grazia Jack L. Kentsch
활동개념으로서의 여가	여가는 구속되지 않고 자발적으로 행하는 활동이다.	Chales Brightbill W. Sutherland M. H. Neumeyer
의식개념으로서의 여가	여가는 정신이나 마음의 상태이다.	John Neulinger Seppo E. Iso-Ahola Mounir G. Ragheb
총체적 개념으로서의 여가	여가는 다양한 사회적 상황의 장면에서 발견되는 종합적인 것이다.	Joffre Deumazedier Max. Kaplan John Kelly

2 레크리에이션의 개념

레크리에이션이란 말은 어디에서 왔을까? 영어의 recreation은 문헌에 의하면 라틴어의 re-creare로부터 파생되어 recreatio를 거쳐서 프랑스어의 recreacion으로, 이것이 다시 중세 영어인 recreation이 되었다고 전해지기도 하며, 한편 라틴어의 recreatio에서 중세 영어의 recreation이 되었다고도 한다.

본래의 의미로는 re(再), create(創造), 즉 재창조(再創造)의 의미로 표현되었다고 한다. 따라서, 개조나 재창조 혹은 새롭게 만든다는 뜻으로 출발하였으며, 피로회복과 재생을 위한 기분전환을 의미하기도 한다. 레크리에이션이란 단어가 영어로서 처음 사용된 것은 1390년으로 "식사를 같이 하는 것에 의해 기분을 새롭게 하는 것"을 의미했다고 한다.

그리고, 레크리에이션이란 단어가 교육상의 중요한 용어로 처음 쓰였던 것은 1657년 근대 교육학의 아버지라고 불리는 보헤미아(지금의 체코)의 철학자 코메니우스가 그의 저서 『대교수학(大敎授學)』 중에 "일정한 학습시간 후에 정신의 피로회복을 위해 쉬는 시간이 필요하다"고 지적하면서 수업과 수업 사이의 휴식시간을 레크리에이션이라고

불렀던 것이었다. 즉, 수업과 수업 사이의 휴식시간을 단순한 공백시간이 아니라 수업에서 오는 피로를 회복하고 다음 수업을 위한 활력을 준비하는 중요한 시간으로 간주했던 것이다.

이렇게 레크리에이션은 근대적인 학교에서부터 그 뜻이 사용되어 왔다고 말할 수 있다.

그 후 레크리에이션은 휴식시간에 하는 여러 가지 기분전환 활동을 포함하는 의미로 쓰였다. 근대적인 공장노동의 확대와 함께 레크리에이션은 학교의 학생들뿐만 아니라 공장과 사무실에서 일하는 노동자들의 휴식과 기분전환을 보장하는 활동으로 간주하게 되었다. 국제노동기구(ILO)가 1949년에 채택한 '노동자의 레크리에이션에 관한 권고'에는 노동시간의 제한과 함께 여가활용을 위한 레크리에이션 조건정비의 필요성이 강조되어 있다.

미국에서 레크리에이션이란 용어를 사회적으로 정착시키고 공식적으로 사용하게 된 움직임의 하나는 1906년 당시 청소년 비행화(非行化)가 하나의 큰 사회문제로 나타나 제26대 루즈벨트 대통령이 미국 곳곳에서 청소년 문제에 관여하는 전문가·학자·지도자들을 소집하여 워싱턴의 백악관 회의를 개최하고 청소년 비행방지대책을 협의한 것이 발단이다.

이 회의의 결론은 "미국 전체에 아동 유원지를 개설하는 동시에 전문지도원을 배치해야 한다"라고 내려졌다. 이러한 결정에 의해 1906년 여름 이후 아동운동장협회(Play Ground Association)가 설립되고, 그 후 1911년에는 아동 운동장 및 레크리에이션협회(Play Ground and Recreation Association)라 개칭되었다. 이때부터 미국에서 레크리에이션이란 단어가 공식적으로 사용되었다.

레크리에이션이란 단어는 현재 여러 가지로 사용되고 있지만 레크리에이션을 한 마디로 정의하기는 매우 어렵다. 그 이유는 레크리에이션이란 말이 단순히 외래어이기 때문이 아니라, 한 개인이 하는 어떤 활동이 레크리에이션인지의 여부를 판단하는 것은 레크리에이션의 표면에 나타나는 단순한 활동문제가 아니며, 오히려 동기(motivation)와 태도(attitude)의 문제이기 때문이다. 이것은 다시 단순한 이유나 근거에 의해 레크리에이션 여부를 결정지을 수 없는 측면을 가지고 있고, 또한 그 점이 오늘날 레크리에이션에 대한 오해를 야기시키고 있는 요인이 되고 있다.

사포라와 미첼(A. V. Sapora & E. D. Mitchell)에 의하면 "레크리에이션은 놀이를 포함한 넓은 개념으로, 모든 형태의 활동을 포함해 어린이뿐만 아니라 성인들에 의

해 자기실현을 목적으로 추구된다. 그렇기 때문에 지역서비스(community service ; 지역사회에서의 레크리에이션 프로그램을 계획하고 수행하는 것)와 같은 직업도 포함된다"라고 말하고 있다.

또한, 허친슨(I. L. Hutchinson)은 "레크리에이션은 가치 있고 사회적으로 수용될 수 있는 경험으로 그 활동에 자발적으로 참가하는 개인에 직접적으로, 또는 고유한 만족을 주는 경험이다"라고 말해 레크리에이션의 경험적 가치를 강조했다.

일본 치료레크리에이션 분야의 권위자인 스즈키(鈴木秀雄)는 "레크리에이션을 단순한 놀이(mere play)로부터 창조적 활동(creative activity)을 포함한 일련의 확대(spectrum)로서 여가 중에 행해지고 자유롭게 선택되어 즐기는 것을 주요 목적으로 하는 활동·경험의 총체"라고 규정했다.

그 후 레크리에이션의 많은 관련학자들은 그 본질과 개념을 파악하려고 노력해왔으며, 이것을 간단히 정리해보면 표 2와 같다.

이와 같이 시대와 사회의 변화에 따라 레크리에이션도 그 개념을 조금씩 달리 해왔다. 그렇지만 레크리에이션이 내포하고 있는 본질은 변하지 않는다. 따라서 그 개념은 "개인의 윤택하고 밝은 생활을 영위하기 위해 주체적으로 여가를 창조하고 즐기며 다시 여가를 어떻게 하면 잘 보낼 수 있을까를 발견하고 경험하려고 하는 행위가 레크리에이션이다"라고 말할 수 있다. 즉, 레크리에이션은 개인이나 집단 또는 조직의 유무에 관계없이 여러 가지 경험이나 활동을 통해서 실현될 수 있는 것이다. 또한, 여가를 유용하고 보람 있게 보내고 싶다는 가치적 의미가 포함되어 있는 것이 레크리에이션을 존재하게 하는 이유라고 할 수 있다.

표 2. 레크리에이션에 대한 개념의 흐름

연 대	대표적 표현	개 념
1900~1930	휴양, 오락, 기분전환	노동대비개념
1940~1950	여가선용	
1960	자유로우면서 즐거운 활동	활동개념
1970	개인의 동기, 태도에 기인하는 경험적 차원	
1980	여가에 대한 욕구를 충족시키기 위한 사회적 행위	태도, 경험개념
1990	삶의 질 향상과 복지적 차원에서의 경험	복지, 경험개념
2000	자기 가치의 향상과 사회, 복지적 차원에서의 경험	가치, 복지개념

이런 점에 관해서는 종래부터 논의되어 왔고 레크리에이션의 개념 및 정의를 내리는 데도 매우 중요하다.

만일, 레크리에이션으로부터 가치적 측면을 완전히 무시한다고 하면 레크리에이션의 본질적 의미를 상실시키는 것이 된다. 레크리에이션은 그 가치적 측면에 중점을 두어야 하고, 더욱이 사람의 태도와 살아가는 생활방식의 관계를 고려하지 않으면 안 된다.

3 놀이이론

1) 요한 호이징가의 「호모루덴스」

놀이의 문화사적 연구에 초점을 맞춘 네덜란드의 문화사가 요한 호이징가(Johan Huizinga, 1872~1945)는 1933년 "문화에 있어서 놀이와 진지함의 경계에 대하여" 라는 주제로 강연을 했으며, 이 주제는 이후 1938년에 호모 루덴스(Homo Ludens, Man the Player: 놀이하는 인간)라는 저서에서 다시 조명되면서 더욱 발전하게 되었다. 호모루덴스는 국내에서 '놀이의 인간', '유희하는 인간' 등으로 해석되어 다수의 번역서로 출간되었다. 호이징가는 "인간은 놀이를 통해 사회질서를 만들어가는 본질적 속성을 가지고 있다"고 했으며, 놀이는 문화의 한 요소가 아니라 문화 그 자체가 놀이의 성격을 지니고 있다고도 하였다. 그동안 놀이가 문화 속에서 발생하는 것으로, 문화를 상위개념으로 취급하였으나 호이징가는 이러한 전통적 견해를 뒤집고, 문화는 원초부터 놀이로서 시작되며 놀이 속에서 놀이로서 발달한다는 획기적인 주장을 하였다. 그의 놀이에 대한 견해의 특징은 놀이가 갖는 대립적인 성격에 주목하고 놀이와 경기의 근원적인 관계를 인정하는 데 있다.

그는 놀이에 몰두하며 자연스럽게 창의성과 상상력을 갖추게 된 놀이적 인간을 호모 루덴스라 명명했으며, 르네상스 시대도 호모 루덴스가 창조한 것으로 보았다.

최근 웰빙(well-being)과 힐링(healing)이 사회적 관심을 주도하고 있으니, 그의 예견대로 현대 후기산업사회를 '호모루덴스 시대'라고 할 수 있다. 잘 놀고 자신의 취미를 즐기는 사람이 대세인 시대이다. 잘 놀고 자신의 취미를 즐기는 사람들은 대인관계도 좋으며, 모임에서 인기를 끌기 마련이고 성공할 가능성도 그만큼 높다고 할 수 있다.

2) 로제 카이와의 「놀이와 인간」

로제 카이와(Roger Caillois)의 「놀이와 인간(Les jeux et les hommes)」은 호이징가의 호모루덴스를 확대 재해석한 저서로 보인다.

프랑스의 대표적인 사상가 카이와는 놀이와 문화의 상관관계에 주목하고, 놀이의 영역을 경쟁·운·모방·현기증이라는 독창적인 분류를 통하여 문화의 발달을 고찰하였다.

「놀이와 인간」에서 카이와는 놀이를 하는 '정신'은 높은 수준의 문화 활동을 하게 하는 원동력이 될 뿐만 아니라, 개인의 지적 발달과 정신교육에서 중요한 기능을 한다고 보았다.

카이와는 놀이의 정신은 창조력의 원천으로 문화 발전을 위한 토대라는 점을 강조하고, 놀이만큼 인간을 평등하게 만드는 것은 없다고 보았다. 놀이를 하는 인간은 상호간 일체감과 해방감 그리고 즐거움과 카타르시스를 느끼며 구속과 제약에서 벗어날 수 있다. 가면을 쓴 채 가면의 주인공이 되기도 하고, 환상과 꿈에 젖어 잊고 지냈던 과거의 향수를 음미하기도 한다.

놀이는 인간의 삶을 확인시켜 주는 것으로 생존에 꼭 필요한 것이다.

3) 놀이의 분류

카이와는 놀이의 속성에 따라 아곤(Agon), 알레아(Alea), 미미크리(Mimicry), 일링크스(Ilinx) 그리고 놀이가 가진 규칙성의 유무에 따라 파이디아와 루두스 등의 개념들을 설명하였다.

(1) Agon(경쟁)

아곤은 규칙에 따른 경쟁 놀이로서 경쟁을 통해 인정받으려는 인간의 욕망이 표현되는 놀이이다. 경쟁을 통하여 만족을 얻기 위해서는 지속적인 연습과 노력, 승리하고 자하는 의지 등을 갖추어야 한다.

바둑, 체스, 사냥, 퍼즐놀이, 스포츠 등이 여기에 속하며, 규칙과 판정이 무시될 때 경쟁에 내제된 근원적 이기심과 난폭성이 드러나며, 이는 승부조작이나 폭력 등으로 나타나기도 한다.

(2) Alea(운)

알레아는 규칙은 있으나 의지가 반영되지 않는 것으로, 경쟁놀이와 달리 전혀 영향력을 행사할 수 없는 결정에 기초하는 우연 놀이이다. 아곤(경쟁)의 경우 경쟁자들 간의 기회를 평등하게 하는데 초점을 둔다면, 알레아(운)는 '운'을 기대하면서 놀이에 끊임없이 몰입하게 하도록 하고 쾌감을 느끼게 한다. 우연놀이는 행운을 바라는 기대심리로 강한 중독성을 갖게 한다.

복권, 카드게임, 주사위놀이, 제비뽑기 등으로, 미리 결과를 알고자하는 유혹에서 생겨나며, 이는 사기도박이나 미신 등에 중독되는 등 부정적 영향을 주기도 한다.

(3) Mimicry(모방)

미미크리는 모방하거나 가장하여 흉내 내고 싶은 의지를 반영하는 놀이이다. 가면을 쓰거나 가장하고 있다는 사실 자체와 그로 인해 일어나는 결과가 즐거움을 일으키는 것이다. 일시적으로 다른 인물이 되어보는 것으로, 허구적인 공간에 있거나 가상 인물이 되는 것 자체를 즐기는 것이다.

가면무도회, 연극, 소꿉놀이 등이며, 모방된 역할을 현재의 자신과 구분하지 못해 생겨나는 광기로 현실세계와 가상세계를 구별하지 못하는 것으로 게임중독, 다중인격 등의 부작용으로 나타나기도 한다.

(4) Ilinx(현기증)

일링크스는 규칙이나 의지와 무관하게 일시적으로 지각의 안정을 파괴하고 기분 좋은 패닉 상태를 일으키려는 놀이이다. 일상적인 사고의 패턴이 일시적으로 벗어날 때, 순간적으로 느끼는 아찔함과 같은 것이다. 운(Alea)의 정도가 클 때도 일링크스 현상이 발생한다.

회전목마, 공포영화 감상, 롤러코스터, 그네타기, 번지점프 등의 회전낙하운동과 공중서커스가 여기에 속하고, 지나치게 심취할 때 현실도피의 수단으로 이용되며, 마약, 알콜중독 등의 부작용으로 나타나기도 한다.

(5) Paidia(놀이)

파이디아는 통제하지 않은 일시적인 기분의 표출로서 기분전환, 소란, 자유로운 즉흥, 대범한 발산 등의 원리가 작동하는 행위다. 난장 같은 축제, 몸 가는 대로 추는 춤, 놀이공원의 공중열차 등을 통해서 느낄 수 있는 재미가 여기에 속한다고 할 수 있다.

(6) Ludus(게임)

루두스는 결과에 이르기 위해서 변칙들을 계속 만들어내고 이를 더욱 어렵게 만들어서 불편하고 힘들게 하며 장애물을 극복하는 놀이로, 운동경기, 서커스, 바둑이나 체스 등이 여기에 속한다.

4 유머치료

웃음치료는 넓은 의미에서 개념적으로 유머치료(therapeutic humor)와 같은 의미를 가질 수도 있고 좁은 의미에서는 신체적으로 웃도록 사전 준비된 프로그램에만 한정지을 수도 있다. 서양의 'therapeutic humor'가 우리나라에서는 '웃음치료'라는 명칭으로 일반적으로 사용되고 있다.

1) 유머치료의 정의

미국의 '응용 및 치료적 유머협회(Association for Applied and Therapeutic Humor)'에서는 '유머치료(therapeutic humor)'의 정의에 대해 '일상 생활사에서의 부조화나 모순을 즐겁게 발견하고 표현하거나 느끼도록 고무함으로써 건강과 안녕을 향상시키는 모든 개입(any intervention that promotes health and wellness by stimulating a playful discovery, expression or appreciation of the absurdity or incongruity of life's situations)'으로 정하고 있다. 그리고 이러한 개입은 "신체적, 감정적, 인지적, 영적으로든지 치유와 대처 능력을 증진시킴으로써 건강을 향상시키거나 질병에 대한 보완적인 치료 방법으로 사용될 수 있다(this intervention may enhance health or be used as a complementary treatment of illness to facilitate healing or coping, whether physical, emotional, cognitive, or spiritual)"고 기술하고 있다.

2) 유머치료의 방법

유머와 웃음 프로그램은 기관이나 경험 등에 따라 다음과 같이 다양한 방법으로 시행될 수 있다.

(1) 유머 치료(humor therapy)

웃음의 심리적 효과에 초점이 있으며 그룹을 대상으로 실제 이야기를 소재로 따뜻하고 해학적인 소설을 함께 낭독하거나 웃음을 주는 텔레비전 프로그램을 시청하거나 자신의 경험을 나누는 세션을 통해 삶의 보다 밝은 면을 조명하고 유머를 찾도록 상기시킨다.

(2) 웃음치료(laughter theraphy)

웃음의 신체적 효과에 초점이 있으며 혈액순환과 산소공급을 증가시켜주는 '유산소 유머(aerobic humor)'와 '내부 주요 장기의 내적인 조깅(internal jogging for all the major organs)'으로 나눌 수 있다. 웃음을 유발할 수 있는 소재들을 이용하고 사람들 간의 관계와 지지의 중요성을 상기시킨다.

(3) 래프터 클럽(laughter clubs)

인도의 의사인 카타리아(Madan Kataria)에 의해서 1995년 한 공원에서 5명과 함께 시작되었으며 현재 전 세계적으로 5000개의 래프터 클럽이 있다고 한다. 처음에는 한 사람씩 농담을 하면서 웃는 것으로 시작하였으나 점차 성적인 내용을 다루거나 부정적인 유머로 변하면서 한계를 느끼게 되었고 우스운 말이나 생각 없이 웃는 것으로 발전하게 되었고 요가 동작처럼 웃음 운동으로 이루어져 있으며 유머의 신체적인 면이 강조되고 있다. 그러나 나와 주위 사람들을 행복하게 만드는 내적인 웃음을 생활과 삶의 하나로 이루어지게 하는 것을 강조하며 만들어진 신체적인 웃음 뒤에 감정적인 편안함이 뒤따른다고 소개하고 있다. 특별한 금기는 없으나 모든 신체적 운동이 그렇듯이 한번에 20~30분 이내로 하는 것으로 제한하고 있다.

3) 유머치료의 역사

(1) 태동기

정신분석학의 개척자 프로이드는 1905년 「유머와 무의식과의 관계」라는 책에서 유머, 위트, 웃음은 걱정, 공포, 분노 등 부정적인 감정을 극복하는 방어기제가 된다고 적었다. 또한 프로이드는 웃음은 사회적 관계를 형성한다고 지적했고, 이것은 정신분석학을 공부한 심리학자나 정신과 의사들에게 있어 환자들을 치료하는데 웃음을 폭넓게 사용하게끔 했다

치료적 관점에서의 웃음치료의 태동은 미국 토요신문 편집장이었던 노만 커즈즈로부터 시작되었다. 난치병인 강직성 척수염에 걸려있던 그는 웃음을 병에서 회복했고, 이후 스탠포드대학, 하버드 대학과 공동으로 웃음에 대한 연구논문을 발표하기도 했다. 이후 그는 웃을 때는 얼굴 근육이 이완되어 뇌로 가는 혈류량이 증가되고 엔돌핀의 분비가 증가되고 자연살상세포가 증가된다는 다양한 연구결과를 발표했다. 그리고 억지로 웃는 웃음도 효과가 있고 혼자 웃는 것보다 여럿이 웃는 것이 더 효과적이라는 것도 밝혀냈다. 1980년대 이후 수많은 학자들이 웃음에 대한 관심과 임상실험을 실시하면서 그 효과가 과학적으로 검증되었다.

(2) 발전기

노먼 커즈즈(Norman Cousins) 박사의 「질병의 해부」라는 책의 출간을 통해 웃음요법을 전 근대적인 신체적 표현으로만 여기던 의학계에 관심을 불러 일으켰다. 스탠포드 대 의과대학의 윌리엄 프라이(William Fry)박사는 미국에서 웃음치료에 대한 체계를 세운 의사로 웃음과 유머가 건강에 미치는 효과를 발견하고, 「치료제로서의 웃음」

이라는 책을 발간했다.

미국의 캘리포니아 주립대 간호대학교수이며, 간호사였던 베라 로빈슨(Vera Robinson) 박사는 최초의 웃음교과서인 「유머와 의료진」이라는 책을 발간했다.

1986년 캐나다의 심리학자인 허버트 레프코트 (Hebert Lefcourt)와 로드마틴(Rod Martin)은 「유머와 라이프 스트레스」라는 책에서 스트레스와 정서 반응에 대한 결과를 밝혔는데, 스트레스를 해소하는 수많은 방법 중에 유머와 웃음이 가장 좋은 효과를 나타낸다고 하였다.

(3) 전환기

웃음치료 (요법)는 미국 캘리포니아주 로마린다 의과대학의 리버크 교수와 스탠리 탠 교수에 의해 의학적 근거가 입증되어 전환기를 맞게 된다. 두 사람은 웃음과 면역체계에 대한 연구로 전세계의학계에 비상한 관심을 불러 일으켰다.

실험은 1시간가량의 코믹비디오를 보여주면서 비디오를 보기전과 보고 있을때, 그리고 보고 난 뒤 혈액속의 면역체의 증감을 알아본 바 병원균을 막아내는 항체인 감마 인터페론이 200배가 되었음을 발견하였다. 이들은 웃음이야 말로 대체의학이 아니라 진짜 의학이라고 주장한다.

웃음치료 간호의 효시인 패티 우텐(Patty Wooten)은 간호사들을 위한 웃음교본을 두 권이나 저술하였고, 웃음부대를 조직하여 병실을 돌면서 환자의 기분을 전환하여 주고, 웃음을 환자들의 치유제로 사용하는 프로그램을 운영하고 있다.

(4) 활성화기

웃음치료는 환자뿐만 아니라, 일반인을 대상 또는 기업경영에도 도입되고 있다. 웃음을 모든 사람에게 적용하는데 공헌한 사람은 웃음 클럽 인터내셔널을 창설한 인도의 마단 카타리아(Madan Kataria)로 인도의 가정의학과 의사이다. 1995년 3월 자신을 포함해 5명으로 시작했던 웃음클럽 인터내셔널은 웃음요가를 통해 환자뿐만 아니라 일반인들에게도 즐거움과 건강, 행복, 안도감을 전하고 있다. 일반대중을 대상으로 웃음운동을 전개하고 있으며, 치료적 의미의 웃음이라기보다는 건강운동으로 활발한 발전을 이어가고 있다.

웃음치료를 과학적인 임상을 바탕으로 보편화시키고, 활발하게 활동하고 있는 사람이 바로 스티븐 윌슨(Steven Wilson)이다. 스티븐 윌슨은 웃음요가를 창설한 마단 카타리아 의사의 웃음요가를 심리학적인 연구방법 및 임상을 바탕으로 창작 개발하여 웃음치료(요법)를 향상시켰다. 현재 전 세계에 웃음클럽 (World Laughter Tour. Inc)을 운영하고 있으며, 대중을 상대로 활발하게 운영하고 있다.

(5) 국내웃음치료의 현황

현재는 의료중심뿐만 아니라 레크리에이션 분야, 교회중심의 성경적 웃음치료, 요가에 웃음을 가미한 웃음요가, 웃음태교, 웃음치료사 자원봉사단체까지 생겨나고 있다.

현재 병원에서 웃음치료를 정식 과목으로 인정하여 수가를 발생시켜 웃음치료를 하는 기간은 아직 없다. 다만 서울대학교 병원 가정의학과 내에서는 웃음치료를 받고자 하는 환자 군에서는 의사들의 정확한 진단 하에 웃음치료 오더를 받은 뒤 개인 혹은 그룹웃음치료를 지속하고 있다. 이에 국내 최초로 명지대학교 대학원 평생교육학과 유머웃음치료학 석사과정이 개설되어 많은 학생이 유머와 웃음, 건강과의 상관관계에 대해 연구하고 있다.

4) 유머치료의 연구동향

(1) 유머의 건강학

미국 샌프란시스코의 캘리포니아주립대 폴 애크먼 박사는 "사람은 특정한 감정표현을 흉내 내면 몸도 이에 따른 생리적 유형을 보인다."면서 "의식적으로 웃고 늘 웃음거리를 찾는 것이 건강에 도움이 된다."고 말했다. 의학계에선 최근 유머의 건강효과에 주목하고 있다.

유머(humor)라는 말의 뿌리는 고대 그리스어 'Umor'로, 체액을 뜻하는 말이다. 이후 중세 유럽인들도 이 체액의 상태에 따라 사람의 감정이 바뀐다고 생각했다. 요즘도 유머는 '기분'이라는 뜻을 갖고 있다. 예를 들어 "He is in a bad humor"는 "그는 기분이 나쁘다"는 의미다.

1979년 미국 UCLA의 교수였던 고(告) 노먼 커즌즈 박사는 척추가 뻣뻣해지고 아픈 '강직척수염'에 걸렸다 회복된 뒤 집필한 「병의 해부」라는 책에서 유머를 의학의 영역으로 끌어올렸다. 이 책은 베스트셀러가 됐다. 미국에선 88년 미국유머치료협회(AATH)

가 조직됐고 수많은 병원에서 유머 치료법을 도입하고 있다.

(2) 유머의 과학

최근 뇌의학의 발달로 유머는 대뇌에서 이성적 판단을 주관하는 '이마엽'(전두엽), 기억 감정 등과 관련 있는 '가장자리계통'(변연계) 등 여러 부위가 함께 관여하는 복합적 두뇌활동의 산물임이 밝혀졌다.

유머치료 전문가들은 유머가 단순한 웃음 이상임을 강조한다. 89년 미국 로마린다 의대 리 버크 교수팀은 웃을 경우 면역기능을 맡고 있는 백혈구와 면역글리블린은 많아지는 반면 스트레스를 받을 때 나오는 코르티졸 호르몬은 줄어든다는 사실을 밝혀냈다. 유머를 즐기면 여기에다 △다른 사람과의 유대감이 강화되고, △세상을 낙관적으로 보게 되며, △행동양식이 적극적으로 변화하는 등의 이점이 있다.

(3) 유머를 내 것으로

AATH의 유머치료 전문가들은 "유머에 대한 센스를 기르고 생활화 하는 데에는 운전을 배우는 것과 마찬가지로 계획과 노력이 있어야 한다."고 말한다.

우선 TV의 코미디 시트콤 등을 자주 보고 인터넷의 유머 사이트에서 웃음거리를 찾는 등 유머와 가까워지려고 노력해야 한다는 것. 그 다음에는 집 안이나 승용차에 '오늘의 유머'를 써 붙이거나 남이 말하는 재미있는 얘기를 메모하는 등 '유머의 세계'를 확대한다.

그러나 유머 감각이 없는 사람이 어설프게 유머를 시도했다가는 오히려 주변을 '썰렁'하게 만들기 십상. 유머의 세계에 처음 들어가는 사람은 △상대방이 유머를 시작했을 때 △친한 사람과 말할 때 △결혼식 생일 등 주변 분위기가 좋을 때 상대방보다 자신을 소재로 한 유머를 주로 하는 것이 좋다. 전문가들은 유머 중에선 사람을 조롱하는 유머보다는 특정 상황을 묘사하는 유머가 더 낫다고 평가한다. 남성에 비해 여성은 '성차별적 유머'를 싫어하는 경향이 있으므로 여성에겐 남녀가 등장하는 유머를 할 때 조심하는 것이 좋다. 또 모르는 사람 앞에서는 지역이나 정치 등 논쟁거리가 될 만한 유머를 피하도록 한다.

유머치료 학자는 특별한 문제를 치료하고 해결하는데 유머가 특효약이라고 한다.

치료-건강에 도움되는 유머의 효능은 다음과 같다.

- 뇌 휴식   • 의사소통 강화   • 창의력 고취   • 희망감 유지   • 사기 진작
- 스트레스 감소   • 면역성 강화   • 통증 감소   • 걱정 해소   • 감정 안정

5) 웃음의 건강증진 효과

웃음을 둘러싼 그 동안의 연구논문을 종합해보면 웃음은 마음뿐 아니라 몸도 편하고 건강하게 해준다는 사실을 알 수 있다. 한번 웃는 것을 운동과 비교해보면 에어로빅 5분 동안 하는 효과와 맞먹는다.

우리 몸에 내장을 지배하는 신경이 자율신경인데 이 자율신경은 교감신경과 부교감신경으로 구분된다. 놀람, 공포, 불안, 초조, 짜증은 교감신경을 과민하게 만들어 심장을 크게 상하게 하고 여러 장기의 활동에 해를 끼친다. 반면 웃음은 부교감신경을 자극해 자율신경을 자유롭게 하고 심장을 천천히 뛰게 하며 우리 몸의 상태를 편안하게 해준다. 특히 배꼽을 뺀다고 표현하는 웃음, 즉 폭소는 긴장을 이완시켜주고 혈압을 낮추며 혈액순환을 도와주고 질병에 대한 저항력을 기르는데 탁월한 효과가 있다.

폭소는 상체운동이 될 뿐만 아니라 위장과 가슴근육, 그리고 심장까지 운동하게 만든다. 사람이 쾌활하게 웃을 때에는 우리 몸에 650개의 근육 중에 231개의 근육을 움직인다. 웃음이 명약이라는 이야기도 나오고, 아리스토텔레스는 웃음을 건강에 유익한 육체운동이라고 했던 것이다.

정신적인 긴장을 풀어주고 신장 등 내장의 움직임을 조화롭게 해주고 위장운동을 활발하게 해주고, 뇌와 근육에 산소공급을 증가시키며 혈압을 일시적으로 낮추기까지 하는 등 다양한 건강효과가 확인되고 웃음은 이제 만병통치약으로 불려도 무방할 정도의 효과를 보이고 있다.

장수노인들을 조사해보면 대부분 농담도 잘하고 웃음소리도 크다고 한다. 유머를 잃고 심한 노여움이나 초조, 긴장된 나날들을 보내는 것처럼 몸에 나쁜 것은 없다.

(1) 웃음의 신체적 효과
• 웃음의 운동 효과
웃음은 운동이다. 웃으면 우리 몸의 많은 기관들이 자극을 받는다. 심장박동이 두 배로 증가하고, 허파 속에 남아 잇던 나쁜 공기가 신선한 산소로 빠르게 바뀌고 근육

또한 활발히 움직이므로 웃는 것만으로도 운동의 효과를 볼 수 있는 것이다 따라서 웃음운동도 계획이 있어야 하며, 매일 정기적으로 실시되어야 큰 효과가 있다. 웃음치료는 '웃음은 운동'이라는 인식에서 시작된다.

• 웃음과 다이어트

미국 워싱턴 신문은 '웃어서 살을 빼라'라는 기사로 인하여 웃음다이어트 효과가 알려지면서 미국에서는 1,000여 곳, 전 세계적으로는 3,000여 곳이 생겨나고 있다고 보도했다. 또한, 웃음이 다이어트에 도움이 된다는 연구 결과가 나왔다.

미국 테네시주 내슈빌의 밴더빌트대학 연구진이 4일 그리스 아테네에서 열린 유럽비만회의에서 발표한 자료에 따르면 10~15분 웃을 경우 중간 크기 초콜릿 1개에 해당하는 열량을 소모하는 것으로 나타났는데 개인의 체중이나 웃음의 강도에 따라 다르지만 최고 50 킬로칼로리에 해당하는 것이다.

연구는 45쌍의 남-남(7쌍), 남-여(21쌍), 여-여(17쌍) 커플을 상대로 웃음과 칼로리 소모 관계를 정밀 측정하는 방식으로 이뤄졌다.

연구진은 호텔 방 형태로 특수 제작된 신진대사 실험실에서 코미디 비디오 프로그램과 일반 프로그램을 보여주며 휴식을 취할 때와 웃지 않고 비디오를 시청할 때, 웃으면서 시청할 때의 소비 열량을 측정했다. 특히 연구진은 의도적인 웃음을 막기 위해 실험 대상자들에게는 다양한 비디오테이프를 볼 때의 감정 반응을 테스트하는 것이라고만 밝혔다.

실험 결과 웃을 때는 평상시 보다 20% 이상 많은 열량을 소모하는 것으로 나타났다. "하루에 10~15분씩만 웃어도 1년에 2kg의 체중감량 효과를 있다는 얘기가 된다."고 말했다.

• 웃음의 면역 증가 효과

40여 년 동안 웃음을 연구해 온 미국의 스탠포드대학교 심리학과 교수인 프라이 박사는 "백혈구는 박테리아, 바이러스, 암 등을 비롯한 외부물질과 싸우는데 웃음은 이와 같은 백혈구의 생명력을 강화시키는 역할을 한다."고 강조한다고 언급했다.

또한 자연살상세포(NK세포)라는 매우 중요한 면역세포가 스트레스를 받으면 줄어들거나 활성이 떨어지지만 호쾌하게 웃을 경우에 활동성이 뚜렷이 증가하고 암세포를 제거하는 능력이 향상되는 것으로 나타났다. 이에 대한 실험을 인디애나 주립대학교 메리 베넷 박사가 실시한 결과를 살펴보자.

33명의 주부를 두 그룹으로 나누고 한 그룹에는 즐거운 비디오를 보게 하고, 다른 한 그룹에는 여행비디오를 보게 했다. 그리고 1시간 후 혈액을 채집하여, NK세포의 변화를 관찰한 결과, 얼마나 많이 웃었느냐는 것과 NK세포의 활동성 사이에 강한 상관관계가 있었으며, 활동성이 증가한 NK세포와 암세포를 같은 사례 안에 넣고 2시간 동안 관찰한 결과 활성화된 NK세포는 강력한 힘을 발휘한 것으로 나타났다.

근육이 움직일 정도로 크게 그리고 유쾌하게 웃으면, 이러한 웃음이 터지는 그 순간에 면역세포는 왕성한 활동을 시작하고, 그 효과는 12시간이 지난 후에도 크게 줄어들지 않는다고 한다.

웃음으로 인해 향상된 면역기능이 실제로 환자들에게 얼마나 도움이 되는지는 몇가지 시례를 통해서 알 수 있다. 일본 의과대학 류머티스과 요시노박사는 실험을 통해 류머티스 환자들이 웃고 난 후 염증이 급격하게 줄어드는 효과를 발견하였고, 환자들에게 언제나 웃음을 잃지 않도록 웃음을 치료보조제로 처방하고 있다.

웃음치료 후 통증이 완화된 사례는 많다. 관절염, 두통 등 통증에 관련된 질병은 빠르게 효과를 본다. 우리가 크게 웃을 때 모르핀보다 약 300배 강한 엔케팔린 같은 자연 진통제가 생성된다.

로마린다 의대의 버크교수는 『웃음과 면역체의 관계』라는 논문에서 다음과 같이 발표를 했다.

- 웃음은 에피네프린과 도파민 같은 스트레스 호르몬의 감소를 가져온다.
- 웃음은 다른 세포의 도움 없이 종양과 바이러스를 공격하는 백혈구를 양과 활동에서 증가시킨다.
- 웃음은 면역체의 반응을 조직하는 데 도움을 주는 T세포를 증가시킨다. 또한 웃음은 T세포를 증가시킨다. 그리고 웃음은 T세포에게 어떤 일을 하도록 준비시키도록 활성화한다.
- 웃음은 호흡기관에서 염증을 막아주는 항체 면역글로빈 A를 증가시킨다.
- 웃음은 면역체를 준비시켜 바이러스를 공격하고 세포의 성장을 조정하는 호르몬인 감마인터페론을 증가시킨다.
- 웃음은 임파절 주변에 모여 해로운 미생물체를 대항하는 항체를 생성하는 B세포

를 증가시킨다.

– 웃음은 항체가 감염되었거나 제 기능을 발휘하지 못하는 세포를 없애도록 돕는 보조세포를 증가시킨다.

(2) 웃음의 정신적 효과

웃음치료는 인지행동치료의 한 부분으로 웃음이라는 즐거운 경험을 통해 감정을 조절하고, 질병이나 현 상태를 올바르게 수용하며, 불안이나 공황장애로부터 벗어날 수 있다. 자발적인 웃음과 비자발적인 웃음을 통해 즐거운 경험을 할 수 있게 한다. 그리고 이 웃음을 통해 나와 세상과의 관계를 평온하게 유지시켜줌으로써 건강한 삶을 영위할 수 있다.

Isen(1993)에 따르면 "사람들은 기분(mood)으로 정신진행과정을 바꿀 수 있다"라고 한다. 사람들은 기분이 좋을 때 학습능력 (heuristic thinking:발견을 돕는 생각 또는 학습을 높을 수 있는 생각)을 갖게 해 주며, 동시에 좋은 기분은 사람들의 결정능력을 갖게 하여 보다 신속하고, 효과적으로 내릴 수 있도록 돕는다. 긍정적 기분 (positive thinking)은 창의력을 촉진시키며, 도전적인 문제들에 반응할 수 있도록 만들어 주며, 내구력을 갖도록 동기를 부여해 준다. 즉 의도된 웃음일지라도 (억지웃음포함) 부정적인 감정을 긍정적 감정으로 변화시키고, 좋은 방향으로 이끄는 것이다.

웃음이라는 즐거운 경험을 통해 감정을 조절하고, 질병이나 현 상태를 올바르게 수용하며, 불안이나 공황장애로부터 벗어날 수 있다. 자발적인 웃음과 비자발적인 웃음을 통해 나와 세상과의 관계를 평온하게 유지 시켜 줌으로써 건강한 삶을 영위할 수 있다.

① 신체 이완활동을 통한 긴장감 해소 및 자발성증진

② 학습능력 향상 → 사람은 기분이 좋을 때 학습효과를 높일 수 있다.

③ 신속하고 효과적인 의사결정 → 좋은 기분은 결정능력을 갖게 한다.

④ 창의력 촉진 → 긍정적 기분은 창의력뿐만 아니라 도전적인 문제에 반응할 수 있게 한다.

⑤ 스트레스와 긴장, 우울을 해소시켜 준다.

(3) 웃음의 사회적 효과

사람은 태어나서 죽음을 맞이하기까지 여러 가지 형태로 웃음을 접하게 된다.

무엇보다 입을 열고 함께 웃음을 인해 인간관계가 좋아진다. 즉 입을 열고 웃는다는 것은 마음이 열린 상태에서만 가능하다. 마음이 열린 상태에서는 자신감이 회복되고, 스트레스가 감소되며, 어떤 일에 대한 열정이나 창의력이 크게 향상된다. 그리고 자신을 표현하는 방식이 수월할 뿐 아니라, 즐거운 감정을 통해 행복감을 느끼게 된다.

또한 인간관계를 좋게 한다. 현재는 펀 리더와 관련하여 웃음을 많이 적용시켜 업무 및 조직력 활성화에 많이 적용하고 있다.

① 대인관계가 좋아짐

② 우울 및 자살발생율 감소 : 사회약으로서의 웃음은 사회적 소외와 우울을 줄여 자살을 예방 할 수 있다.

③ 의료보험료 및 사회적 경비 절감 : 취약계층 및 의료취약계층을 위한 웃음치료를 함으로써 건강유지 비용의 절감 및 불필요한 외래진료 치료비용을 줄일 수 있다.

④ 웃음치료를 통한 정확한 건강정보 전달

6) 유머스타일

유머 감각에의 다차원적인 접근법을 개발함에 있어, Martin 등(2003)은 순응적이거나 비순응적인 것으로 설명되어 온 유머스타일을 정의하기 위하여 유머와 웰빙의 관계에 대한 과거의 문헌을 검토하여 2가지의 순응적 유머스타일과 2가지의 비순응적 유머스타일을 설명하고 있다. Kuiper 등(2004)은 이 같은 4가지의 유머스타일에 대해 다음과 같이 밝히고 있다. 두 가지 순응적 유머스타일은 자신(자기 고양 유머) 또는 타인(관계적 유머) 집중적인 것이다.

첫 번째 순응적 유머스타일은 자기 고양 유머이다. 자기 고양 유머 가 뛰어난 사람들은 일상생활에서 유머러스하게 앞을 바라보며, 잠재적으로 스트레스를 주는 사건이나 상황에서도 유머러스한 전망을 견지할 수 있다. 이들은 생활에서의 현실적인 전망은 계속 유지하면서도 유머를 부정적인 정서를 최소화시켜 줄 수습책으로 사용한다. 자가 고양 유머는 자기 자신을 방어하며 충격을 완화시킬 수 있게 해 주지만, 남의 힘을 빌리는 것은 아니다.

두 번째의 순응적 유머스타일은 관계적 유머이다. 관계적 유머는 상호간 및 사회적 관계를 고양시키기 위하여 유머를 사용하는 데에 집중한다. 유머는 그룹의 사기, 동질성 및 웰빙에 관한 남의 관심을 제고시키고 대립을 감소시켜 줄 결합력을 고취시키는 데에 채택된다. 유머의 이러한 비적대적인 사용에는 상호간의 긴장을 감소시키고 남과의 관계를 보다 친밀하게 해 줄 농담도 포함된다. 자신과 남 모두를 수용하며 인내하는 순응적 유머스타일과는 대조적으로, 두 가지의 비순응적 유머스타일은 해악적이며 잠재적으로 자신(자기 파괴적 유머)과 남(공격적 유머)의 어느 일방에 손상을 입히는 것이다.

첫 번째 비순응적 유머스타일은 자기 파괴적 유머 이다. 자기 파괴적 유머가 높은 사람들은 예를 들면, 남의 인정을 받기 위해 상호 관계를 고양시켜 보려는 부적절한 시도로서 지나친 자기 비하나 비위를 맞추려는 유머를 구사한다. 유머는 자기 해악적 양식으로 표현되며 개인적 노력도 많이 드는 것이다. Martin 등(2003)에 의하면 자기 파괴적 유머의 수준이 높은 사람들은 모호한 부정적 감정을 숨기거나, 문제를 건설적으로 다루기를 회피하기 위하여 이런 양식을 사용한다고 한다.

마지막의 비순응적 양식은 공격적 유머이다. 공격적 유머는 남을 끌어내리고 훼손시키기 위하여, 집적거리거나, 조롱한다거나, 냉소적이며 헐뜯는 등의 다양한 부정적인 유머 기술을 구사하게 된다. 공격적인 유머는 남에게 잠재적으로 부정적 영향을 미친다는 것은 고려하지 않고 나타난다. 궁극적으로 이들은 소외되며, 사회적 및 상호 관계가 심각하게 손상되게 된다고 밝히고 있다.

제2장

레크리에이션 프로그램 운영과 지도

1   프로그램 운영

1) 프로그램의 준비

가. 대상의 수준, 연령, 성별, 인원, 욕구와 장소의 여건 및 주최측의 목적 그리고 지도자 자신
    이 설정한 목표에 맞는 프로그램인가?

나. 만일의 사태에 대비한 프로그램은 준비되어 있는가?

다. 프로그램에 필요한 준비물은 무엇이며 현장에서 활용할 수 있는 것은 없는가?

라. 긴장을 예방할 수 있는 방법은 없는가?

마. 프로그램의 적절한 배분이란 무엇인가?

바. 프로그램에 있어 안전의 문제를 고려하였는가?

사. 사고의 처리대책은 가지고 있는가?

(1) 프로그램 지도계획

프로그램지도에서는 사전에 계획을 충분히 세워서 준비해 두어야 하며, 그 포인트를 명확히 하고, 효율적인 계획을 세우는 것이 중요하다.

이 때 고려해야 할 몇 가지 사항을 간단히 소개한다.

① 5W, 1H의 원칙을 지킨다

▶Why ; 무엇을 위하여 → 집회의 목적(단순한 친교나 오락, 관계개선, 집단협동
    등)

▶What ; 무엇을 → 동창회, 친목회, 송년회, 체육대회, 야유회, 연수, 캠프, 수
    련회 등

▶Where ; 어디에서 → 장소의 여건(크기, 옥내외, 주변시설 등), 좌석의 배치(강
    의대형, 말굽형, 11자형, 원형)

▶Who ; 누가 → 연령, 성별(남녀의 비율), 인원, 수준(직업, 성격, 교육정도),
    집단의 성격(동료, 가족 등)

▶When ; 언제 → 계절, 낮밤, 시간의 안배와 준수

▶How ; 어떻게 → 스탭의 구성 및 활용방안, 효과적인 프로그램의 흐름과 운영
(참가자의 욕구와 주최측의 목적 및 지도자 자신이 설정한 목표의 조화)
이상의 원칙을 충분히 검토하며, 이해해 두는 것이 중요하다.

② 프로그램의 흐름을 만든다

일정한 시간에 지도하는 경우에는 참가자의 흥미나 피로의 정도 등에 의거하여 어느 부분에 프로그램의 절정을 이루게 할 것인가? 어느 정도 게임을 할 것인가? 어떻게 끝맺음을 할 것인가? 등 사전에 프로그램의 이미지를 구축하여 놓는 것이 중요하다.

③ 실제 프로그램 보다 3배 이상을 준비하여 둔다

프로그램의 도입·전개·절정·마무리 등의 단계에 따라 적당한 각각의 프로그램을 준비한다. 그러나, 적어도 전체 프로그램의 3배 이상의 준비를 해 두지 않으면, 장소의 여건, 장비의 문제, 참가자의 상황 등에 의해 시간이나 그 프로그램의 내용들이 변경되거나, 바뀔 수가 있기 때문에 이에 따른 충분한 준비를 해 두어야 하겠다.

④ 충분하게 프로그램을 이해하여야 한다

지금까지 지도한 적이 없는 프로그램을 지도하려고 할 때에는, "이제는 충분하다"라고 생각될 때까지 그 프로그램의 모든 장면을 연구해 두지 않으면 안 된다. 그러기 위해서는 그 프로그램에 대해 완벽하게 이해하고 있어야 한다. 특히, 참가자의 규모가 클수록 혹은 활동적 야외 프로그램일수록 지도자는 물론 보조진행자도 충분한 프로그램의 이해가 있어야 함은 물론이다.

⑤ 장비 및 비용 등에 대한 준비도 철저히 하자

사용해야 할 장비 또는 장비구입비용의 검토는 프로그램 진행을 위해 빼놓을 수 없으며, 아울러 이외에 프로그램의 내용에 적합한 모든 조건을 고려해야 한다. 장소의 사전답사를 통해 현장에서 활용할 수 있는 장비나 여건을 미리 체크하는 것도 중요하다.

(2) 긴장을 예방하는 방법

특히, 익숙하지 않은 것을 지도하거나, 지도경험이 적을 때 등에는 긴장을 하기 쉽다. 일반적으로 지도를 능숙하게 하고 싶거나, 사람들에게 칭찬 받고 싶은 기분이 강하면 강해질수록 그것과는 반대로 소외감·불안감에 따른 긴장감이 생기게 된다. 긴장이 되었거나, 긴장이 되려고 하는 순간에는 다음과 같은 것들을 참고하면 도움이 된다.

① 긴장이 되어도 상관 없다고 생각한다. "긴장감은 누구나 생기는 것이기 때문에

당연히 나도 긴장하고 있다"고 솔직한 기분을 느끼는 것이 중요하다.

② 처음 소리는 큰 소리로 하자. 자신이 없을 때에는 소리가 작아진다. 발랄한 목소리로 처음에 큰 소리를 냄으로써 참가자의 주의를 끌고 긴장이 완화된다.

③ 긴장상태를 숨기지 않는다. 긴장되었을 때의 상태를 일부러 숨기려고 하면, 더욱 더 긴장되기 마련이다. 이 때에는 크게 심호흡을 하고 긴장하고 있다고는 것을 표현하는 것이 효과적이다.

④ 참가자에게 물어본다. 긴장이 될 때에는 대부분이 참가자들에 대하여 일방적으로 지도하기 쉽다. 마치 이러한 상태가 계속 될 때에는 무리하게 프로그램을 이끌어가는 모습으로 비추어 지기 쉽다. 이 때에는 자기 자신의 멘트와 지도를 중단하고, 참가자들에게 간단한 질문을 하거나 해서 조금의 여유를 마련하는 것도 좋은 방법 중의 하나이다.

⑤ 무엇인가를 손에 쥐고 진행한다. 긴장이 될 때에는 무엇인가를 잡고 싶은 심정이 된다. 테이블이 있는 경우에는 테이블끝을 살짝 잡거나 진행멘트가 적혀져 있는 카드나 메모장을 들고 지도해도 효과적이다.

(3) 프로그램의 배분과 구분

일정한 시간 내에 어떤 프로그램을 하고, 그 순서를 어떻게 할까, 그리고 하나의 게임을 언제 마무리하여 다음 게임으로 넘어갈까 등은 프로그램 진행과정에서 끊임없이 생각해야 할 문제이다. 효과적인 구분과 효율적인 배분의 몇 가지 원칙을 살펴보자.

이 책에서는 레크리에이션 프로그램을 목적과 단계에 따라 네 가지 패턴으로 나누었다. 가장 일반적인 프로그램의 배분은 집중형 프로그램(spot), 분위기조성 프로그램(ice breaking), 관계개선 프로그램(communication), 집단협동 프로그램(group dynamics), 마무리의 순서로 이루지는 것이 바람직하다.

① 정(靜)에서 동(動)으로 : 원칙적으로는 정적인 움직임이 적은 게임으로부터 서서히 움직임이 많은 게임, 격렬한 게임으로 넘어가는 게임으로 배분한다.

② 정→동→정의 흐름으로 만든다. 정적인 게임만 오래 지속시키거나, 격렬한 게임만 연속적으로 한다거나 하는 것은 참가자의 흥미를 잃어버리게 하며, 쉽게 프로그램에 대해 피로를 느끼기도 한다. 이와는 반대로, 정·동·정·동의 반복을 계속해도 진행에 무리가 뒤따른다. 가능한 한 흐름의 폭을 넓고 완만히 하는 것

이 중요하다.

③ 적은 인원에서 많은 인원으로 : 대형변화나 분위기 조성에 따라 적은 인원(1명, 2명 등)에서 많은 인원으로 지도할 수 있는 프로그램의 배분이 좋다.

④ 승패의 판단도 중요하다. 프로그램 중에 많은 게임에서는 승패를 정하는 것이 대부분이다. 그 중에서도 득점을 하는 게임, 릴레이 형식의 게임, 시간제 게임, 무제한의 게임 등으로 구분할 수 있다. 이런 게임에 대해서는 참가자들의 특성·인원수에 따라 미리 그 게임에 소요되는 시간과 팀의 수를 늘리거나, 유사한 게임을 도입하는 것도 고려해야 한다.

⑤ 지루하게 생각되기 전에 끝맺는다. 특히, 무제한적으로 적용되는 게임에서는 참가자들의 얼굴·피로·분위기 등을 충분히 관찰하여 지루해 하거나, 피로해지기 직전에 끝맺는 것이 효율적인 진행방법이다.

(4) 안전의 확인

여기에서는 실제지도를 하기 전부터 지도하는 과정에서 발생되는 안전에 관한 확인방법에 대해서 알아보기로 한다.

① 일찍 일어나기와 30분 전의 마음가짐 : 지도가 하루 중의 어느 시간에 있더라도 그 날은 일찍 일어나야 한다. 그리고, 프로그램이 시작되기 30분 전에는 현장에 도착하는 것이 바람직하다. 이렇게 함으로써 시간적인 여유도 생겨나고, 마음의 여유도 생길 것이다.

② 현장 체크 : 특히, 실내에서는 바닥이 어떻게 되어 있나, 비상구의 확인과 탈출방법의 검토, 유리벽·기둥·문의 위치 등 전체적인 상황을 파악해 두어야 한다. 실외인 경우에는 운동장 또는 다른 위험물(돌, 병이나 유리파편 등)의 확인과 그 위치 및 교통상황의 파악이 중요하다.

③ 응급대책의 확인 : 구급장비·구급의 방법·응급 연락 등에 대해서 사전에 협의하거나, 그 위치를 알아두는 것이 필요하다.

④ 참가자의 확인 : 게임을 시작하기 전에는 다음과 같은 상황을 체크하여야 한다. 즉, 건강상태의 파악, 장식품·안경·복장 등과 같은 참가자들의 개별적인 상황도 미리 확인하는 것이 중요하다.

⑤ 게임 중의 확인 : 참가자들의 능력에 맞는 게임을 하고 있는가, 워밍업은 충분히

이루어 졌는가, 장소는 적당한가 등의 배려가 필요하다.

⑥ 끝나고 나서 확인 : 아픈 곳은 없는가, 참가자들의 상태가 나빠진 곳은 없는가, 상처는 없는가 등의 확인과 관찰이 필요하다.

(5) 사고의 처리

만전의 주의를 기울였다 하더라도 사고가 일어나기 마련이다. 사고에는 여러 가지가 있겠지만, 주로 개인적인 사고에 대해서 생각해보기로 한다. 사고발생시에는 먼저 신속하고 적절한 처리가 필요한데, 그 순서는 다음과 같다.

① 사고자를 편한 자세로 눕힌다. 함부로 일으켜 세우거나 움직이지 않도록 한다.

② 부상을 입을 수 있는 모든 것을 생각한다. 출혈이 있으면, 거기에 신경이 쓰여 다른 상해나 머리의 충격·골절 등을 그냥 모르고 지나칠 수 있다.

③ 사고자를 따뜻하게 한다. 부상 정도에 따라 다르지만, 급격하게 체온이 떨어지는 경우가 많다. 사고자의 몸 밑에 담요 등의 물건을 깔아 놓는 것이 중요하다.

④ 의사·구급차를 부를 때는 다른 사람의 도움을 받도록 한다. 지도자는 적절한 지시를 다른 사람에게 이야기하고, 스스로가 우왕좌왕하지 않도록 한다. 연락할 때에는 사고시간, 장소, 사고자에 대해서 어떤 상황에서 발생하고, 현재의 상황은 어떠한 가를 이야기하는 것이 중요하다.

⑤ 의식불명인 환자에게는 물 또는 다른 음료는 먹이지 않도록 한다. 무리하게 의식을 회복시키려는 것은 좋지 않다.

2) 프로그램의 도입

생각해 봅시다

가. 이 프로그램의 방법을 어떻게 설명할 것인가?

나. 말만 가지고 미리 다 설명해야 하는가?

다. 단계별로 도입해 들어감으로써 저절로 터득하게 할 방법은 없는가?

라. 활동적인 프로그램에 있어 워밍업의 기술은 어떠한가?

(1) 도입의 기술

그룹게임의 경우 먼저 지도자가 알아야 할 일은 "어떤 게임으로 시작할 것인가"이다. 즉, 도입단계라고 말할 수 있다. 이러한 도입방법에 따라 차후의 지도에 많은 영향을 미친다. 따라서, 도입기술에 대해서는 다음과 같은 점에 유의하면서 충분히 숙지할 필요가 있다.

① 관심과 흥미를 살핀다. 게임을 시작하기 전에 미리 참가자들이 가장 흥미있어 하는 것과 관심사를 살펴둔다. 참가자들의 환경에 맞는 상황, 신문·잡지의 사회면 등은 좋은 자료가 된다.

② 적극적인 참가를 유도한다. 게임을 즐기기 위해서는 참가자들이 수동적인 자세로 되면 안 된다. 그러기 위해서는 "지금부터 게임을 시작하겠습니다"라는 식의 말은 삼가하는 것이 좋다. "이런 것을 해 볼까요?", "이것은 어떻게 될까요?" 등 적극성을 이끌어내는 말이 필요하다.

③ 즉석에서 가능한 게임을 준비한다. 게임을 시작하기 전에는 특별한 장소로 바꾸거나, 대형을 변화시키는 것은 바람직하지 않다. 그대로의 상태에서, 자연스럽게 할 수 있는 게임을 준비하는 것이 중요하다.

④ 참가자들에게 소리를 내게 한다. 참가자 스스로부터 목소리를 내게 하는 게임이 적당하다. 큰 소리를 내게 하는 것이 보다 효과적이다.

⑤ 틈을 주지 않는다. 하나의 게임을 시작했으면, 그것에 계속되는 게임을 생각해 두고, 될 수 있으면 틈을 주지 않고 진행하는 것이 좋다.

⑥ 적절한 시범을 보인다. 말로 장황하게 설명하는 것보다 적절한 시범을 활용하고 초보자일수록 방향(오른쪽, 왼쪽 등)에 대한 언급은 가급적 하지 않도록 한다. 왜냐하면, 지도자가 오른쪽으로 돌면 마주보고 있는 참가자의 입장에서는 왼쪽으로 느껴지기 때문이다.

(2) 워밍업의 기술

집단게임 중에서도 몸을 움직이는 게임을 할 경우에는, 특히 워밍업을 잊으면 안 된다. 워밍업은 말 그대로 몸을 따뜻하게 하는 것이지만, 몸의 준비체계를 만드는 것과 동시에 마음의 준비를 하게 하는 것도 빼 놓으면 안 된다. 말할 것도 없이 몸을 따뜻하게 하는 것은 혈액순환에도 도움이 되고, 근육이나 혈관이 부드러워져 운동에 필요한 산소의 공급을 원활하게 해준다. 그 운동과정에서 다음의 의욕을 붙여가는 것이 워밍업이다. 이 과정에서 유의할 점은 다음과 같다.

① 준비운동은 체조만이 아니다. 준비운동이라고 하면 준비체조를 떠올리기가 쉽다. 워밍업은 앞서 말한 목적이 있다. 그 목적을 달성하기 위해서는 여러 가지 방법이 있다. 그 중의 하나가 체조이다.

② 그 환경에 맞는 방법을 찾는다. 물론 체조로 인위적으로 이완시키려고 하는 곳을 직접 이완시키는 것이 가능하다. 그 점에서 가장 쉽게 할 수 있는 워밍업방법이기도 하다. 그러나 그것만이 아니다. 공이 있으면 공을 사용하고, 음악이 있으면 리듬에 맞추어 움직여 게임 중에서도 워밍업효과가 있다.

③ 가벼운 움직임부터 서서히 강하게 한다. 급격하게 강한 점프 등의 동작부터 시작하면 좋지 않다. 심신을 이완하는 운동이라는 것을 잊으면 안 된다.

④ 틈을 주지 않는다. 설명은 가능한 한 간단하게 하고, 동작과 동작 사이에 틈을 주지 않는 것이 중요하다.

3) 프로그램의 진행

생각해 봅시다

가. 프로그램의 단계별 진행이란 어떤 것인가?

나. 프로그램을 이해 못한 참가자를 발견하게 되었을 때에는 어떻게 해야 하는가?

다. 벌칙을 효과적으로 활용하는 방법은 없는가?

라. 참가자 스스로의 중간 지도력에 의해서 놀이가 이끌어질 수는 없는가?

마. 참가자 모두가 골고루 참여할 기회를 가지고 있는가?

바. 중간 판정은 어떻게 처리할 것인가?

사. 프로그램을 효과적으로 진행하기 위한 참가자들의 대형과 이동방법을 알고 있는가?

아. 참가자들의 연령차를 어떻게 극복할 것인가?

자. 프로그램 진행에 있어 참가자들의 산만함을 어떻게 극복할 것인가?

(1) 단계별 진행

어떻게 하는 것이 프로그램 진행을 잘하는 것일까? 관점에 따라 다소 차이가 있을 수는 있지만, 그 열쇠는 물 흐르듯 다음 단계로 넘어가는 기술이다. 여기에는 몇 가지

원칙이 있다.

① 미리 말로 다 설명하지 않는다. 설명은 간단하게 쉬운 것부터 적절한 시범을 활용하고 차츰 난이도를 높여간다. 지도자가 직접 시범을 보이기 어려울 때는 보조 진행자나 참가자 중 일부를 활용한다.

② 다음 프로그램과의 연결고리를 생각한다. 초보자일수록 "이번 게임은……", 혹은 "다음 게임은……" 등의 말을 많이 사용하게 된다. 이는 지도자가 스스로 프로그램을 단절시키는 것과 같다. 자연스러운 프로그램 연결이야 말로 노련한 지도자의 노하우이다.

③ 전체를 다 이해시키려 하지 않는다. 프로그램 도중 참가자 전체를 다 이해시키려는 욕심이 오히려 프로그램의 흐름을 망치는 경우가 있다. 프로그램을 이해하지 못한 참가자들을 억지로 이해시키려 하기 보다는 잠시 쉬게 하거나 가벼운 벌칙으로 재치있게 넘어가는 것이 좋다. 이해하지 못하는 참가자가 오히려 전체 분위기를 좋게 하는 경우도 있다. 이 경우 지나치게 모욕감을 주어서는 안 된다.

(2) 벌칙의 방법

그룹게임에서의 벌칙은 사용방법에 따라서는 분위기를 띄우는 데 매우 효과적일 수도 있다. 그러나, 그 방법에 잘못이 있으면 거꾸로 역효과가 생기고 참가자는 물론 지도자 스스로도 상처를 받기 쉽다. 능숙하게 벌칙게임을 활용하려면 다음과 같은 점에 주의할 필요가 있다.

① 본인의 지위를 올리는 것을 생각한다. 벌칙 게임의 본질은 그것에 따라 재미를 더하게 하는 것과 더불어 벌칙게임을 하는 본인의 지위를 격상시키는 기회가 되기도 한다. 지위를 격상시키는 것은 참가자 전원에게 인정받아 이름을 기억하게 한다는 의미이다. 언제까지나 벌칙을 주는 것이 아니라는 것을 충분히 이해시키지 않으면 안 된다.

② 끈질기게 붙잡고 늘어지지 않는다. 사람에 따라서는 사람 앞에 나와 무언가를 하는 것이 어색한 사람도 있다. 오히려 이런 사람들이 많다고도 할 수 있다. 될 수 있으면 벌칙 게임을 하지 않고 진행하는 방법을 생각하는 것이 좋다. 끈질기게 무엇인가를 하도록 기다리고 있거나, 재촉하는 것은 바람직하지 않다.

③ 벌칙 게임을 준비해 둔다. 실제로 벌칙게임을 할 때에는 "무엇을 해 주십시오"

라는 식의 정중한 진행이 필요하다. 지도자는 해당되는 사람이 할 수 있고, 그 상황에 맞는 벌칙게임을 미리 준비해 둘 필요가 있다.

④ 끝맺음에서는 박수를 치도록 한다. 벌칙 게임이 끝나면, 그 사람을 위해 이름을 부르거나, 박수를 쳐주게 하는 것이 좋다. 중요한 것은 본인이 창피를 당했다는 기분이 들지 않고, 앞에 나가서 좋았다라고 느끼게 해 주어야 한다.

(3) 참여의 기회

① 참가자 중 유독 나서기 좋아하는 사람이 있다면 그를 인정해주고 자기편으로 만드는 것이 중요하다.

② 참여에 주저하는 사람이나 팀 게임을 할 때 남는 인원이 있으면 팀장으로 선출하거나 심판으로 활용한다. 소외되는 사람없이 참가자 모두에 대한 참여기회를 제공하는 것이 가장 좋은 프로그램이다.

(4) 대형의 이동 방법

어떤 일정한 시간에 그룹 게임을 할 경우에는 몇 가지 대형을 생각하지 않으면 안 된다. 하나의 대형으로부터 다른 대형으로 바꾸는 것은 간단한 일이지만, 몇 가지 문제가 포함되어 있다. 이동이 자연스러워 지려면, 이동에 대한 방법과 기능이 요구되어진다. 이동의 방법에 대해 충분히 익혀두어야 한다.

① 이동의 원칙

먼저 연령에 따라 차이가 생긴다. 연령이 적으면 적을수록 이동에 시간이 걸린다. 이동에 시간이 걸리면, 그 정도의 시간적인 공백이 생기게 되어 집중력도 산만해지기 마련이다. 이러한 점을 고려할 때, 전체의 흐름을 깨트리지 않고 자연스럽게 이동하지 않으면 안 된다는 것을 기획단계에서부터 생각해 둘 필요가 있다.

② 적은 인원에서 많은 인원으로

자유대형으로부터 시작하는 경우에는 먼저 혼자 할 수 있는 게임부터 옆사람과 두 명이 되고, 4명의 순서로 이루어지는 효과적이다. 그룹내의 인원, 그룹의 수 등을 보아 팀 구성이나 열 대형으로 이동하도록 한다.

③ 게임화한다

어떤 일정한 인원을 모이게 하고 싶은 경우에는 예를 들면 그룹 만들기, 정렬게임 등 게임을 하면서 대형을 이동시키는 것이 중요하다. 최종적으로 팀을 구성하고자 할 때에는 팀 내의 불균형(성별, 연령의 부조화)이 없도록 고려해야 한다.

④ 행진을 이용한다

지도자가 선두에 서서 일렬로 걷기 시작한다. 그 행진의 도중에 2열로 하거나, 4열로 하거나 한다. 계속하여 원대형, 열대형 등으로 변화가 가능하다.

⑤ 비슷한 대형으로

원대형에서 열대형으로 이동하는 것보다는 일렬 원에서 이열 원으로, 그리고 이열의 열대형으로 등 비슷한 대형으로 단계를 밟아가는 것이 좋다. 극단적으로 다른 대형으로 이동하는 것은 무리가 있다.

(5) 연령차의 극복

그룹 게임지도에서 가장 어려운 것 중의 하나가 연령차가 큰 것이다. 그 연령차도 여러 가지이다. 이런 상황에 따른 임기응변의 지도가 요구된다. 이 경우에는 다음과 같은 점을 염두에 두고 지도하면 효과적이다.

① 지도자의 연령

참가자의 최고연령과 지도자 자신의 연령과 차이가 있을 때에도 어렵다. 일반적으로 지도자가 젊을 때에는 참가자를 연배로써 대우하면 좋을 것이다. 언어의 사용·태도 등에 충분히 배려하며, 너무 주눅 들지 않도록 한다. 자신감을 가지고 지도한다.

② 게임 내용의 배려를

연령차가 있을 때에는 실시하는 게임에 제한이 생기게 된다. 다음과 같은 내용으로 구성하면 비교적 무난하다.

- 누구나 할 수 있는 간단한 게임
- 신장·체중 등의 차를 이용하는 게임
- 역할이 확실히 구분되어 있는 게임
- 연령별로 대항할 수 있는 게임

③ 초점을 맞추는 법

먼저 생각할 일은 연령층의 인원이다. 인원이 가장 많은 연령층에 초점을 맞춘다. 부모와 자식간의 경우라면 자식에게 초점을 맞추고, 아이들이 게임을 즐기는 모습과 부모가 보호하거나 도와주는 기회를 만들어주는 것이 좋다. 청년과 장년층 이상의 경우에도 장년층이 할 수 있는 게임을 많이 도입하여 청년들이 도와주거나 이끌 수 있도록 게임에 대한 배려가 필요하다.

④ 체력 차이를 고려한다

특히 움직임이 많은 게임에서는 체력 차이를 충분히 고려하지 않으면 안 된다. 연령이 많은 사람들이 많이 참가하거나, 적게 참여해도 부자연스럽게 보이지 않는 지도방법을 익히는 것이 중요하다.

(6) 산만함의 극복

지도를 한다도 해도 분위기를 타지 않는 사람이 있거나, 문득 썰렁해지는 느낌이 들 때가 있다. 아무리 열심히 해도 분위기를 타지 않는 경우가 있다. 이런 분위기가 생기는 이유는 어딘가에 원인이 있기 때문이다. 그 원인을 빨리 알아차리고 다음의 항목을 체크하면서 대책을 세우는 것을 빠른 시간 내에 하지 않으면 안 된다.

① 지도자 자신은?

먼저 지도자 자신의 지도태도, 지도방법에 문제가 없는 지 체크하여 본다. 그룹게임의 경우는 지도방법은 물론이고 지도태도에 원인이 있는 경우가 많다. 심신의 컨디션, 너무 자기 중심적이지 않은가, 적극적으로 지도하고 있는가 등을 생각한다. 무언가를 알아차렸을 때는 빨리 개선 가능한 방법을 익혀둘 필요가 있다.

② 장소의 컨디션은?

너무 어둡거나, 너무 덥거나, 춥거나, 넓거나, 그 밖의 주변 상황이 어수선한 상황에서는 좀처럼 분위기가 좋아지지 않는다. 이런 경우에는 게임의 내용을 변경하여 참가자가 집중할 수 있는 위치와 방향으로 바꾼다. 참가자를 적극적으로 격려하는 것도 좋은 방법이다.

③ 참가자 자신은?

참가자 중에 의존심이 강하거나, 대항의식이 있거나, 무관심하거나, 그룹활동에 익숙하지 않은 사람이 있을 때에는 전체적으로 분위기가 떨어진다. 이런 경우에는 그런 사람의 옆으로 가 말을 건네고, 접촉하는 등의 방법으로 자신의 페이스로 끌어들여야 한다. 그리고 참가자로부터도 인정받을 수 있는 방법(게임 등을 이용)을 실천하는 것이 효과적이다.

4) 프로그램의 절정과 전환

생각해 봅시다

가. 언제 이 프로그램을 그치게 하는 것이 좋은가?

나. 어느 시기가 절정의 시기라고 파악하는가?

다. 하다가 중단한 기분은 아닌가?

라. 다음 프로그램으로의 적절한 전환이 이루어지고 있는가?

(1) 정지 방법

게임은 자유롭고 재미 있다. 게임은 다시 분위기조성이 필요하다. 분위기를 조성하려면 참가자가 적극적으로 움직이고, 소리를 내고, 웃고 박수치는 등의 상황을 만들어야 한다. 그렇기 때문에 필요 이상으로 시끄럽게 되거나, 흥미를 탄 상태가 지속되면 설명을 듣거나, 조용한 상태로 되기 어렵다. 따라서, 지도자가 어떻게 많은 인원을 효율적으로 조용히 시킬 것인가가 중요시된다.

① 말에 의한 정지 : "조용히 해 주십시오. 조용히 합시다"란 직접적인 표현이 있지만, 그 표현은 바람직하지 못하다. "예! 거기까지!", "그럼 다음으로!" 등 간접적이고 긍정적인 힘있는 표현이 좋다.

② 제스츄어와 말로써 : 시청각을 최대한 사용하면 보다 효과적이다. 양팔을 들고 손바닥을 아래로 하는 몸짓을 병행하는 방법도 있다.

③ 무언에서의 정지 : "멈추어 주십시오"를 연발하여도 멈추지 않는다든가, 분위기에 맞지 않는 경우가 많다. 급하게 말을 멈추거나, 기다리는 것도 좋다. 다시 미리 약속을 해두는 것(예를 들면, 지도자가 한 손을 들면 그것을 본 참가자는 말과 게임을 멈추고 손을 든다)를 정하여 놓는 것도 효과적이다.

④ 박수에 의한 정지 : 정지시키고 싶을 때에 지도자 스스로부터가 박수를 치고 전원이 따라서 박수를 친다.

⑤ 호루라기 등의 물건에 의한 정지 : 호루라기, 북, 음악 등을 사용하는 방법도 있다. 호루라기가 일반적이지만, 강하게 확실히 부는 것이 중요하다. 그러나, 호루라기의 사용은 가능하면 피하는 것이 좋다.

(2) 프로그램의 적절한 전환

프로그램을 진행하다 보면 다음과 같이 적절한 전환 시점이 필요한 때가 있다.

① 마무리로의 전환

분위기가 고조되어 절정에 달했을 때 시간에 쫓겨 허둥지둥 마무리하기보다는 시간 안배를 충분히 하여 차츰 전체 합창이나 윤회 악수 등 집단의 목적에 부합되는 프로그램으로 전환하여 의미 있는 마무리가 되도록 유도한다.

② 분위기가 어수선할 때의 전환

그 날의 컨디션에 따라 게임의 설명이나 진행이 잘 되지 않거나 참가자들과 게임내용이 맞지 않아 분위기가 어수선할 때 재빨리 다른 프로그램으로 전환을 시도한다.

5) 프로그램의 끝맺음

생각해 봅시다

가. 프로그램의 판정은 공정했는가?
나. 무승부가 좋은가? 일방적일 때가 좋은가?
다. 다음 프로그램과의 연결을 예측했는가?

(1) 심판 방법

그룹게임에서는 승패를 겨루는 게임이 많다. 승패를 겨루는 것이 목표가 아니라 해도 그 심판의 정확성·공정성이 없으면 안 된다. 그리고, 유의할 점은 그 방법에 따라 참가자의 게임의욕, 나아가서는 전체의 분위기가 좌우되기도 하다.

① 재빠른 판단을

승패·골인·반칙 등의 판정은 될 수 있는 한 빨리 결정하지 않으면 안 된다. 판정하기 어려운 경우도 있겠지만, 판정의 타이밍이 늦추어짐으로써 참가자의 신뢰를 잃어버리게 될 수도 있다.

② 제스츄어를 크게

판결이 남과 동시에 될 수 있는 한 몸 전체를 사용한 제스츄어 참가자가 확실히 알 수 있도록 하여야 한다. 승자의 손을 잡고 위로 올리거나, 어깨를 두드리는 등 여러 가지 방법을 모색해 본다.

③ 소리를 크게

말할 것도 없이 작은 소리는 좋지 않다. 분명하고 힘 있는 소리로 판정하는 것이 필요하다.

④ 위치나 자세를 생각한다

판정하기 쉬운 위치에 있는 것이 당연하지만, 그것만 생각하면 좋지 않다. 참가자들과의 관계도 고려하여야 한다. 대열에서 대표가 나와서 하는 게임의 경우, 원형 중앙에서 승패를 판가름하는 등 어중간하게 위치하고 있으면 참가자가 그 승패의 결과를 보는데 방해가 되기도 한다. 허리를 낮게 하거나, 똑바른 자세로 적절한 장소에서 판가름하여야 한다.

⑤ 패자도 칭찬하는 마음으로

승자뿐만 아니라 패자의 건투를 칭찬하는 마음을 가지고 그 태도를 격려하는 것도 잊으면 안 된다.

6) 프로그램의 평가

생각해 봅시다

> 가. 이 프로그램으로 어떤 목적이 성취되었는가?
>
> 나. 참가자들이 흥미있어 했는가?
>
> 다. 참가자들이 얻고자 하는 만족도를 어느 정도 충족시켰는가?
>
> 라. 목표 자체가 무리하였거나 유치하지는 않았는가?

하나의 프로그램이 끝나면 반드시 평가할 필요가 있다. 왜냐하면, 평가는 프로그램의 목표가 달성되었는지를 객관적으로 명확히 하며, 다음 프로그램 기획을 준비하는 과정이기 때문이다.

레크리에이션 프로그램에 대한 평가는 다음 세 가지 관점에서 시작된다.

① 참가자로부터의 평가……레크리에이션 프로그램의 주체는 어디까지나 참가자들이기 때문에 참가자가 어느 정도 만족했는가가 가장 중요하다.

② 자기 평가……기획자가 스스로의 움직임이나 역할에 대해서 평가하는 것도 중요하다.

③ 타인으로부터의 평가……다른 보조진행자나 스폰서 등으로부터의 평가는 참가자
나 기획자보다 정확할 때가 있기 때문에 중요하다.

위 사항들은 다음과 같은 관점에서 평가하는 것이 바람직하다.

- 기획단계에 대해서
- 운영에 대해서
- 행사의 목표달성도에 대해서

2 프로그램 지도방법

1) 지도자의 언어 구사

생각해 봅시다

가. 매스컴의 쇼 출연자나 개그맨을 모방한 언어 구사에 그치지는 않았는가?

나. 체육 지도의 구령식 언어는 아닌가?

다. 처음부터 권위주의적인 언어를 구사하지는 않았는가?

라. 친근감과 지도자의 권위를 어떻게 조화시킬 것인가?

마. 유머러스하다는 참 뜻은 무엇인가?

바. 참가자들이 지도자를 신뢰하고 편안해할 수 있는 표현은 없는가?

사. 어양이 톤이나 음성훈련이 필요하지는 않은가?

아. 표준어와 사투리, 이상 습관 및 수준 이하의 언어 구사는 어떻게 생각하는가?

(1) 대중 스피치

그룹게임 지도의 경우는 비교적 참가자들이 많은 편이다. 보통 대화와는 달리 커뮤
니케이션이 어려워진다. 익숙하지 않은 상황에서는 사람 앞에 서 있는 것만 해도 긴장
하기 쉽다. 먼저 다음과 같은 사항을 참고해 보자.

① 말솜씨가 없다고 생각한다. 자신이 말솜씨가 없다고 걱정하는 이유는 사람앞에서
실현하려고 하는 동기가 너무 강하기 때문이다. 이와 반대로, 말솜씨가 좋은 사

람이라도 참가자 모두에게 호감을 갖게 하지는 못한다는 것을 생각하자.

② 언제라도 처음으로 준비하는 마음을 갖자. 말의 경험이 많으면 많을수록 타성에 젖기 쉽다. 언제라도 초심으로 돌아가는 준비를 하자.

③ 의도를 정확히 전달하려고 노력한다. 긴 설명이건, 짧은 설명이건, 자신이 참가자에게 무엇을 전달하려고 하는 가를 머리에 잘 새겨 둘 필요가 있다.

④ 소재를 풍부하게 갖고 있다. 평상시에 말의 재료가 될 수 있는 것, 예를 들어 어울리는 것 등에 신경을 써서 기억해 둔다. 이런 축적이 보다 좋은 말을 만들어 준다.

⑤ 자신의 열의를 전달한다. 모두가 게임을 재미있게 하려고 하는 열의가 참가자들에게 전달될 수 있도록 전력을 다하는 것이 중요하다.

⑥ 너무 길게 이야기하지 않도록 한다. 자신의 말에 분위기를 타서 자칫하면 이야기가 길어지거나, 예정된 시간을 오버하는 경우가 생기게 된다. 시간 내에 끝내는 것을 조건으로 생각하지 않으면 안 된다.

(2) 말의 사용

자신의 말버릇·사용방법 등은 게임의 재미와 전체적인 분위기에 큰 영향을 미치게 된다. 말을 할 때에는 다음과 같은 점에 유의한다.

① 명료하게 말한다. 인원이 많아질수록, 참가자가 이해할 수 없어도 질문도 하지 않고, 그대로 게임을 진행하는 경우가 많다. 어려운 말, 애매한 말을 피하고 천천히 명료하게 설명하도록 한다.

② 자신의 버릇을 안다. 누구라도 말버릇을 가지고 있다. 그러나 지나치게 같은 말을 반복하게 되면 듣기 싫어지게 된다. 주의할 말 버릇의 예를 살펴본다.

에-, 음-, 말하자면, 왜냐하면-, …라고 생각됩니다.

③ 대상에 맞추어서 말한다. 참가자가 어린이라면 어린이가 이해할 수 있는 말을 사용하고, 어른이라면 어른에 맞는 말의 사용이 필요하다. 어른 중에서도 연령에 따라 언어의 사용을 적절하게 하여야 한다.

④ 긍정적·자발적인 말을 사용한다. 여기 안에서 합시다(긍정적), 여기에서 나가면 안됩니다(부정적), 이것을 합시다(자발적), 이것을 가르쳐 드리겠습니다(강제적) 등 긍정적이고 자발적인 어투를 구사한다.

⑤ 바람직하지 못한 화제는 피한다. 다음과 같은 말은 가능한 한 피하는 것이 좋다. 사람의 육체적 결점에 대한 것, 과거의 비밀이나 생각하고 싶지 않은 것, 불결한 화제거리, 직업·학력·사상 등을 비웃는 것, 속어나 유행어를 너무 많이 사용하는 것 등.

(3) 발성 방법

그룹게임지도에 있어서 발성 방법과 사용법은 매우 중요하다. 다음과 같은 점에 주의한다.

① 조건에 맞는 성량으로 말한다. 참가자의 수와 장소의 크기, 게임의 내용 등의 조건에 맞는 적절한 성량으로 말하는 것이 중요하다. 너무 큰 소리로 말하면 오히려 소음으로 들리게 된다. 전원에게 들릴 수 있는 정도의 크기를 미리 체크 해 둘 필요가 있다.

② 자신의 소리는 작다고 생각하지 않는다. 소리가 선천적으로 작다고 생각하는 지도자가 있다. 발성은 훈련에 달려 있다. 성량이 작다고 생각되는 사람은 큰 소리를 지르는 훈련이 효과적이다.

③ 배에서 나오는 소리를 낸다. 큰 소리로 말하게 되면, 빨리 목이 쉬게 된다. 입과 목으로만 소리를 내는 경우에는 특히 그러하다. 특히, 게임을 할 때에는 처음 지도가 중요하다. 이 때에는 소리가 배에서 나오도록 의식적으로 발성하는 것이 중요하다.

④ 소리의 높이를 생각한다. 높은 소리의 사람이나 낮은 소리의 사람이 있지만, 힘 있고 부드러운 소리가 적당하다. 일반적으로 여성은 소리가 높은 사람이 많다. 지도에 열중하게 되면 점점 소리가 높아지기 마련이다. 이런 경우를 조심하지 않으면 안 된다.

⑤ 발성에 따라 움직임이 변한다. 발성에 따라 참가자의 움직임이 변하게 된다. 기민한 동작을 요구하는 때는 강한 어조로 말하고, 반대로 조용한 소리는 동작을 완만히 하는 경향이 있다.

⑥ 말끝을 확실히 한다. 일반적으로 말을 끝낼 때에는 작고 빨리 말하게 된다. 이것을 의식하여 분명히 말할 수 있도록 하자.

(4) 예령과 구령

사람이 모이거나 해산하는 경우, 대형을 바꾸는 경우, 혹은 체조나 리듬을 타면서 몸을 움직일 때 등 집단게임에서는 구령을 할 때가 많다. 그룹의 분위기는 이런 구령 방법에 따라 크게 변화한다.

① 똑부러진 소리로……어느 장소로 모이게 하려면 "이쪽으로 모입시다!!"라고 될 수 있는 한 똑부러진 소리로 구령을 하면 참가자의 움직임이 빠르게 된다. 이와는 반대로 "여-기-에 모여-주-세요!!"라고 천천히 힘없이 말하면 사람의 움직임도 느려지게 된다.

② 짧고 큰 소리로……작은 소리로 형용사가 많고 길게 이야기하는 것은 참가자가 이해하기 어렵다. 의도를 명확히 하는 말로써 명료하게 가능하면 큰 소리로 구령하는 것이 좋다.

③ 1, 2, 3은 최소한으로……체조를 할 때나 그 밖의 몸을 움직이는 게임 등에서는 자주 구령을 붙이게 된다. 이런 경우에도 가능한 한 1, 2, 3, 4 등의 숫자를 붙이게 할 필요가 있다. 손을 들 때에는 리듬을 붙이면서 "예, 위로!"라든지 "크게 돌리고" 등 동작을 참가자가 확실히 알 수 있도록 구령을 붙이는 것이 좋다.

④ 동작에 맞는 구령을……같은 구령을 붙인다 해도 힘을 넣고 싶을 때, 게임을 끊고 싶을 때는 힘 있는 목소리로 부드러운 동작이나 릴렉스시키고 싶을 때는 부드러운 구령을 붙일 필요가 있다. 구령의 억양이 없어서는 안 된다.

(5) 유머와 상황멘트

프로그램 진행에서 지도자의 상황멘트는 마치 음식의 맛을 살리는 조미료와 같은 것이다. 그리고, 프로그램의 사이사이를 부드럽게 연결시켜주는 고리 역할을 하는 한편, 참가자들은 압도할 수도, 지루하게 할 수도 있다. 그렇기 때문에 지도자의 멘트는 주어진 여건과 상황에 따라 탄력성 있게 진행하되 가급적 짧은 것이 좋다. 여기에서는 지도자의 상황멘트에 대한 예를 간단하게 소개한다.

▷주관없이 사는 사람들에 대하여……자신의 생각대로 살아야 한다. 그렇지 않으면 결국은 자기가 사는 대로 생각하게 된다.

▷할 일을 차일피일 미루는 사람들에 대하여……내가 할 일을 하지 않으면, 내가 해야 할 일들이 나를 찾아다닐 것이다.

▷사랑에 대하여……연애란 우주를 단 하나의 사람으로 줄이고, 그 사람을 신의 경지에 이르게 한다.

▷행동이 따르지 않는 사람에 대하여……오랫동안 사색하고 있는 사람이 언제나 최선을 선택하는 것은 아니다.

▷일확천금을 노리는 사람에 대하여……인간의 행복은 어쩌다 얻게 되는 큰 재산보다는 매일 매일의 작은 이익에서 생긴다.

▷팀웍과 단결을 위하여……개미 천 마리가 모이면 맷돌도 든다.

▷인생에 대하여……젊은이는 희망에 살고 노인은 추억에 산다.

▷독서와 정보수집에 게으른 사람에게……지식에 투자하는 것이 가장 이윤이 높다.

▷칭찬과 책망에 대하여……칭찬은 남들이 있는 앞에서 책망은 남모르게 해야 한다.

▷첫인상에 대하여……눈은 입만큼 말을 한다. 첫대면의 3초는 첫인상인데, 이 첫인상은 반영구적인 편견을 만든다.

▷행사를 시작할 때……큰 소리로 "안녕하세요"박수와 함성 유도

▷분위기를 잡을 때……박수로 유도, 박수를 치며 다같이 할 수 있는 노래를 합창한다.

▷분위기가 산만할 때……다같이 박수 세 번 시작! 거기 계모임 있나요? 난리도 아니네요, 거기 뭐 좋은 일 있습니까?

▷자신을 소개할 때……자기 이름을 간단히 소개한다. 자기 소개를 거창하게 한다.

▷호응을 하지 않을 때……건강에 대한 게임을 진행한다.

▷진행자에게 안 좋은 말을 할 때……설마, 저에게 하신 것은 아니겠지요? 오늘날, 저런 분들이 없었던들 우리가 무슨 재미로 살겠습니까? 저분을 위해 다같이 박수, 근데 정말 무슨 재미로 살죠?

▷지명을 받고 노래를 안 할 때……박수를 쳐서 나오게 한다. ㅇㅇㅇ의 명가수 ㅇㅇㅇ를 소개합니다. 오늘 저분이 2차로 한 턱 내실 모양입니다. 기대해보도록 하죠?

▷노래하다 실수를 한 사람에게……실수는 누구나 할 수 있다는 것을 잘 보여 주셨습니다. 너무 실망하지 마세요. 살다보면 이런 일 저런 일이 있기 마련이니까요. 역시 안 되는 사람은 안 되는군요.

▷새 옷을 입은 사람에게……분위기에 무척 잘 어울리십니다. 오랜만에 빼 입으셨습니다. 평소엔 어떻게 하고 다니시는지 궁금해지는군요.

▷노래할 사람을 소개할 때……ㅇㅇㅇ의 명가수 ㅇㅇㅇ를 소개합니다. 지금 막 순회

공연을 마치고 돌아온 가수 ○○○씨를 소개합니다.

▷ **양팀 점수** 차가 많이 날 때……지고 있는 팀을 위해 찬스게임을 하겠습니다. 정신 차리십시오. 언제나 막판 뒤집기란 것이 있는 것이니까요.

▷ 상품을 밝히는 사람에게……형편이 어려우신가 보죠? 실리적인 분이시군요. 물욕에 광란을 하시는군요? 물불을 못 가리고 계십니다.

▷ 게임을 설명할 때 떠들면……박수로 유도, 여기가 남대문 시장으로 착각하시는 분 들이 너무나 많습니다. 이보세요 아! 시끄러워요!! 네 모두 소화하시리라 믿고 게 임을 시작할까요?

▷ "불만 있습니다"라고 항의하는 사람에게……네! 담배 여기 있습니다.

▷ 박수 소리가 작을 때……양팀을 나누어 대결시킨다. 이렇게 해서야 회사(학교)의 명예를 걸 수 있겠어요? 단합이 얼마나 잘 되었는지 여러분의 박수소리와 함성으 로 측정하겠습니다.

▷ 버스에서 게임 중에 조는 사람들에게……저분은 어제 밤에 무리하셨나보죠. 옆에 계신 분들이 그 사람 속옷 좀 확인해 주시겠습니까? 얼마나 편한 속옷을 입었는지 많이 피곤하신가 봅니다. 한 잠 주무시고 나면 좀 나아지실 겁니다.

▷ 디스코 타임에 참여를 독려할 때……남을 의식하지 않는 그 의지 역시 한국인이십 니다.

▷ 게임에 대해 다시 설명을 요구할 때……이보세요 낮잠주무셨어요? 그렇다면 옆 짝 에게 물어보세요. 그 짝도 모르면 그런가 보다 하고 곁눈질로 따라 하세요.

▷ 참가자들끼리 말다툼을 할 때……저기에 링 하나 만들어 주세요. 저기에 글러브도 가져다 주세요.

▷ 동작을 할 때 꿈적하지 않는 사람에게……누가 맷돌로 짓누르고 계신가 보죠? 네 이 해가 갑니다. 베들레햄의 타격이 그렇게 클 줄이야 다같이 고함 한번 질러 봅시다.

▷ 실언을 했을 때……앗! 나의 실수. 입에 교통정리가 안 되니 이런 체증이…

▷ 각 팀의 선수나 술래가 나오지 않을 때……팀장모시고 나오세요. 본인이 멋지다고 생각하고 계시는 분은 아무생각 없이 나와 주시기 바랍니다. 상품이 있습니다.

▷ 대형을 바꾸고자 할 때……지금부터 기분을 약간 바꿔보겠습니다. 율동 노래를 하 며 **대형**을 바꿔본다.

▷ 도중 참가자들이 자리를 뜰 때……**화장실** 가세요? 5초 이내로 다녀오세요. 급하신

용무가 계신가보죠? 신중하게 해결하고 오시기 바랍니다. 핸드폰 왔다고 호출이
왔나보죠?

▷진행자가 노래 부탁을 받았을 때……왜 이제야 시키세요, 얼마나 기다렸는데. 네!
감사합니다. ○○○의 명가수 2개의 앨범을 내고 여적 한판도 팔지 못하고 있는
○○○이라고 합니다. 끝나고 팬 서비스 차원으로 사인회도 있겠습니다.

▷지적 받은 사람이 나오면서 많은 환호성을 받을 때……사람들을 모두 풀어 놓으셨
군요. 섭외비 얼마 드셨나요? 이런 환호가 나오기란 정말 힘드는데, 여하튼 대단
하십니다. 아무래도 지갑이 두껍지 않을까 하는 게 저의 소견입니다.

▷조용한 노래로 분위기를 썰렁하게 했을 경우……네! 한을 품고 열창을 해주셨군요.

▷춤을 잘 추는 사람에게……완전히 한풀이군요. 도대체 원하는 게 뭡니까?' 스트레
스 많이 쌓이셨나보죠. 아주 본전을 뽑고 계시는군요.

▷맘에 들지 않는 사람과 파트너가 되었을 때……팔자 소관입니다. 너무 그렇게 생각
하지 마십시오. 상대방도 당신과 생각이 같다는데

▷적극적인 사람에게……건강한 비결을 잘 알고 계시는 분이시군요. 주택복권이 당첨
되셨나봐요.

2) 지도자의 위치

생각해 봅시다

가. 지도자가 쫓아다니며 번호를 부르거나 팀을 나누거나 하는 친절의 도는 어디까지인가?

나. 앞에 나온 대표만 보고 이야기하고 있지는 않은가?

다. 지도자는 전체를 다 볼 수 있는 위치에 서 있는가?

라. 참가자들이 지도자를 볼 때 그 뒷배경이 산만하지는 않은가?

마. 참가자들이 해를 마주 보아야 하는가? 바람을 마주 받아야 하는가?

바. 스타트 라인에 설까? 골 라인에 설까?

그룹게임을 할 때 지도자가 적절한 위치에 서 있는 것은 프로그램을 원활히 이끄는
것뿐만 아니라, 위험방지·분위기 조성 등에도 대단한 중요한 역할을 한다. 그 원칙은
참가자들이 지도자를 보는 것이 가능하고, 지도자가 참가자 전원을 파악할 수 있는 장
소에 위치하는 것이다.

상황에 따라 다소의 차이가 있겠지만, 그 구체적인 예를 들어 보기로 한다.

① 원대형의 경우……원에서 내측 방향인 경우에는 원주를 따라 선다. 자주 원의 중앙으로 위치하는 것을 보지만, 이것은 적절하지 못하다. 다만, 원에 있어서 참가자가 움직일 때에는 원의 내측에 들어가 대면적으로 되면 좋다.

② 열대형의 경우……횡대형의 경우는 열의 양끝에서 보아 약 45도 정도의 위치가 좋다. 종대형의 경우는 어느 쪽인가의 끝에 위치한다. 이 경우, 때로는 반대쪽끝에 이동하는 것이 좋다.

③ 릴레이대형의 경우……반환점과 각 팀의 앞쪽과 중간의 어느 쪽 옆에 위치하고 있으면 좋다.

④ 자유대형의 경우……참가자 전원을 파악할 수 있는 장소에 위치한다. 원형의 그룹이 많이 있는 경우에는 지도자의 이동이 필요하다.

⑤ 지형에 따른 배려……높이의 차가 있는 장소에서는 지도자는 낮은 위치에 선다. 집이나 도로 등이 근접해 있으면 지도자는 그것을 바라보는 위치에 선다. 가능한 한 참가자들의 눈에 들어오지 않도록 하는 것이 좋다.

⑥ 자연조건의 배려……지도자는 태양을 향해 서고 바람이 불 때에는 바람 부는 쪽으로 위치하지만, 이 경우에는 상황판단을 적절하게 하는 것이 중요하다.

3) 지도자의 태도, 습관, 표정

생각해 봅시다

가. 혐오감을 주는 습관은 없는가?

나. 바른 자세를 가지고 있는가?

다. 복장이 그 모임의 성격에 맞는가? 긴장감을 조성하거나 품위를 손상시키지는 않는가?

라. 태도나 습관이 프로그램을 산만하게 분산시키고 있지는 않는가?

마. 지도자의 표정에서 정성을 읽을 수 있는가? 자신감, 공정함, 그리고 친근감을 느낄 수 있는가? 혹은 적당주의를 교만함, 공포감을 장난끼만을 유치함을 읽게 되지는 않는가?

바. 위선이 아닌 자연스러운 시선의 훈련과 교양미와는 어떤 관계가 있는가?

(1) 표정과 제스추어

일상생활에서 항상 사람들은 말 이외의 커뮤니케이션을 가지고 있다. 그 대표적인 것은 표정이고 제스츄어라고 할 수 있다. 특히, 게임지도를 할 때에는 지도자는 참가자와 직면한다. 지도자의 표정을 참가자가 끊임없이 주시하고 있다는 것을 생각해야 한다.

① 얼굴은 마음의 거울이다……얼굴에 나타나는 표정은 말 그대로 감정의 표현이라고 할 수 있다. 자신은 느끼지 못하더라도 자신의 마음이 어두우면, 그 어두운 것이 얼굴에 나타난다. 참가자는 그것을 민감하게 느낀다. 또는 표정은 단순히 그 때만의 기분이나 감정을 나타내는 것이 아니다. 표정은 게임 지도 몇 시간 전이나 전일의 감정을 나타내는 것이라고도 생각할 수 있다.

② 웃는 얼굴이 최대의 무기이다……무표정인 얼굴이거나, 어두운 얼굴로는 아무리 재미있는 게임이라 할 지라도 효과적이지 못하다. 게임지도의 기본은 웃는 얼굴이라는 것을 잊지 말자. 평상시에 웃는 얼굴을 하는 훈련이 필요하다.

③ 온몸으로 표현한다……게임 중에 재미있었던 것, 기뻤던 것들은 가능한 한 온몸으로 표현하는 것이 중요하다. 그러나 너무 오버하지 않도록 주의하자.

④ 양손을 능숙하게 사용한다……말을 사용함과 동시에 팔과 손의 동작을 표현하는 것이 바람직하다. 이 경우 가능한 한 양손을 사용할 것, 자신의 버릇을 너무 나타내지 않도록 주의하여야 한다.

(2) 올바른 자세

자세나 서는 방법은 표정과 함께 지도자에게는 매우 중요한 조건 중의 하나이다. 올바른 자세로 바르게 서면 사람들에게 호감을 가지게 한다. 그러나, 이것들은 항상 되는 것이 아니다. 평상시에 자신의 습관을 잘 알아두는 것이 중요하다.

① 바른 자세가 기본이 된다……바른 자세는 등과 허리를 쭉 펴고, 중심이 귀·어깨·고관절 그리고 무릎관절 축의 약간 앞을 통과하여 발까지 오는 자세라고 할 수 있다. 바른 자세를 갖추기 위해서는 다음과 같은 점에 유의하여야 한다.
  - 복근에 힘을 준다.
  - 몸 전체를 약간 위로 끌어올린다.
  - 등을 편다.
  - 턱을 당긴다.

② 양발에 무게를 둔다……몸을 안정되게 하기 위해서는 양발을 약간 넓혀서 서는 것이 좋다. 그 기본은 어깨너비 정도가 적당하다. 너무 좁게 설수록 안정성이 결

여되고, 타인에게 긴장감을 준다. 반대로 너무 넓게 서도 좋지 않다. 경우에 따라서는 양발이 다소 앞뒤로 되어도 상관없다. 구부정한 자세는 피로감을 나타내는 것이므로 좋지 않다.

③ 손의 위치에 주의한다……손의 움직임은 마음을 표현한다. 일반적으로 몸 앞에 손이 있으면 분위기가 가라앉게 되고, 손이 뒤로 가면 뽐내는 느낌이 든다. 팔짱을 끼거나, 주머니에 손을 넣는 것은 좋지 않은 자세이다.

(3) 올바른 복장

복장은 개개인의 센스에 좌우되기 때문에 어떻다고 한 마디로 말하기는 어렵다. 그렇지만 다음과 같은 점에 유의하여야 한다.

① 배색을 생각하자……보통은 두 가지 색 또는 세 가지 색 이내의 배색이 좋다. 그 이상이 되면 너무 눈에 띠거나 침착하지 못한 인상을 주게 된다.

② 내용과 분위기에 맞춘다……집단게임을 하는 경우는 여러 가지이다. 예를 들면, 체육관이거나, 호텔이거나, 움직임이 격렬한 것부터 파티에서의 게임 등 다양하다. 그 분위기에 맞는 복장을 준비한다.

③ 몸매를 적당히 감추는 것이 좋다……체형에 딱 맞는 것은 좋지 않다. 특히 외견상의 문제, 속옷 문제 등도 고려해야 한다.

④ 여벌을 준비한다……언제 무슨 일이 생길지 모르기 때문에 반드시 여벌을 준비하여 둔다.

(4) 시선의 처리

예부터 눈은 입처럼 마음을 나타낸다라고 하였다. 그 정도로 눈의 움직임, 눈의 모양 등은 그 사람을 나타내기도 한다. 시선의 처리방법에 주의를 기울이지 않으면 안 된다. 왜냐하면, 그것에 따라 참가자를 끌어당기는 것이 가능하고, 참가자의 반응을 빨리 캐치하는 것도 가능하다. 다음과 같은 점에 유의하자.

① 참가자 전체를 둘러본다……어떤 게임 대형에서도, 지도자는 참가자 한 명 한 명에게 시선을 주는 것이 중요하다. 그래서, 적당한 장소를 선택하는 것도 필요하다.

② 특정의 사람을 자주 보지 않는다……특히, 게임 설명을 하거나, 이야기를 할 때에는 참가자의 반응이 잘 알 수 있다. 무표정인 사람, 아래를 보는 사람, 다른

사람에게 주의를 기울이는 사람 등 여러 가지이다. 그러나 지도자의 지시를 잘 따르거나 해서 그 사람만 계속 주시하는 것은 좋지 않다.

③ 다른 곳을 쳐다보지 않는다……지도 경험이 적을수록 지도 도중에 천장이나, 벽, 주위의 경치나 하늘 등에 시선이 자주 간다. 가급적 눈을 다른 곳으로 돌리지 않도록 주의하자.

4) 지도자로서의 자세

생각해 봅시다

가. 프로그램 지도와 목적의식과 관계는 어떠한가?

나. 교육적인 차원에서 지도하고 있는가?

다. 프로그램 지도를 통하여 인간의 성장, 집단의 발전, 사회에의 기여가 이루어진다는 확신을 가지고 있는가?

라. 정확하고 공정한 판정이 프로그램 지도의 윤리임을 인식하고 있는가?

마. 지도자의 인기도에만 신경을 쓰고 있지는 않은가?

바. 상업 오락과의 구분을 명확히 하고 있는가?

사. 모방, 표절 차원에서 연구 노력의 차원으로 자세를 발전시키고 있는가?

아. 최고는 아니라도 최선을 다했는가?

(1) 레크리에이션 지도의 목적

레크리에이션 지도는 다양한 활동(게임, 음악, 무용, 스포츠, 야외활동 등)과 참가자 (레크리에이션의 주체)들을 연결하고, 참가자들이 여러 가지 레크리에이션 활동을 스스로 즐길 수 있게 프로그램을 제공하고, 기술을 지도하는 것 등을 말한다. 따라서, 레크리에이션 지도자는 단순하게 레크리에이션 소재를 이해하고, 그 기술을 익히는 것뿐만 아니라, 개인과 집단에 대한 지식과 지도를 통하여 즐거움과 재미를 참가자들과 함께 공유하는 것을 목적으로 하여야 한다.

(2) 레크리에이션 지도자의 자격

레크리에이션 활동의 구체적인 지도방법은 체험과 학습을 통해서 배우고 익혀야 하기 때문에 이를 지도할 지도자가 필요하다. 지도자는 누구에게나 평등하게 기회를 제

공하고 물질적·정신적인 마당을 제공하여 생활습관을 계몽하고 참가자 모두가 만족할 수 있도록 도와주어야 한다.

이러한 목적을 이루기 위해서는 지도자로서의 자격이 필요하다. 레크리에이션에 관한 기획, 프로그램 진행·관리 등을 성공적으로 수행하느냐 못하느냐의 여부는 오직 지도자의 역량에 의존한다. 레크리에이션의 발상지라 할 수 있는 미국레크리에이션협회에서는 레크리에이션 지도자의 자격을 다음과 같이 설정했다.

① 개인의 가치와 존엄성을 인정하려는 의식
② 사람들의 흥미나 요구에 대한 이해
③ 생활의 기쁨이나 사는 수단에 대한 이해 및 그것을 실천하려는 열의
④ 유머
⑤ 봉사하려는 의욕
⑥ 창조적 표현을 통해 개인의 성장 및 발달에 대한 관심
⑦ 다른 사람의 의견 및 개성에 대하여 가지는 호의적인 태도
⑧ 예리한 통찰력
⑨ 민주적으로 사물을 보고 운영해 나가는 능력
⑩ 민주적인 진행 방법과 자신의 가치에 대한 확신
⑪ 기분 좋은, 또는 호의적인 성격
⑫ 조직력
⑬ 생산적 에너지와 열의
⑭ 사람들과의 협조성
⑮ 심신의 건강

(3) 지도자의 준비사항

① 프로그램 전에 행사를 할 수 있는 장소를 선택해야 하며, 참가자의 성격을 파악하여 연령과 지위를 초월시켜 행사 분위기를 살려야 한다.
② 프로그램에 있어서 게임의 내용을 완전히 소화하고, 짧은 시간 내에 참가자를 이해시키고, 경우에 따라서는 임기 응변할 수 있는 사전 준비가 되어 있어야 한다.
③ 프로그램은 활동적이고 의욕적인 것이어야 하고, 특수한 분야에 대한 것보다는 대중적인 것이 많아야 한다.

④ 프로그램에 의미를 부여함으로써 참가자의 지적 향상 및 레크리에이션의 특수성을 갖게 하고, 여가 선용을 주장해야 한다.

⑤ 피곤해 해선 안 되고 진행 도중 절대로 화를 내지 말고 항상 활동적이고, 명랑한 분위기를 만들어야 한다.

⑥ 프로그램에서 창작적 요소가 많은 것을 가르쳐 주어야 한다.

⑦ 경험이 많아야 하며, 새로운 게임은 장단점을 찾아내어 실용화한다.

⑧ 안전사고에 대비한다.

⑨ 행사가 끝난 다음에는 반드시 평가하는 습관을 가짐으로써 다음에 대처할 수 있는 마음가짐을 갖는다.

⑩ 행사에 관한 모든 것을 문서화시키고, 다음 행사에 대비한다.

5) 대상과 참여도

생각해 봅시다

가. 참가자들의 수준, 연령, 성별, 인원, 욕구 등을 고려하여 참여하도록 유도하고 있는가?

나. 프로그램 진행시 틀린 사람이나 진 사람을 차례로 제외시켜 나가는 방법을 어떻게 생각하는가? 제외횟수를 1회로 제한하고 다시 참여하도록 응용할 수는 없는가?

다. 대표만 나와서 하는 프로그램에서 참가자들의 참여도는 어떠한가?

라. 짝이 안 맞거나 남는 인원이 생길 때 남은 사람에게 역할을 부여하는 방법은 없을까?

마. 늘 빠지려고 하거나 소극적인 사람, 약점을 가진 사람들을 어떻게 참여시킬 수 있을까?

바. 소외감을 안 주려고 무리하게 모든 사람을 다 참여시킴으로써 지루하거나 시간이 많이 걸릴 때에는 방법을 단계화・다양화하도록 응용할 수는 없을까?

(1) 참가대상별 특징

① 유　아

유아의 발육은 개인에 따라 그 차이가 심하며, 일생 동안 가장 큰 변화를 보이는 시기이기도 하다. 체중은 1세가 되면 신생아의 3배가 되고, 3세때는 4배, 5세경이 되면 5배가 된다. 신장은 5세가 되면 신생아의 약 2배가 된다.

유아기의 신체적 특징 중의 하나는 다른 부분보다 머리가 크다는 점이다. 머리가 크고 중심이 높기 때문에 신체적 불균형을 이루는 특징을 가지고 있다. 약 12개월 정도가 지나면 혼자서 직립보행을 하게 되며, 2세가 되면 자유롭게 걸어다닐 수 있다. 4~5세가 되면 소근육의 움직임도 자유롭게 할 수 있게 된다.

3세 정도가 되면, 자기주장도 강해지고, 반항기를 맞이하게 된다. 음악이나 리드미컬한 놀이를 선호하게 되는 것도 유아기의 특징 중의 하나라고 할 수 있다.

② 아 동

초등학생이 되면 지금까지의 주위 환경과는 다른 환경에 놓여지게 된다. 먼저, 학교라는 새로운 집단 사회를 경험하게 되며, 또래관계나 주위의 친구들이 많아지게 되는 것이 가장 큰 변화라고 할 수 있다. 저학년인 경우에는 유아다운 모습이 남아있기는 하지만, 고학년이 되면 사춘기라는 새로운 변화를 맞이하게 된다.

발육속도는 이 시기에 있어서 일정하게 발달하게 되고, 특히 4,5학년이 되면 신장, 체중이 여자아이가 남자아이들보다 많다. 성장이 빠른 여자아이의 경우에는 이 때 초경을 겪게 되기도 한다.

신체적 발달과 함께 마음도 크게 변화한다. 고학년이 되면 주위의 현실을 바르게 받아들일 수 있는 능력이 생기게 된다. 8세경부터는 감정의 표현을 자제할 수 있는 힘이 생겨 나쁜 일을 겪더라도 금방 울지 않게 된다.

또래관계가 많아지게 됨으로써 경쟁심 또는 협동심이 강해지며, 스포츠나 게임 등에 강한 관심을 나타낸다. 고학년이 될수록 이성에 관심이 많아지며, 또래끼리의 놀이 그룹도 자연스럽게 형성되기도 한다.

③ 청 소 년

청소년기는 신체적인 발달과 성적인 성숙이 이루어지는 시기이므로, 청소년기 특유의 상황을 만들어 내기도 한다.

중학생의 시기는 제2차 성징기라고 하며, 신체적 발육속도가 급속히 빠르게 진행된다. 운동능력이나 체력에 있어서도 남녀의 뚜렷한 차이가 보여지고, 스포츠, 취미, 직업 등의 관심이 서로 달라지게 된다. 일반적으로 신체의 변화는 정서에도 영향을 미치며, 불안정한 심리상태를 겪기도 한다.

남자는 변성기를 겪게 되고, 여자는 초경을 경험하고, 가슴과 피하지방이 발달하여, 골반이 커지는 등 여성다운 몸매를 가지게 된다. 이 시기가 되면, 교사나 부모에 대한 반항을 자주 하게 된다. 이것은 아이취급 받기 싫어하는 요구로 표현되어 지며, 자기 자신들만의 생활을 하려고 한다.

또래끼리 모여 반사회적 행동을 하는 것도 자주 눈에 띤다. 성에 대한 관심을 가지게 되며, 호기심, 이성에 대한 부끄러움, 정서적 불안정 등 사춘기 특유의 모습이 보여진다. 한편으로는 논리적 사고가 가능하며, 자신의 성격이나 흥미에 따라 자기 장래의 방향을 의식하게 된다.

④ 성인(청년)

청년기는 일생에서 최고의 체력을 자랑하는 시기이기도 하다. 개인에 따라 다르지만, 20~25세는 체격, 행동체력(근력, 순발력, 지구력 등)의 최고 정점에 이르고, 이후에는 하한선을 그리게 된다. 남자는 남자답게, 여자는 여자다운 모습으로 더욱 성숙해지고 완성되어지는 시기라고 할 수 있다.

남자는 근력이 발달하여 호르몬의 분비가 왕성해지고 심장의 박출력도 가장 강하다. 운동신경도 발달하여 반응이 빠르고, 피로회복도 빠르게 이루어진다. 적당한 운동이나 스포츠를 함으로써, 몸을 단련되어 체력 발달 효과가 착실히 보여지게 된다.

정신적인 면에서도 그 활동성이 가장 왕성한 시기이다. 여성의 경우는 출산의 경험 등 많은 변화를 겪는 시기이기도 하다.

⑤ 성인(장년)

신체적으로나 정신적으로 무언가 다른 변화를 보이는 시기이다. 신체적으로는 동맥경화, 내장의 운동능력 저하, 호르몬 분비의 감소 등 노화가 시작되는 시기이다. 특히, 문명의 발달로 인하여 움직임이 적어진 오늘날에 와서는 운동부족으로 인하여 각종 성인병에 걸리기 쉽다. 그리고, 사회생활의 스트레스, 갱년기의 경험 등은 심신장애를 일으키기 쉽다.

정신적으로는 인생경험의 풍부해짐으로써 사물이나 일의 판단도 사려 깊게 되고, 대인관계에서도 객관적으로 생각하게 된다. 몸의 상태가 청년기와는 달라서 건강에 대한 관심도 높아지는 시기이다.

그러나, 자녀들이 독립하거나 결혼하고, 정년을 앞두고 있는 시기이기 때문에 고독감과 우울증을 겪기 쉬운 시기이기도 하다. 건강과 체력을 유지하고, 젊음을 유지하고, 노후생활에 대한 준비기로써의 자각이 중요한 시기라고 할 수 있다.

⑥ 노 인

보통 60세 이후를 노년기라고 구분하고 있다. 이 시기는 말할 것도 없이 인생의 경험을 많이 축적하고, 젊은이들에게는 존경받는 시기이다. 그러나, 신체적으로도 정신적으로도 노화가 된다. 신체의 노화증상이 뚜렷해지고, 부분에 따라 노화의 속도가 다르고, 개인에 따라서도 큰 차이가 있다.

정신적으로도 개인별로 차이가 있지만, 일반적인 경향은 다음과 같다.

- 심리적 불안정
- 소심해진다.
- 외로움을 많이 느낀다.
- 완고함과 보수적 사고
- 과거의 애착

⑦ 심신 장애인

여러 가지 원인에 의하여 신체적·정신적의 측면의 불편으로 인한 많은 장애를 볼 수 있다. 심신의 장애를 겪고 있는 이들을 가정생활이나, 사회생활 등에서 적극적으로 사회에 참가하고 장애를 극복할 수 있도록 도와주는 것은 아주 중요한 일이다.

집단게임이나 놀이의 세계에서도 당연히 즐겁게 즐겨야 한다. 그러기 위해서는 게임을 지도할 때 많은 이해와 준비가 필요하므로, 다음과 같이 몇 가지 심신장애의 종류와 그 경향에 대해 알아보기로 하자.

▷시각장애

안구, 시신경 등의 부분적 손상에 의해 보는 것이 부자유스럽거나 불가능한 상태를 말한다. 일반적인 행동경향은 다음과 같다.

- 주위의 상황파악이 곤란하다.
- 대화나 사물과의 대응관계가 곤란하다.
- 보행제약
- 모방동작이 곤란하다.

▷청각장애

청각 능력이 부족하거나, 전혀 들을 수 없는 상태를 말한다. 행동경향으로는 언어발달이 곤란하며, 자주성의 결핍 등을 나타낸다.

▷정신지체

정신발달이 지체된 상태를 말한다. 단순히 지능발달뿐만 아니라, 주변 생활의 처리, 집단생활의 참가 등에도 곤란을 겪는다. 그 특징으로는 지체상태의 변동성, 다양성과 더불어 정서적 장애도 보여진다.

(2) 참여와 만족

기본적으로 레크리에이션은 자발적인 참여를 전제로 한다. 그러나, 우리나라의 레크리에이션 현장에서는 개인의 자발적인 선택에 의해 레크리에이션 프로그램이 이루어지기보다는 단체나 조직의 구성원 전체가 제한된 공간(교실, 강당, 운동장)에 모여 진행되는 프로그램이 많은 것이 현실이다.

레크리에이션이 지나치게 상업화되어가는 과정에서 상업적인 이익을 위해 군중 앞에 서는 레크리에이션 지도자가 많아졌다. 불특정 다수의 대중 앞에 서는 MC를 레크리에이션 지도라고 말할 수 있을까? 많은 사람이 동시에 만족할 수 있는 프로그램이란 어떤 것인가?

참가자 전체가 만족을 느낀다는 것은 어쩌면 불가능한 것일 수도 있다. 그러나 프로그램을 제공하고 지도하는 지도자의 입장에서는 가능하면 많은 사람들이 참여하고 만족을 느낄 수 있으며 공동의 목표(친교, 단합 등)에 도달할 수 있도록 유도하는 것이 최선일 것이다. 그러기 위해 지도자는 참가자들의 욕구와 특성(수준, 연령, 성별, 인원 등)을 파악하는 것이 무엇보다도 중요하다. 이를 토대로 참가자들이 만족할 수 있는 최대 공약수를 프로그램으로 도출 해야하는 것이다.

진정한 레크리에이션 지도자의 자세는 프로그램 지도를 통해 인간의 성장, 집단의 발전, 사회에의 기여가 이루어 질 수 있다는 확신에서 출발해야 한다. 말은 쉽지만 실제로 지도현장에서 이 같은 사명감을 가지고 활동하는 지도자를 만나기는 쉽지 않다. 그러나 이러한 사명감과 현실 사이에서 고민하는 지도자들도 많은 수는 아니지만 분명히 존재하고 있다. 대상들의 참여와 만족을 좌우하는 몇 가지 문제에 대해 같이 생각해 보자.

① 프로그램 중 진 사람을 차례로 제외시키는 경우

물론 최종 우승자를 가리고 시상하는 것이 나쁜 것은 아니다. 그러나 그 과정에서 소외되어지는 많은 참가자들을 생각해본 적이 있는가? 꼭 우승자나 우승팀을 가려야하는 상황이 아니라면 제외 횟수를 제한하고 다시 참여할 수 있도록 유도하는 것이 좋은 방법이 아닐까? 상과 벌의 차원이 아닌 가능한 모든 사람들이 참여하고 프로그램 자체를 즐길 수 있도록 지도하는 것이 훌륭한 지도 방법이라고 할 수 있을 것이다.

② 대표자 게임의 남용

본인이 유머러스하거나 말솜씨가 좋다고 생각하는 지도자의 경우 시종일관 프로그램을 대표자 게임으로 몰고 가는 경향이 있다. 참가자중 일부를 무대로 불러내어 인신 공격성 발언으로 대중을 웃기고 본인은 최고의 레크리에이션 지도자라고 생각한다. 결론부터 말하자면 그것은 착각이다. 그런 종류의 게임이라면 지명도나 관객의 호응 면에서 개그맨이나 코미디언을 따라 갈 수는 없다. 레크리에이션 지도자가 개그맨이나 코미디언을 모방해서 대중을 웃기는 데에만 만족해한다면 레크리에이션지도자는 삼류 개그맨이라는 일부의 인식을 영원히 불식시키지 못할 것이다. 불가피한 경우 혹은, 분위기의 전환을 위해 대표자 게임을 할 수 도 있다. 그러나 가능한 남발하지 않고, 하더라도 앞에 나온 참가자에 대한 배려를 잊지 말아야 할 것이다.

③ 남는 인원의 문제

팀을 구성하거나 짝을 지을 때 남는 인원이 생기게 마련이다. 또한 늘 빠지려고 하거나 소극적인 사람, 약점을 가진 사람, 혹은 반대로 지나치게 나서려는 사람들 프로그램 도중 돌발적 문제가 발생하는 경우가 종종 있다.

그럴 경우 그들을 참가자가 아닌 중간지도자(보조요원) 혹은 심판요원 등의 역할로 참여를 유도하면 오히려 좋은 결과를 가져오는 경우도 많다. 훌륭한 레크리에이션 지도자라면 소외되는 사람이 없도록 전체를 아우르는 시각을 가져야 할 것이다. 그러나 그 과정에서 소외감을 주지 않으려고 무리하게 모든 사람을 다 참여시키려다 보면 간혹 지루해지거나 시간이 많이 걸리게 된다. 이 경우 프로그램의 방법을 분산놀이의 방법이나. 대표교대 지그재그 연결법 등으로 단계화·다양화 하도록 응용하여 참여도를 높이는 것이 바람직한 방법이 될 것이다.

레크리에이션 프로그램의 실제

제1장

주의집중을 위한 SPOT 프로그램

우리 생활속에서 spot이란 단어는 스팟광고(spot advertisement), 스팟뉴스(spot news), 스팟라이트(spot light), 스팟테스트(spot test) 등의 표현처럼 짧고 간단한 즉석의, 번뜩이는 등의 뜻으로 주로 쓰이고 있다. 스팟에 대해 명확한 정의를 내리기는 어렵지만 이 책에서의 스팟프로그램이란 '짧은 시간(5분 내외)에 할 수 있는 주의 집중을 위한 프로그램'으로 규정하도록 하겠다. 시간이 걸리는(10분이상)프로그램은 제 2 장에서 다루기로 하겠다. 프로그램이나 교육에 앞서 집중이 필요할 때(opening spot)나 프로그램 중간에 산만해진 분위기를 수습할 때(bridge spot), 효과적이고 기억에 남는 종료를 위해(closing spot) 스팟프로그램은 비단 레크리에이션 지도자 뿐만 아니라 각급 학교의 교사나 각종 단체나 모임의 진행자들에게도 꼭 필요한 기법이 될 것이다. 스팟프로그램에는 활용하는 방법에 따라 여러 가지 분류가 있을 수 있으나 이 책에서는 게임을 이용한 게임스팟, 박수 및 손유희를 이용한 액션스팟, 센스퀴즈를 이용한 퀴즈스팟, 심리테스트 및 단편유머를 이용한 유머스팟등을 소개하기로 하겠다.

Ⅰ Game Spot

1) 어려운 동작과 발음

001 꼬인다 꼬여

① 중앙청 창살 쌍창살, 검찰청 창살 철창살

② 작년 솥장사 헛솥장사, 금년 솥장사 새 솥장사

③ 대우 로얄 뉴 로얄

④ 간장 공장 공장장은 강 공장장이고 된장 공장 공장장도 강공장장이다.

⑤ 저기 있는 저분이 박 법학박사이시고, 여기 있는 이분이 백 법학 박사이시다.

⑥ 신진 샹송가수의 신춘 샹송쑈

⑦ 한양 양장점 옆 한영 양장점, 한영 양장점 옆 한양양장점

⑧ 저기 있는 저 말뚝이 말 맬 말뚝이냐, 말 못 맬 말뚝이냐.

⑨ 대공원의 벚꽃놀이는 낮봄벚꽃놀이보다 밤 봄벚꽃놀이가 좋다.

⑩ 장충당공원 앞에 중앙당약방 중앙당약방 옆에 장충당구장 장충당구장 위에 장충당 족발점

CLICK POINT

▶ 진행 방법은 전체를 대상으로 하는 경우와 무대게임으로 진행하는 방법이 있다. 전체를 대상으로 할 경우에는 지도자의 지시로 발음연습을 하고, 그 중 잘 되는 참가자를 지적하여 진행하고 박수를 유도한다.

▶ 무대게임으로 진행할 때에는 보통 2~5명 정도가 적당하며, 지도자가 먼저 빠르게 발음을 한 후에 게임 참가자에게 바로 할 수 있도록 유도한다.

▶ 지도자의 스피치를 위한 어려운 말, 발음훈련 문장연습으로 사용해도 좋다.

002 코, 귀 잡기

① 오른손으로 코 잡고, 왼손으로는 오른쪽 귀(X자로 엇갈려)를 잡는다.

② 지도자의 "바꿔!" 구령에 왼손은 코, 오른손은 왼쪽 귀를 잡는다.

③ 또 한번 "바꿔!" 구령에는 원위치로 한다.

④ 양손을 교차하면서 동시에 코, 귀를 잡기란 쉽지 않다.

CLICK POINT

▶ 너무 오래 끌면 흥미가 반감되므로 참가자들이 5회 정도 반복하고 다른 게임을 진행한다.

▶ "하나, 둘", "하나, 둘" 구령에 맞추어 점점 속도를 빨리하여 게임의 스릴을 높인다.

▶ 5회 정도 반복 후에 지도자는 "지금부터 쉬운 방법을 가르쳐 드리겠습니다"라고 하면서 손은 그대로 있고 "바꿔"라고 할 때마다 머리만 좌우로 움직여도 가능하다는 것을 알려준다.

▶ 충분히 숙달되면 노래를 부르며 박자에 맞추어 게임을 진행한다.

003 두들기고 쓸고

① 왼손으로는 주먹을 쥐고 무릎을 두드리고 오른손 바닥으로는 머리 쓰다듬는 연습을 한다.

② 지도자가 "바꿔!" 하면 이번에는 오른손 주먹으로 무릎을 두드리고 왼손바닥은 머리를 쓰다듬는다.

③ 참가자들이 동작에 익숙해지면 노래에 맞추어서 진행한다.

CLICK POINT

▶ 동작 자체가 난이도가 있으므로 쉬운 동요를 부르며 진행을 하면 참가자들이 쉽게 따라 할 수 있으며, 짜임새 있는 게임 운영이 가능하다. 이 때 지도자는 같이 노래를 부르기 보다는 일정한 박자마다 "바꿔"라는 말을 하는 것이 좋다.

▶ '고향의 봄' 노래에서는 "꽃"마다 바꾸라고 사전에 지정을 한 후 진행해도 좋다.

▶ '고추먹고 맴맴' 노래에서는 "고"라는 글자가 나올 때마다 바꾸라고 하고 진행한다

004 명 지휘자

① 오른손으로는 상하로 2/4박자 지휘하는 것을 연습한다.

② 왼손은 삼각형을 그리며 3/4박자를 연습한다

③ 두 손을 동시에 사용하여 오른손은 아래위로 왼손은 세모를 그린다.

CLICK POINT

▶ 한박자 한박자 구분하여 몇차례 반복진행한 뒤 연속동작으로 진행한다.

▶ 동작이 익숙해지면 노래를 부르면서 진행한다.

▶ 노래 선곡은 3/4박자 노래를 이용하는 것이 좋다.

  예) 과수원 길, 갑돌이 와 갑순이 등

▶ 중간에 갑자기 "바꿔!"구령에 양손의 역할을 바꾼다.

▶ 한손은 아래위로, 한손은 사각형을 그린다.

▶ 한손은 세모, 한손은 동그라미를 그린다.

005 맷돌 돌리기

① 오른손 주먹을 맷돌 돌리는 기분으로 돌린다(시계 방향).

② 오른발은 시계반대 방향으로 돌린다.

③ ①, ②를 동시에 실시한다.

CLICK POINT

▶ 처음에는 참가자들이 쉽게 따라할 수 있도록 오른손과 왼발로 게임을 한다.

▶ 이 동작을 잘 따라하는 참가자는 거의 없다. 오히려 제대로 되는 참가자가 문제 있는 사람이다. 리더는 이것을 이용해 부담없는 웃음을 만들 수 있다.

  예) "이건 제대로 되는 사람이 이상한 사람입니다."

▶ 왼손과 왼발, 양손과 양발 등으로 응용한다.

▶ 물레를 돌리듯 오른팔을 안에서 밖으로 돌리면서 왼팔은 밖에서 안으로 돌려본다.

006 손가락 접기

① 양손을 앞으로 내민 후 엄지부터 1에서 10까지 세어본다.
② 다음은 엄지를 구부리고 둘째손가락이 1이라고 생각하
고 둘째손가락부터 시작하여 10까지 세어 보도록 한다.
③ 다음은 왼손엄지만 구부리고 오른손은 정상대로, 왼손은
검지부터 시작하여 1부터 10까지 세어 보도록 한다.

CLICK POINT

▶너무 오래 끌면 게임의 흥미가 반감되므로 참가자들이 완전히 적응하기 전에 끝내도록 한다.
▶2~3회 반복을 한 후에는 왼손은 엄지, 검지손가락 두개를 접은 후에 실시하고, 반복 횟수가
 총 5회를 넘지 않도록 한다.
▶노래와 함께 동작을 해보는 것도 좋다. 예) 꼬마 인디언

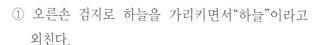

007 하늘, 코, 귀

① 오른손 검지로 하늘을 가리키면서 "하늘"이라고
외친다.
② 코를 가리키며 "코"라고 외친다.
③ 귀를 잡으면서 "귀"라고 외친다(오른쪽 귀).
④ 하늘, 코, 귀를 하면서 2~3번 반복을 하면서 3
박자의 노래를 부른다.
⑤ 왼손으로는 "코", "귀", "하늘"이라고 외치면서 동작
을 따라 하게 한다.
⑥ 양손을 동시에 사용을 하면서 반복을 한다.

CLICK POINT

▶처음 진행시에 '하늘'이라고 외칠 때 참가자들이 따라 하지 않으면, 지도자는 다시 한 번 큰 소리로 '하늘'이라고 참가자들이 따라 하도록 유도한다.

▶반복을 할 때 지도자는 3박자에 맞추면서 반복한다.

▶노래를 부를 경우에는 3박자의 노래를 불러주고 지도자는 참가자들이 쉽게 따라 부를 수 있는 노래를 선택한다(과수원 길, 반달 등).

008 엄지 애지

① 양손을 가슴 앞에서 손등을 밑으로 한 채 주먹을 쥔다.

② 왼손은 엄지만 펴고 오른손은 애지만 편다(손가락 방향이 왼쪽을 향한다).

③ 서로 손가락을 바꿔준다.

④ 그러면 손가락 방향이 왼쪽, 오른쪽으로 바뀌게 된다.

CLICK POINT

▶지도자가 충분히 연습하여 손가락을 동시에 바꿔주는 동작을 틀리지 않도록 한다.

▶하나 둘 셋 이라는 구령에 참가자들은 '허이'라는 기합을 함께 한다.

▶진행시 손가락의 둔한 모습과 참가자들의 재미있는 모습을 보면서 상황에 맞는 멘트를 해준다.

▶양손의 역할을 바꿔가면서 진행하면 재미있다.

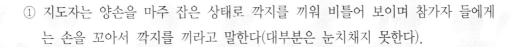

009 깍지 끼기

① 지도자는 양손을 마주 잡은 상태로 깍지를 끼워 비틀어 보이며 참가자 들에게는 손을 꼬아서 깍지를 끼라고 말한다(대부분은 눈치채지 못한다).

② "하나, 둘, 셋"이라는 구령에 깍지 낀 손을 머리 위로 올린다(참가자들은 손을 꼬아 깍지를 낀 상태이기 때문에 따라하지 못한다).

③ 이번에는 손을 꼬아서 깍지를 낀 상태에서 가슴 안쪽으로 비틀어 검지 손가락을 X자로 엇갈려 코를 잡는다(대부분은 오른손이 왼손 위로 엇갈려 깍지를 끼기 때문에 검지를 코에서 떼지 않고는 깍지를 풀수 없다).

CLICK POINT

▶참가자들이 눈치채지 못하도록 2~3회만 반복한 후 나중에 비결을 가르쳐 주겠다고 한 후 궁금증을 남긴 채 다음 게임으로 연결한다.

010 관심 집중

① 양주먹을 쥐고 마음에 드는 손 하나를 선택해서 손바닥을 펴게 한다.

② 주먹을 쥐고 있는 손은 가슴에 갖다대고 손바닥을 편 손은 세워서 앞으로 쭉 펴게 한다.

③ 지도자의 "하나, 둘, 셋"이라는 구령과 함께 손의 위치를 서로 바꾸면서 기합을 넣게 한다.

CLICK POINT

▶지도자는 "하나, 둘, 셋"이라는 구령을 점점 빠르게 한다. 나중에는 "셋"이라는 숫자만 불러준다. 다음으로 손의 모양을 빠꿔서 한다. 가슴엔 손바닥, 쭉 뻗은 손은 주먹으로 하고 "하나, 둘, 셋"이라는 구령을 붙인다(대부분 하지 못한다).

2) 즉석 상대 반응

011   큰공 작은공

① 지도자가 "작은 공"하며 낮은 소리를 내며 양손을 조그맣게 하여 가슴 앞으로 모아 내밀면 참가자들이 그대로 따라 하면서 "작은 공"이라 하고, 지도자가 "큰 공"하며 높은 소리를 내며 가슴 앞에서 큰 원을 그리면 참가자는 그대로 따라한다.

② 지도자와 반대로 따라 하도록 유도한다. 지도자가 "작은 공"하면 참가자는 "큰 공"을 한다.

④ 지도자가 "큰 공"을 크게 외치며 동작을 작게 하면 참가자는 "작은 공"을 작게 외치며 동작을 크게 한다.

⑤ "큰 공"을 작게 외치며 동작을 크게 하면 참가자는 "작은 공"을 크게 외치며 동작을 작게 해야 한다.

CLICK POINT

▶ 모든 것을 반대로 하는 것으로 지도자가 "큰공"을 외치며 동작을 작게 하면 참가자는 "작은 공"을 작게 외치며 동작을 크게 한다. 지도자가 "큰공"을 작게 외치며 동작을 크게 하면, 참가자는 "작은공"을 크게 외치며 동작을 작게 한다.

▶ 네 가지로 가지 수를 늘려 "큰빵 작은빵", "긴떡 짧은떡" 등으로 응용해 본다. 예를 들면 긴떡, 큰빵 하면 짧은떡, 작은빵 한다.

012　상하좌우 모션

① 먼저 양손을 위로 올리는 동작을 하면서 동작을 위로, 아래로, 안으로, 밖으로의 구령에 맞춰 연습시킨다.

② 동작이 익숙해지면 지도자의 동작과 반대동작을 취하게 한다.

③ 지도자가 양팔을 위로 올리면서 "위로"하면 참가자는 반대로 "아래로"라는 구령을 부르며 양팔을 내린다.

④ 지도자와의 반대동작에 맞춰 노래를 부르면서 진행하면 효과적이다.

CLICK POINT

▶노래는 빠른 템포보다는 느린 템포의 노래가 좋다(과수원 길 등).

▶큰공 작은공, 큰마음 작은마음 등 참가자에 따라 멘트를 변화하여도 좋다.

▶예외조항을 두면 게임이 더욱 재미있어진다.

　　예) 양손을 돌리면 박수와 함성

▶익숙해지면 갑자기 약속되지 않은 동작을 취해본다.

　　예) 오른손 위로 왼손 아래로 / 앉았다 일어섰다 등

013　칙칙폭폭

① 즉석반응게임으로 참가자는 지도자가 하는 것과 반대로 한다.

② 예를 들면 "칙"하고 지도자가 하면 "폭"하고 참가자가 대답한다. 칙칙폭폭-폭폭칙칙, 칙폭칙폭-폭칙폭칙 등으로 단어를 늘려가며 따라하도록 한다.

CLICK POINT

▶동작과 함께 하면 효과적이다.

▶지도자는 예고 없이 어렵게 유도한다.

　　예) 칙치리 칙칙 폭-폭포로 폭폭 칙

▶칙폭 이외에 다른 단어로 응용해 본다.

　　예) 땅콩-콩땅, 콩콩콩-땅땅땅

　　　　 짬뽕-뽕짝, 짬짬짬-뽕뽕뽕(아예 방귀를 껴라)

　　　　 똑딱-딱똑(누가 닭똥이래)

　　　　 징글벨벨-벨 징글징글(이것도 못해? 아주 징글징글해)

　　　　 쭉쭉-빵빵(역시 쭉쭉빵빵한 미인들이라 잘 하시는군요)

014　부어, 비벼, 발라

① 부어 : 왼 손 바닥을 펴고, 오른 손가락으로 왼손바닥을 두드린다.

② 비벼 : 양손 바닥을 비빈다.

③ 발라 : 양손으로 머리를 쓸어 올린다.

④ 먼저 동작을 말과 함께 따라하게 연습을 시키고 게임에 들어갔을 땐 지도자는 말과 동작을 틀리게 한다.

⑤ 동작은 "발라"를 하고 말은 "비벼"라고 한다.

발라!!

부어?

CLICK POINT

▶리듬감 있게 진행하는 게임으로 말의 악센트를 주면서 점점 속도를 빠르게 하여 진행한다.
  예) 부어(2박) 비벼(2박), 부어(1박) 비벼(1박) 발라(2박)
▶숙달되면 "세워"(머리카락을 세우는 동작)를 추가하면 더욱 재미있다.

015 내 코, 내 귀

① 지도자가 참가자를 향해 "내 코"라고 말하면서 자기의 "귀"를 잡는다

② 참가자는 반대로 재빨리 "내 귀"라고 말하면서 자기의 "코"를 가리킨다.

③ 같은 방법으로 지도자가 자기의 "다리"를 가르치며 "내 팔"하고 말하면 참가자는 자기의 팔을 가리키며 "내 다리"라고 해야한다.

CLICK POINT

▶ 내 코, 내 귀 대신에 "내 팔", "내 다리", "내 배", "내 등"으로 예고없이 게임을 진행하면 더욱 재미있다.

▶ 순발력 있게 대처하는 참가자들을 무대로 올려 대표자게임으로 활용할 수 있다.

016 땅 따당

① 지도자가 "땅!" 하고 오른손으로
   총쏘는 시늉을 하면 모두 "따당" 하고 되쏘는 시늉을 한다.

② "따당!" 하면 반대로 "땅"을 해야 한다.

③ "땅 따당" 하면 "따당 땅"으로 응수를 해야 한다.

④ 아무나 갑자기 지적해서 틀리도록 유도하거나, 둘씩 짝이 되어 서로 승부를 가린다.

CLICK POINT

▶너무 오래 끌면 게임의 흥미가 반감되므로 참가자들이 완전히 적응하기 전에 끝내도록 한다.

▶지도자의 진행기법이 요구되는 게임이며, 점점 빠르게 진행하는 것이 좋다.

▶땅 따당 대신 땅-콩, 산타-크로스, 징글-벨 등으로 응용할 수 있다.

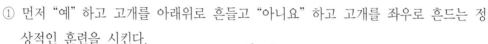

017 예 아니오

① 먼저 "예" 하고 고개를 아래위로 흔들고 "아니요" 하고 고개를 좌우로 흔드는 정상적인 훈련을 시킨다.

② 이번에는 "예" 하면서 고개를 좌우로 흔들고 "아니요" 하면서 고개를 아래위로 끄덕이는 훈련을, 즉 말과 고개 짓을 반대로 하는 훈련을 시켜 앞으로도 무슨 말이든지 물어보면 그렇게 하도록 약속한다.

③ 지도자가 아무에게나 질문을 자꾸 던져 이런 식으로 대답을 잘하면 점수를 주고 잘못하면 감점을 준다.

CLICK POINT

▶ "하는 법을 알겠습니까?" "이제 그만해도 되겠지요?" "자 시작해 볼까요?" "자신 있습니까?" 등의 질문에는 방심한 채 그냥 대답해 버리기도 한다.

▶둘씩 짝지어 서로 질문과 대답을 하도록 하여 승부를 내도록 할 수도 있다.

▶팀 대표대항전으로 연결해도 재미있다.

▶자주 틀리는 참가자를 무대로 불러내서 "아니오", "네", "감사합니다"의 순서로 대답하게 한 후 벌칙을 유도한다.

예) "당신 바보죠?"(아니오) "음치도 아니죠?"(예) 그럼 벌칙으로 노래한곡"(감사합니다)

018 윗수, 아랫수

① 소규모의 그룹게임으로 적당하며 참가자들이 둥글게 앉도록 유도한다.

② 지도자는 왼손이나 오른손으로 어느 한 사람을 지적하고 숫자 하나를 외친다.

③ 지적당한 참가자는 지도자가 오른손으로 지적했으면 하나 아래인 숫자를 즉시 대답해야 하고 왼손으로 지적했으면 하나 위의 숫자를 즉시 대답해야 한다.

④ 틀린 참가자는 벌칙을 준다.

CLICK POINT

▶오른손, 왼손을 구별하기 어려우면(마주보고 있기 때문에) 한 손은 주먹을 쥐고, 다른 한손은 편다.

019 번개땅

① 지도자는 참가자들에게 "번개"라는 말을 하면 박수 한번을 치게한다.

② 이번엔 지도자가 "땅"이라고 외치면 총쏘는 액션을 취하면서 팔을 들고 뒤로 넘어지는 듯이 액션을 취하며 "으악"이라고 한다.

③ 지도자는 번개를 외치다 갑자기 "땅"이라 외치며 참가자들을 집중시키고 "번쩍", "번뜩"과 같이 유사어를 사용하여 실수를 유발한다.

CLICK POINT

▶ "번개땅"이라는 말과 동시에 박수를 치도록 유도한다.

▶ 총보는 액션을 취하면서 "번개"라고 외치면 우스꽝스런 장면이 연출된다.

020 손가락 셈

① 어느 한 참가자를 지적하면서 다섯 손가락을 펴 "여덟"하고 소리치면 그 참가자는 빨리 여덟에서 다섯을 뺀 수인 셋을 나타내기 위한 세 손가락을 펴고 "여덟"하고 외쳐야 한다.

② 네 손가락을 펴고 "아홉"하면 다섯 손가락을 펴고 "아홉"하고 여덟 손가락을 펴고 "열"하면 두 손가락을 펴고 "열"하고 외친다.

③ 이번에는 윗수와 아랫수를 빨리 대는 놀이로 변형하여 왼손으로 지적하면 아랫수를 오른손으로 지적하면 바로 윗수를 대도록 응용한다.

④ 즉 왼손으로 지적하면서 "다섯"하면 "넷"해야 되고, 오른손으로 지적하면서 "다섯"하면 "여섯"해야 한다.

CLICK POINT

▶지도자는 충분히 게임을 숙지한 후에 진행해야 실수가 없다.

▶지루하지 않도록 길게 끌지 않는다.

▶셋 윗수와 아래수를 대는 것으로 응용해 본다. 곱하기 나누기 더하기 빼기를 적당한 규칙을 따라 넣어 활용한다.

3) 지시에 따른 즉석 반응

021 몸짓 박수

① 지도자가 발을 뗄 때마다 모두 박수를 한번씩 치게 한다. 큰 동작으로 발을 디디려다가 멈칫하면서 참가자들이 실수하도록 유도한다.

② "여러분"이란 낱말이 나오면 박수를 두 번 치라고 하고 연설을 시작한다.

③ 머리를 긁으면 박수를 친다.

④ 손을 들고 흔들면 박수를 치면서 "와"하고 환호를 한다.

⑤ 마지막으로 이 네 가지 동작을 한꺼번에 하기로 약속하고, 이리저리 걸어다니며 박수를 유도하고는 연설을 시작한다. 그리고, 적당한 때에 머리를 긁거나, 손을 번쩍 치켜든다.

CLICK POINT

지도자는 대상에 맞는 연설문을 미리준비하고 충분히 연습하지 않으면 실패하기 쉽다.

▶ 사이치기 박수(양손이 교차할 때 박수를 치는 게임)를 추가하여 양손을 멈칫하면서 실수를 유도한다.

▶ 손수건을 이용하면 시각적 효과가 있어 더욱 흥미롭다(손수건을 던지고 받을 때까지 참가자는 함성과 기립박수를 친다).

022 어, 조, 목

① 지도자가 "어조목, 어조목"을 반복하다가 아무나 지적하면서 "목" 하면 빨리 나무 이름을 말하면 된다.

② "조"하면 새 이름, "어"하면 물고기를 이름을 말하는데 똑같은 이름을 반복을 하면 안 된다.

③ 응용 형태로 "어조목, 어조목, 꽝"하면 "어조목"이 아닌 다른 종류의 이름을 말해야 한다.

CLICK POINT

▶ 점점 속도를 빨리해가며 참가자의 실수를 유도한다.

▶ 뿅망치를 준비하여 틀린답이면 참가자가 맞고, 맞는 답이면 본인이 맞는다.틀린사람은 뿅망치를들고 다른 참가자에게 이동한 후 게임을 계속한다.

▶ 탤, 가, 영 등으로 변형해서 진행한다(탤하면 탤런트이름, 가하면 가수이름, 영하면 영화배우 이름을 말한다).

023 에브리바디

① 지도자가 "에브리바디"라는 말과 함께 동작을 요구하면 따라하고 "에브리바디"라는 말이 없이 동작을 요구하면 따라하지 않는다.

② "에브리바디" 대신 학생일 경우 "청소년"으로 하고, 직장인일 경우 "직장명"으로 할 수도 있다.

CLICK POINT

▶ "자, 그럼 시작해 볼까요? 박수 세 번 시작!"을 외치면 대부분은 실수(박수)를한다.

▶ 에브리바디 반짝반짝-스톱(외치듯) 에브리바디 박수 세 번 시작,박수 두 번시작(연결멘트) 에브리바디 양손높이 힘들죠? 내리세요(힘없이)

▶ 에브리바디 옆사람(혹은 앞사람) 머리 위에 손을 올리고 머리를 한대 때리라고 한 후 "하나 둘 셋"을 외친다.

▶ 5~6명의 참가자가 무대 위로 올라오면 지도자는 "앞에 나온 참가자를 위해 큰 박수를 부탁드립니다"라고 한다.

▶ 7~8명의 참가자를 선정하면 스테이지 게임을 진행한다(음계 높이기, 돼지 꽥 등).

024 상상속의 시계

① 지도자는 동시에 모든 참가자에게 눈을 감게 한다.

② 30초 또는 1분을 정하고 참가자들로 하여금 머리 속으로 짐작하여 정한 시간이 되면 손을 들거나 자리에서 일어나게 한다.

③ 가장 정확히 맞춘 사람에게 경품을 증정한다.

④ 버스 이동시에 도착지 도착하는 시간 알아맞히기를 실시해도 된다.

CLICK POINT

▶ 숙달되면 임의로 시간을 정해 "시간을 잡아라 46초!" 등의 멘트와 함께 진행한다.

▶ 팀웍게임으로도 응용할 수 있다.

- 팀끼리 손을 잡고 눈을 감고 있다가 팀장이 손으로 전달해 준다.
- 그 때 팀원이 일어나면 된다.
- 팀원 중에 가장 마지막에 일어나는 참가자의 시간으로 결정한다.

025 전체 가위 바위 보

① 전체 참가자가 오른손을 들게 한다.

② 지도자와 가위바위보를 해서 진 참가자는 손을 내리게 한다.

③ 계속적으로 실시를 해서 최종 몇 명을 선발한다.

④ 선발된 참가자에게 직접 상품을 주거나 무대 위로 나오게 해서 다음 프로그램과 계속적으로 연계하여 진행한다.

CLICK POINT

▶ 게임의 정확한 판단이 중요하다. 참가자는 바로 손을 내리게 유도하고 빠르게 진행한다.

▶ 게임의 흥미를 위해서 때로는 이긴 참가자의 손을 내리게 할 수도 있다.

▶ 소그룹은(20명 이하) 일어서서 발로 가위바위보 혹은 소림사 가위바위보 로 응용해도 좋다.

▶ 인원이 많거나 시간이 길게 소요될 것으로 예상되면 비긴 참가자도 탈락 시킨다.

026 빵돌이 빵순이

① 지도자는 참가자들을 대상으로 이야기를 하는 도중 "빵"자가 나오면 참가자들은 "빵"자에 정확히 맞추어 손뼉을 한 번 친다.

② 지도자는 참가자들이 손뼉을 자주, 자동으로 치도록 실수를 유도한다.

③ 진행 멘트

　　　옛날에 "빵"돌이와 "빵"순이가 살았습니다. 빵돌이와 빵순이는 모두 "빵"을 너무 좋아했습니다. 어느 날 빵돌이가 돈이 생겨 빵순이에게 빵집에 가자고 했습니다. 빵집에는 빵이 참 많았습니다. 곰보빵, 크림빵, 찐빵, 햄버거, 도넛(실수 유도→웃음). 빵을 먹다가 빵순이가 빵돌이에게 노래를 부르자고 했습니다.

　　※ 노래 : 빵 빵 빵자로 끝나는 말은 내빵, 언니빵, 오빠빵, 아빠빵, 할아버지 "떡"(실수 유도→웃음).

그 다음날 학교에 갔더니 갑자기 선생님께서 시험을 보는 것이었습니다. 시험 공부를 못한 빵돌이와 빵순이는 시험 결과가 아주 안 좋게 나왔습니다.

※ 노래 : 국어 빵점, 산수 빵점, 사회 빵점, 자연 빵점, 체육 20점(실수 유도→웃음). 체육은 기본 점수가 있기 때문에 빵점이 없습니다.

CLICK POINT

▶말의 속도를 조절하면서 빠르게 혹은 느리게 진행한다. 빵이 아닌 '뻥'이나 뺑 등의 비슷한 단어를 활용함으로써 진행의 재미를 더한다.

▶토끼와 거북이(유아), 타잔과 제인(성인)

027 안마게임

① 참가자들을 오른쪽으로 한방향을 정해서 몸을 살짝 돌리게 한다.

② 몸을 돌린 상태에서 앞에 있는 참가자 어깨에 양손을 올린다.

③ 음악에 맞춰 지도자의 지시에 맞춰 안마를 한다.
④ 진행 멘트

    – 양손을 앞사람 어깨 위에 올리고 음악과 함께 주물러주기 출발합니다.

    – 주먹으로 살살 두들겨 주기

    – 날 세워서(손 날로)▶등심, 안심, 제비추리, 목살까지

    – 손바닥으로, 한참 두들기다가

    – 겨드랑이 간지럼 태워주기

    – 전체 뒤로 돌아서

    – 같은 방법으로 하되 마지막 간지럼 대신에 앞사람 엉덩이 만져주기

CLICK POINT

▶참가자들이 주무르기 하는 동안 박자를 세어 주면 좋다(앞사람 어깨에 양손을 올리고 주무르기 시작 하나 둘 셋 넷 두들기기 하나 둘 셋 넷 밑으로 내려와서 엉덩이 한번 쏠어주기고 등).

▶목소리 톤은 아주 높여서 진행(음악이 나오는 고로)하고 방향을 수시로 바꾼다.

▶각 단계마다 리더는 모션을 보여주면서 진행한다(예, 주먹쥐고 두드리는 모습 등).

028 아령 운동

① 주먹 안쪽이 하늘로 향하도록 양팔을 앞으로 내민다.
② 지도자의 지시에 따라 아령 동작을 하게 한다.
③ 주먹 바깥쪽이 하늘로 향하도록 양팔을 앞으로 내민다.
④ 지도자가 "안으로 굽히세요"라고 하면 순간적으로 당황하여 잘 굽혀지지 않는다.
⑤ "아무 이상 없이 잘 됩니다. 자 해 보세요"라고 시범을 보이면 모두 웃고 만다.

움찔

029 하늘 땅 바다

① 지도자가 하늘하면 대상은 두손을 들고 반짝반짝한다.

② 지도자가 땅하면 대상은 두손을 가슴 앞에서 반짝반짝한다.

③ 지도자가 바다하면 대상은 두손을 아래로 반짝반짝한다.

④ 지도자가 시범을 보인 후 하늘, 땅, 바다에 사는 동물이나 그 곳에 있는 사물의 이름을 부르면 참가자들은 위의 동작을 취한다.

⑤ 지도자는 구호와 동작을 틀리게 하여 실수를 유도한다.

⑥ 갑자기 펭귄, 개구리, 악어 등 육지와 바다에 함께 사는 동물을 부른다.

CLICK POINT

▶지도자는 '천지인'으로 박자를 잡아준다. 바로 동물이나 사물을 이야기하면 흥미가 떨어진다. 예) 천지인천지인천지인 하늘(위로반짝)

▶동작을 재미있게 만들어 본다. 예) 하늘 : 나비처럼 날기, 땅 : 땡칠이, 바다 : 금붕어춤

030 오빠

① 지도자가 왼손은 "일, 이, 삼, 사, 오..." 손가락을 접으면서 "오"라는 말을 유도한다.

② 오른손은 "묵, 찌, 빠"의 손동작을 취하면서 "빠"라는 말을 유도한다.

③ 왼손과 오른손을 번갈아 보이면서 "오-빠"라는 말을 유도한다.

CLICK POINT

▶참가자들이 '오-빠, 오-빠'를 연호하도록 유도한 후 "이렇게 오빠로 환영해 주셔서 대단히 감사합니다"하면서 다음 진행으로 넘어간다.

2 Action Spot

1) 박수

031 뻔데기 박수

① 뻔(자기 손뼉 1회 치기)(1호), 데기(옆사람 손뼉 1회 치기)(1호)
② 뻔(1호)데기(1호)
③ 뻔뻔 데기데기(4호)
④ 뻔데기 뻔데기(4호)
⑤ 뻔뻔뻔 데기데기데기(6호)
⑥ 뻔데기 뻔데기(4호)
⑦ 뻔뻔뻔뻔 데기데기데기데기(8호)의 순으로 계속 증가시켜 나간다.

CLICK POINT

▶뻔데기 이외에 다른 말들로 응용해 본다.

  예)오징어(자기손뼉), 땅콩(옆사람 손뼉)/내(자기손뼉), 자기(옆사람 손뼉)

▶손을 바꿔서 응용해 본다.

  예)내 자기 내 자기 내 자기 손바꿔!

032 춘향이 이도령 박수

① 1호박수 : 춘향아 춘향아(옆사람 옷을 잡아당기며) 짝짝

            몰라 몰라(애교있게 옆사람을 때리며) 짝짝

            춘향아 짝, 몰라 짝/춘향아 몰라 짝짝

② 2호박수 : 춘향아 춘향아(옆사람 옷을 잡아당기며) 짝짝

            허이 허이(양손 아래로 깍지낀채 몸을 비틀며)짝짝

            춘향아 짝 허이 짝/춘향아 허이 짝짝

③ 3호박수 : 춘향아 춘향아(옆사람 옷을 잡아당기며) 짝짝

            봐라 봐라(저고리를 양쪽으로 제치며)짝짝

            춘향아 짝 봐라 짝/춘향아 봐라 짝짝

CLICK POINT

▶숙달되면 팀대항 속도견으로 진행하면 재미있다.

033 사랑의 박수

① 무릎 2회 손뼉 2회(4호) / 구령 : "하나, 둘, 셋, 넷"

② 양손으로 사진 찍는 동작(윙크) 좌우로 각 2번(4호)/구령 : 윙크하고~ 윙크하고

③ ①과 같음/구령 : "하나, 둘, 세, 넷"

④ 양손으로 꼬시는 동작 좌우로 각 2번(4호)/구령 : 꼬시고~ 꼬시고

⑤ ①과 같음/구령 : "하나, 둘, 셋, 넷"

⑥ 팔장 끼는 동작 좌우로 각 2번(4호)/구령 : 팔짱끼고~ 팔짱끼고

⑦ ①과 같음/구령 : "하나, 둘, 셋, 넷"

⑧ 바이바이 동작 좌우로 각 2번(4호)/구령 : 쪽 바이~ 쪽 바이

CLICK POINT

▶숙달되면 노래에 맞춰 반복한다.
  예) 짝사랑(왜 그런지 가슴이~), 당신의 의미(당신~사랑하는 내 당신~)

034 빨래 박수

① 무릎 두 번 손뼉 두 번(4호), 쭉쭉밀고 쭉쭉밀고(빨래미는 동작)

② 무릎 두 번 손뼉 두 번(4호), 꾹꾹짜고 꾹꾹짜고(비틀어 짜는 동작)

③ 무릎 두 번 손뼉 두 번(4호), 툭툭털고 툭툭털고(빨래 터는 동작)

④ 무릎 두 번 손뼉 두 번(4호), 슬쩍널고 슬쩍널고(빨래줄에 너는 동작)

CLICK POINT

▶옷 벗는 동작, 빨래 걷는 동작, 옷 다리는 동작, 옷 입는 동작 등을 추가해서 응용해 본다.
▶숙달되면 노래에 맞추어 율동을 진행한다.

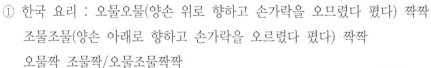

035 요리 박수

① 한국 요리 : 오물오물(양손 위로 향하고 손가락을 오므렸다 폈다) 짝짝
   조물조물(양손 아래로 향하고 손가락을 오므렸다 폈다) 짝짝
   오물짝 조물짝/오물조물짝짝
② 북한 요리 : 오므리동무 짝짝, 조므리동무 짝짝
③ 이태리 요리 : 오므르카 짝짝, 조므르카 짝짝
④ 일본 요리 : 오므리노 짝짝, 주므리노 짜짝
⑤ 러시아 요리 : 오믈스키 짝짝, 조믈스키 짝짝
⑥ 프랑스 요리 : 오므셩 짝짝, 조므셩 짝짝
⑦ 독일 요리 : 오므리히 짝짝 조므리히 짝짝

CLICK POINT

▶숙달되면 팀대항 속도전이나 노래에 맞추어 진행하면 재미있다.
▶껌박수로 응용한다(마지막에 쫙~~ 팍 덧붙인다).

036 LOVE

① 소심한 LOVE

- 손뼉 한번, 왼쪽 무릎 한번, 오른쪽 무릎 한번, 다시 왼쪽 무릎 한번(4호)
- 손등을 치고 손뼉 세 번(쿵짝짝 쿵짝 : 4호)
- 손가락을 이용한 LOVE 2회(8호)

　　L : 양손의 엄지와 검지를 직각으로 펴서'L'자를 만든다

　　O : 양손의 엄지와 검지를 둥그렇게 해서'O'자를 만든다

　　V : 양손의 검지와 장지를 펴서'V'자를 만든다

　　E : 양손의 검지와 장지와 약지를 펴서'E'자를 만든다

② 과감한 LOVE

　　L : 오른팔 위로 펴고 왼팔 옆으로 편다.

　　O : 머리위로 양손을 둥그렇게 모은다.

　　V : 양팔위로 45도로 편다.

　　E : 고개를 왼쪽으로 비스듬히 하고 양팔은 이두박근 자세를 취한다.

CLICK POINT

▶숙달되면 사랑에 관한 노래를 부르며 두 가지 동작을 격렬히 섞어가며 진행한다.
  예) 사랑은 아무나 하나, 당신의 의미 등

037 리듬손뼉 박수

① 리듬손뼉 3박자

- 손뼉 1회/왼손으로 오른쪽 팔꿈치
- 왼손으로 가슴 중앙/오른손으로 가슴 중앙
- 왼손으로 오른손 팔꿈치/손뼉 1회
- 방향을 바꾸어서 실시를 한다.

② 리듬손뼉 4박자

- 양손으로 무릎 한번 치고/가슴 앞에서 박수 1회
- 왼손으로 오른쪽 팔꿈치/왼손으로 가슴 중앙
- 오른손으로 가슴중앙/왼손으로 오른쪽 팔꿈치
- 가슴 앞에서 박수 2회

CLICK POINT

▶리듬 손뼉 3박자는 3/4박자나 6/8박자의 노래와 함께하면 좋다.
  예) 반달, 과수원길, 수양버들, 갑돌이와 갑순이 등

038 옆으로 박수

① 양손으로 자신의 양 무릎을 친다(1박자).
② 오른손은 자신의 왼쪽 무릎을 왼손은 왼쪽 사람의 오른쪽 무릎을 동시에 친다(1박자).
③ ①의 동작과 동일

④ 왼손을 자신의 오른쪽 무릎을, 오른손은 오른쪽 사람의 왼쪽 무릎을 동시에 친다(1박자).

⑤ 왼손바닥을 왼쪽 사람이 칠 수 있도록 대 준다(1박자).

⑥ ⑤의 상태에서 오른손으로는 오른쪽 사람이 대 준 손바닥을 내려친다(1박자).

⑦ 오른손바닥을 오른쪽 사람이 칠 수 있도록 대 준다(1박자).

⑧ ⑦의 상태에서 왼손으로 왼쪽 사람이 대 준 손바닥을 내려친다(1박자).

CLICK POINT

▶ 숙달되면 노래와 함께 활용한다.

039 시계박수

① 지도자가 말하는 시간에 따라 손뼉을 치는 게임이다. 예를 들면 지도자가 '1시' 하면 손뼉을 1회 치고 '12시' 하면 12회를 쳐야 되는 것이다.

② 그런데 지도자가 참가자들의 실수를 유발하기 위해서 '30분'과 '13시'를 했을 때 손뼉을 1회만 쳐야 되는데 참가자들은 혼동되어 실수를 하고 만다.

③ 진행 ment

－지도자 : (양손으로 모으고 양 옆으로 흔들며) '똑딱똑딱' 두 시를 알리네~

－참가자 : (박수치며) 땡땡

－지도자 : 세시반을 알리네~

－참가자 : 땡~

－지도자 : 열세시를 알리네~

－참가자 : 땡~

CLICK POINT

▶지도자는 리듬에 맞추어 문제를 낸다.
  예) 딱딱 짜자작X 짜자자작X 딱딱(이부분에 몇시라고 외친다)
▶참가자는 박수를 치며 시간에 맞게 '땡'을 외친다.

040 엘리베이터 박수

① 박수를 한 차례씩 늘려 나간다(박수 한 번 시작 '짝' 두 번 '짝짝' 세 번 '짝짝짝').
② 박수를 한 차례씩 줄여 나간다(박수 세 번 시작 '짝짝짝' 두 번 '짝짝' 한 번 '짝').
③ 박수를 늘렸다가 줄여 나간다(1, 2, 3, 2, 1).
④ 구령 없이 올라갔다 내려갔다를 반복한다.
⑤ 박수의 횟수를 늘려 팀별 대항전을 벌인다(1, 2, 3, 4, 3, 2, 1).

CLICK POINT

▶엘리베이터 박수의 변형
  지도자가 '할' 하면 렐루야 박수를 3번, '할렐' 하면 루야 박수를 2번, 지도자가 '할렐루' 하면 야 박수 1번, '할렐루야' 하면 박수와 함성

2) 손유희

041 병아리의 일생

① 자 어느 날(양손 쟁반을 든 모양), 엄마 닭이(엉덩이를 때리며)

② 배가 아프더니(양손으로 배를 두드린다), 이 만한 알을 낳았어요(양손 머리 위로 동그라미).

③ 이를 지켜보던(오른손 검지로 앞을 가리키며), 아빠 닭이 하는 말(양손으로 닭 벼슬 모양)

④ 괜찮아 괜찮아(등을 두드리는 모양), 스무 개만 더 낳구려(손으로 V자를 그리며)

⑤ 이십 일일이 지난 후(손가락으로 21을 표현한다), 알이(양손 머리 위로 동그라미)

⑥ 팍~ 하고 깨지더니(오른손 주먹으로 왼손 손바닥을 치며)

⑦ 병아리가 나왔어요(양손을 입에 모으고 부리 모양을 만든다).

⑧ 여기 서도 '삐약' 저기 서도 '삐약'(손가락으로 오른쪽 왼쪽을 가리키며)

⑨ 여기 저기 '삐약 삐약'(손가락으로 오른쪽 왼쪽을 반복해서 찌른다)

⑩ 쿵다라락닥 삐약 삐약 쿵다라락닥 삐약 삐약(뛰면서 ⑨번 동작을 반복한다)

⑪ 아빠 닭과(양손으로 닭 벼슬 모양), 엄마 닭과(양손 엉덩이 치기)

⑫ 병아리는(⑦번 동작), 행복하게 살았어요(가슴 앞에서 양손을 아래위로 교차).

⑬ 아주 아주 행복하게 살았요(⑫번 동작을 과장되게 표현).

CLICK POINT

▶이야기 스토리와 유사한 노래로 이어간다.
  예) 암탉을 잡으려다.

042 그대 없인 못살아

① 가운데 손가락을 접은 채로 양손 가락 끝을 붙인다.

② 아빠 없인 살아도(엄지를 폈다가 오므린다)

③ 엄마 없인 살아도(검지를 폈다가 오므린다)

④ 친구 없인 살아도(약지를 폈다가 오므린다)

⑤ 그대 없인 못살아(중지를 펴는데 잘 떨어지지 않을 것이다)

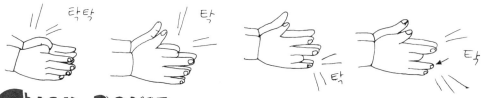

CLICK POINT

▶ 사랑과 관련된 노래나 율동으로 이어서 진행한다.

043 따라해요 붐

① 동작은 무릎 1회와 손뼉 1회를 2박자 동안 계속 친다.

따라해 요 붐 / 따라해 요 붐 치키 붐

따라해 요 붐 치 키 라 커 시 키 라 거 치 키 붐

② 동작(무릎1회 손뼉1회)을 계속 하며 다음과 같은 멘트를 한다.

아 하~ 오 예~ / 재밌지 요~ / 이번에 는 아 주~ 낮 게

CLICK POINT

▶ 아주 낮게, 아주 높게, 아주 빠르게, 군인처럼 등을 적용하여 실시하여 보자. 주문에 맞게 동작 과 소리를 변화시켜 준다.

044 주전자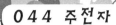

① 나는(양손 가슴에 댄다), 주전자예요(왼손 주먹 머리 위, 오른손 주둥이 모양)

② 손잡이도 있구요(왼팔을 흔들며), 주둥이도 있구요(오른손을 흔들며)

③ 뚜껑도 있어요(왼손 주먹을 머리 위에서 위아래로 흔든다)

④ 보글보글 끓으면(온몸을 부르르 떨며), 따라 주세요(몸을 오른쪽으로 살짝 기울인다)

⑤ 나는(양손 가슴), 찌그러진 주전자예요(①의 동작을 몸을 비틀며 한다)

⑥ 손잡이도 찌그러졌고요, 주둥이도 찌그러졌고요(②의 동작을 익살스럽게)

⑦ 뚜껑도 찌그러졌어요(③의 동작을 익살스럽게)

⑧ 부글부글 끓으면 따라 주세요(④의 동작을 익살스럽고 과장되게 표현)

CLICK POINT

▶ 정상인 주전자는 예쁘고 귀엽게, 찌그러진 주전자는 익살스럽고 과장되게 표현한다.

045 별

① 엄마별이 올라갑니다(오른손 반짝이며 머리위로)

② 아기별이 올라갑니다(왼손 반짝이며 머리위로)

③ 머리에서 만났습니다(양손 머리 위에서 반짝이며 깍지를 낀다)

④ 가슴에서 쉴까 '싫어 싫어'(가슴에서 깍지끼고 흔든다)

⑤ 배꼽에서 쉴까 '싫어 싫어'(배에서 깍지끼고 흔든다)

⑥ 무릎에서 쉴게 '네 좋아'(무릎에서 깍지끼고 '네 좋아')

046 거미네 집

① 거미가 줄을 타고 올라갑니다(양손 엄지와 검지끼리 만나 네모를 만들고 올라간다)

② 거미가 줄을 타고 내려옵니다(내려온다)

③ 거미네 집에(양손으로 집을 만든다)

④ 햇빛 비춰면(양손 올려 머리 위에서 반짝반짝 한다)

⑤ 거미네 집은(양손으로 집을 만들고)

⑥ 행복 하구요(양손 앞에 모아서 흔들기)

⑦ 거미네 집에(양손으로 집을 만든다)

⑧ 비가 오면은(양손을 펴서 위에서 아래로 내리기)

⑨ 거미네 집은(양손으로 집을 만든다)

⑩ 쫙, 쫙 찢어진데요(양손 양옆으로 벌리기 2번하고 집이 무너지는 흉내)

CLICK POINT

▶눈이 내리면 / 얼어 버려요(펩시맨 동작) 등으로 응용하면 재미있다.

047 코끼리 한 마리

① 한 마리 코끼리가(왼손 코 잡고 오른손 왼손 사이로 집어넣어서 오른손 검지 세운다)

② 거미줄에 걸려서(오른손 검지를 왼손 바닥을 펴고 그 위에 올려놓는다)

③ 신나게 그네를 탔어요(오른손 검지를 왼손 바닥을 펴고 그 위에 올려놓는다. 그 상태에서 좌우로 신나게 흔든다)

④ 너무너무 신이 나서

⑤ 좋아 좋아 랄라라

⑥ 다른 친구 코끼리를 불렀네(한 손으로 오라는 손짓을 한다)

CLICK POINT

▶점점 속도를 빨리 하면서 참가자(유아)들과 누가 더 빠르게 하는지 경쟁한다.

048 합!

① 큰 솔밭 큰 솔밭 큰 솔밭 밑에(왼손 오른손 양손 순으로 머리를 가리킨다)
② 작은 솔밭 작은 솔밭 작은 솔밭 밑에(검지를 순서대로 눈썹을 가리킨다)
③ 깜박이 깜박이 깜박이 밑에(검지를 순서대로 눈을 가리킨다)
④ 오뚝이 오뚝이 오뚝이 밑에(검지를 순서대로 코를 가리킨다)
⑤ 쩝쩝이 쩝쩝이 쩝쩝이 옆에(검지를 순서대로 입을 가리킨다)
⑥ 통통이 통통이 통통이 통통이는(검지를 순서대로 양볼에 댄다)
⑦ 합!(오른손 검지를 입에 댄다. 또는 박수를 빨리 친다)

CLICK POINT

▶리듬감 있게 운율을 타듯 진행한다.

049 펭귄 가족

① 아빠 펭귄이 일을 한다(양손 엄지손가락을 펴서 흔든다)
② 쿵쿵 얼어 쿵쿵 얼어(주먹을 위아래로 치며 펭귄 날개를 만들어 좌우로 움직인다)
③ 엄마 펭귄이 요리를 한다(검지손가락을 펴서 흔든다)
④ 지글지글 얼어 보글보글 얼어(손바닥이 위를 보게 하여 손가락을 움직이고 날개짓 반대로 반복)
⑤ 언니 펭귄이 화장을 한다(중지를 펴서 흔든다)

⑥ 똑딱 얼어 똑딱 얼어(한 손은 거울 들고 한 손으로는 화장을 한다)

⑦ 형아 펭귄이 잠을 잔다(약지를 펴서 흔든다)

⑧ 쿨쿨 얼어 쿨쿨 얼어(두손 모아 잠자는 모양을 한다)

⑨ 아기 펭귄이 걸어간다(애지를 펴서 흔든다)

⑩ 뒤뚱뒤뚱 얼어 뒤뚱뒤뚱 얼어(펭귄 흉내내며 걷기)

CLICK POINT

▶얼어나 뒤뚱뒤뚱의 부분은 과장되고 우스꽝스러운 표정과 몸짓이 중요하다.

▶노래와 병행하여 유도한다. 예) 펭귄새의 노래

050 번데기 때문이야

① 지도자 : 어제는 배가 아파 병원에 갔더니 / 참가자 : 예
  (yes~)

② 지도자 : 의사가 하는 말 식중독이래 / 참가자 : 요(yo~)

③ 지도자 : 집에 와서 곰곰이 생각해보니 / 참가자 : 노(no~)

④ 지도자 : 어제 먹은 번데기가 알을 깠나 봐 / 참가자 : 깠
  나 봐

⑤ 다같이 : 디기디기 번데기 때문이야 예예예~예~

CLICK POINT

▶지도자는 참가자와 같이 무릎 1회 손뼉 1회를 치며 랩을 하듯 리듬감 있게 진행한다.

▶참가자는 예, 요, 노 부분에 권총을 쏘는 동작과 같이 하면 더욱 재미있다.

051 오리 가족 소풍

①아 빠 오 리 가　②점 심 가 지 고　소풍을 간 다 ③뒤 뚱　뒤 뚱
④엄 마 오 리 가　②점 심 가 지 고　소풍을 간 다 ③뒤 뚱　뒤 뚱
⑤애 기 오 리 가　②점 심 가 지 고　소풍을 간 다 ③뒤 뚱　뒤 뚱

⑥외 나 무 다 리 건 너　⑦언 덕 을 지 나 서　⑧시 냇 물 흐 르

는　⑨즐 거 운 오 리 소 풍　③뒤 뚱　뒤 뚱

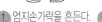

① 엄지손가락을 흔든다.   ② 양손으로 가슴앞에서 사각형을 그린다.   ③ 손바닥을 치고 한쪽 손바닥을 뒤집는다.   ④ 검지손가락을 흔든다.   ⑤ 새끼손가락을 흔든다.

⑥ 한손을 편 후 한손으로 자기 팔을 손으로 건너는 모션   ⑦ 한손을 머리 위로 지나는 모션을 한다.   ⑧ 양손으로 물흐르는 표현을 한다.   ⑨ 반짝 반짝 모션을 취한다.

052 주먹, 가위, 보 |

① 주 먹 가 위 보　　주 먹 가 위 보　　왼 - 손 도 주 먹
① 주 먹 가 위 보　　주 먹 가 위 보　　오 른 손 도 주 먹
① 주 먹 가 위 보　　주 먹 가 위 보　　왼 손 도 보 자 기

오 른 손 도 주 먹　　② 슈 퍼 맨　　슈 퍼 맨
오 른 손 도 가 위　　③ 세 일 러 문　　세 일 러 문
오 른 손 도 보 자 기　　④ 펩 시 맨　　펩 시 맨

❶ 주먹, 가위, 보 모션을 한다.

❷ 양손을 주먹쥐고 하늘을 나는 모션을 한다.

❸ 엄지와 검지를 편 후 얼굴 앞으로 그린다.

❹ 손을 편 후 한손은 얼굴을 향해, 한손은 앞으로 편다.

053　주먹, 가위, 보 Ⅱ

① 주 먹 위 에 주 먹　눈 사 람　② 주 먹 위 에 가 위　토 - 끼

③ 보 자 기 와 보 자 기 를 합 치 면　굴 러 가 는 돌 이 되 지 요

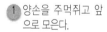

1 양손을 주먹쥐고 앞으로 모은다.

2 한손은 주먹쥐고 한손은 가위를 한 후 주먹 위에 가위를 올린다.

3 양손을 주먹쥐고 가슴 앞에서 굴린다.

054 펭귄새의 노래

①펭 귄 새 가 서 울 와 서 하 는 말 - ②아 이 더 워 라-

- (아 이 더 워) ①서 울 펭 귄 남 극 가 서 하 는 말-

- ③아 이 추 워 라 -(정말춥다) ①펭 귄 새 가 서 울 에 온 다

한 마 리 두 마 리 세 마 리 ①펭 귄 새 가 서 울 에 온 다

네 마 리 다 섯 마 리 여 섯 마 리 ①펭 귄 새 가

날 아 간 다 ④슝 - 슝 - 슝 - ①펭 귄 새 가

날 아 간 다 ④슝 - 슝 - 슝- *D.S*

1 양손을 허리에 대고 흔들거린다.

2 한손을 이마에 대고 땀 닦는 모션을 한다.

3 두손을 얼굴에 대고 추워하는 모션을 한다.

4 양손을 허리에 대고 점프하며 날아가는 모션을 한다.

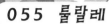

055 룰랄레

Lu-la-le, Lu-la-le,   Lu-la Lu-la-le Lu-la   Lu-la, Lu-la   Lu-la Lu-la-le,

Lu-la-le Lu-la-le   Lu-la, Lu-la-le Lu-la   Lu-la Le-la-le

CLICK POINT

▶손뼉 치며 노래한다.

▶고개를 돌려가며 노래한다(왼쪽→오른쪽→왼쪽).

▶일어서서 발을 구르며 노래한다(왼쪽→오른쪽→왼쪽).

▶세 가지 동작을 동시에 하면서 노래한다(음정을 한 옥타브씩 올려가며).

056 팅갈라요

팅 갈 라 요 (치치) 귀 여 운 망 아 지 팅 갈 라 요 (치치)

이 리 로 오 려 마 내 망 아 지 는 말 도 하 고 두 발 로 만 걷 —지 요 내

망 아 지 는 밥 먹 을 때 숫 가 락 으 로 먹 —지 요

CLICK POINT

▶ 팅갈라요 ~ 이리로 오려마 : 무릎 손뼉 2회, 양손 가슴 모으고 "치치"를 4회 반복

내망아지는 ~ 숫가락으로 먹지요 : 자기 손뼉, 옆사람 손뼉

▶ 노래가 반복되면서 박수의 횟수를 늘려간다.

예) 자기 손뼉 2회, 옆사람 손뼉 2회 / 자기 손뼉 3회, 옆사람 손뼉 3회

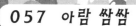

057 아람 쌈쌈

(가)아 람 쌈쌈 아 람 쌈쌈 굴리 굴리 굴리 굴리 굴리 람 쌈쌈

(나)아 라 피 아 라 피 굴리 굴리 굴리 굴리 굴리 람 쌈쌈

CLICK POINT

▶ 아람 쌈쌈 아람 쌈쌈(8박자) : 무릎 2회 손뼉 2회 X 2

굴리굴리굴리굴리 굴리람 쌈쌈 : 양손을 가슴 앞에서 빙글빙글 돌린다.

아라피 아라피 : 오른손 위로 반짝반짝, 왼손 아래로 반짝반짝

굴리굴리굴리굴리 굴리람 쌈쌈 : 양손을 가슴 앞에서 빙글빙글 돌린후 박수 두번

▶ 익숙해지면 2부 돌림 노래로 진행한다.

058 웃니웃니 꺄와 웃니

아 — 웃 니 웃 니 꺄 와 웃 니

웃 니 웃 니 꺄 와 웃 니   아 이 꺄 이 야 이 끼

아 이 까 이 야 무 스 아 - 우 흐 아 우 니 끼 취

CLICK POINT

▶ 아~~~ : 하늘을 올려다보며 양손을 올린다(주문을 외우듯)

웃니웃니 꺄와~ 아우니 끼취 : 양손을 자기, 오른쪽, 자기, 왼쪽 사람 순으로 무릎을 친다.

▶ 주술을 외우듯 리듬을 타면서 진행한다.

059 띠야야호

띠 야 야 띠 야 야   띠 야 야 호   띠 야 야 띠 야 야

띠 야 야 호   띠 야 야 띠 야 야   띠 야 야 호

띠 야 야 띠 야 야   호 야 호   야 호   야 호

띠 야 야 띠 야 야   띠 야 야 호   야 호   야 호

띠 야 야 띠 야 야 호 야 호

CLICK POINT

▶리듬 손뼉 3박자의 율동과 같이 노래를 한다.
▶자기 손뼉 1회, 옆 사람 손뼉 2회 / 무릎 1회, 손뼉 2회 등을 썩어가며 노래한다.
▶손뼉의 방향을 바꾸어 가며 노래한다.

060 그래 그래서

박 첨 지 는 밭 있 어 그 래 그 래 서 그 밭 에 오 리
돼 지

있 거 든 그 래 그 래 서 예 서 꽉꽉 또 제 서
꿀 꿀

꽉꽉 거 려 예 서 꽉 제 서 꽉 예 서 제 서 꽉꽉
꿀 꿀 꿀 꿀 꿀 꿀

박 첨 지 는 밭 있 어 그 래 그 래 서

그 래 그 래 서
E - I - E - I - O

CLICK POINT

▶박첨지는 밭있어 그래 그래서 : 손뼉 치며 노래

  그 밭에 오리 있거든 : 두손을 입 앞에서 오리 주둥이 모양을 만든다.

  예서 꽉꽉 ~ 예서 제서 꽉꽉 : 손뼉 치며 노래

  박첨지는 밭있어 그래 그래서 : 손뼉 치며 노래

▶오리 대신 돼지, 강아지, 고양이 등 다른 동물로 응용해 본다.

▶팀장을 뽑아 대항전을 벌여도 재미있다.

3 Quiz Spot

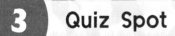

061 독심술(1)

① 상대방에게 1에서 9까지의 숫자 중 제일 좋아하는 수를 마음속에 정하게 한다.

② 좋아하는 수에 3배를 곱하고 거기에 1을 더하게 한다.

③ 다시 3을 곱하게 하고 다시 처음 마음속에 정한 수를 더한다.

④ 최종적으로 나온 숫자의 앞자리 수가 정답이 된다.

CLICK POINT

▶만약 상대방이 생각한 수가 5라고 가정했을 때 5x3=15 / +1=16 / x3=48 / +5=53
그 답 중에서 앞의 십의 자리 수 즉 5가 마음에 정한 숫자이다.

▶그룹의 경우 지도자가 참가자 중 한명을 지목하여 진행한다.

062 독심술(2)

① 상대에게 임의의 수를 마음속으로 정하게 한다(얼마라도 좋지만 자릿수가 커지면 계산이 어려워지므로 간단한 수가 좋다).

② 임의의 수에 1을 더하고 더한 수에 3배를 한다.

③ 나온 수에 다시 1을 더하고 최초에 마음에 정한 임의의 수를 더하게 한다.

④ 그 수에서 4를 빼게 하고 발표하도록 한다.

⑤ 그럼 거침없이 말해 드리죠, 당신이 생각한 수는 ○입니다.

⑥ 상대가 발표한 수를 4로 나누면 답이 나온다.

CLICK POINT

▶ 만약 상대방이 생각한 수가 2라고 가정했을 때

2 + 1 = 3 / × 3 = 9 / + 1 = 10 / + 2 = 12 / − 4 = 8

정답은 8 ÷ 4 = 2

063 독심술(3)

① 지도자는 눈가림을 하고, 참가자 중 한명에게 캘린더의 숫자를 가로 세로 2개씩 모두 4개의 숫자가 들어가도록 둘러싸 달라고 한다.

② 4개의 숫자를 더해 달라고 하고 발표케 한다.

③ 거침없이 "그 4개의 수는 ○○○○입니다"라고 맞힌다.

CLICK POINT

▶ 상대가 말한 수의 합계를 4로 나누어 그 답에서 4를 뺀다. 그것이 제일 작은 숫자이다. 그리고 가장 큰 수와 가장 작은 수의 차는 반드시 8이 된다. 따라서 가장 큰 수는 가장 작은 수에 8을 더한 것이 된다. 나머지 2개는 바로 알 수 있을 것이다.

9 + 10 + 16 + 17 = 57

52 4 − 4 = 9(가장 작은 수), 9 + 8 = 17(가장 큰 수)

9 + 1 = 10(2번째의 수), 17 − 1 = 16(3번째의 수)

064 죽었다 살았다

① 주먹을 쥐고 손등 뼈를 이용하여 턱을 만들어 "꼴
   깍, 꼴깍, 꼴깍" 세 번 턱을 넘은 뒤 "죽었다"와
   "살았다"를 말한다.

② "잘 봐! 꼴깍, 꼴깍, 꼴깍 죽었다." "똑바로 봐!
   꼴깍, 꼴깍, 꼴깍 살았다." "똑바로 봐! 꼴깍, 꼴
   깍, 꼴깍 어떻게 됐게?" 하고 묻는다.

CLICK POINT

▶답은 '살았다'이며, 그 이유는 앞에 말이 같기 때문이다. "똑바로 봐!"

065 1 · 2 · 3

① 지도자는 왼손을 손바닥이 하늘을 보게 하여 앞으로 쭉 뻗는다.

② 동작(오른손으로 손바닥-팔꿈치(앞쪽 관절)-어깨를 차례로 빠르
   게 짚는다)을 취한다.

③ 동작을 취하며 손바닥을 짚는 순간 말을 꺼낸다. "이건 하나입니다."

④ 동작과 함께, 이번에 팔꿈치를 짚는 순간 말을 시작한다. "이건
   둘입니다."

⑤ 동작과 함께, 어깨를 짚는 순간 말을 시작한다. "이건 셋입니다."

⑥ 동작을 취하며, 팔꿈치를 짚는 순간 말을 시작한다. "이건 몇일까요?"

⑦ 이번에 손바닥을 짚는 순간 말을 시작한다. "이건 몇이죠?"

CLICK POINT

▶눈으로만 판단하면 절대 맞추지 못한다. 시각과 청각을 모두 동원해야 맞출 수 있는 센스게임이다.

▶ "이건"이란 단어를 말할 때 어느 것을 짚으면서 말하느냐에 따라 숫자가 달라진다.
▶ 손바닥을 짚으면서 "이건 몇이죠" 하면 정답은 1이다.

066 뭘까 뭐게

① 손가락 4개를 가지고 개, 고양이, 까마귀, 쥐의 이름을
붙여준다. 그리고, 한 손가락씩 가리키면서 개, 고양이,
쥐, 까마귀를 지정해 주면서 여러 번 왔다갔다한다.

② 그러다가 물어본다. "이게 뭐게?, 이게 뭘까?, 이
게 뭐야?, 이게 뭐지?"로 물어 본다. 여기서 이게 뭐
게—(개), 이게 뭘까—(까마귀), 이게 뭐지—(쥐), 이게 뭐
야—(야옹이—고양이)가 되는 것이다.

CLICK POINT

▶ 전체가 게임을 이해하기 전에 끝내는 것이 효과적이다(절반정도 이해했을 때).

067 어느 손가락이 왕?

① 지도자는 미리 어느 한 참가자에게 요령과 규칙을 가르쳐 주고, "이제 이 요술쟁이
는 우리가 지적한 손가락이 어느 것인지 알아맞힌다"라고 전부에게 이야기한다.

② 요술쟁이의 눈을 감게 한 다음 참가자 중 한 명에게 마
음대로 어느 손가락을 지적하도록 하고 그 손가락이
"왕"이라고 말해준다.

③ 눈을 뜨고 다섯 손가락을 펴게 하고는 한 손가락씩 마음대
로 지적해 나가면서 "이 손가락이 왕입니까?"하고 물어보면
요술쟁이는 "아닙니다", "맞습니다" 등으로 정답을 알아맞히
게 된다.

CLICK POINT

▶사전에 약속된 사람과 비밀이 지켜져야 하며 약속된 사람 또한 약간의 연기력이 필요한 게임이다.
▶다섯손가락에 엄지부터 1, 2, 3, 4, 5의 고유번호를 붙이고 '이겁니까?'하는 질문의 횟수와 손가락의 고유번호가 일치해야 정답이다.

068 9권 책

① 책 아홉권을 가로 3권, 세로 3권으로 배열해 놓은 후 미리 어느 한 참가자에게 요령과 규칙을 가르쳐 주고, 막대기로 짚어 나가면서 지정된 책이 어느 것인지 시범을 보여 맞히도록 한다.

② 다른 참가자 중에서 규칙을 알게 되어 제대로 알아맞히는 참가자에게 상을 준다.

③ 책 대신에 칠판에 4각형을 9개 그려도 된다.

CLICK POINT

▶지도자가 지적하는 숫자가 어느 부분이냐에 따라 정답을 알 수 있다.
▶숫자가 써있는 사각형을 9등분하여 눈대중으로 맞출 수 있다.

069 몇 월 생이고 몇 살?

① 여성의 나이를 묻는 것은 실례가 된다. 그런데 아래의 간단한 몇 가지 계산의 답만으로 몇 월 생이고 몇 살인가를 알 수 있다.

② 태어난 달에 2를 곱한다.

③ 그 수에 5를 더한다.

④ 그 수를 50배 한다.

⑤ 그 수에 나이를 더한다.

⑥ 마지막으로 그 수에서 1년의 날짜 수를 뺀다.

⑦ 지도자는 나이나 태어난 달을 알고 싶은 참 가자에게 위의 5가지 계산을 하게 하고 답이 나오면 그 수에 115를 더한다.

CLICK POINT

▶예를 들어 나이가 23살 ,생일이 07월이라고 하면,

7 × 2 = 14 / + 5 = 19 / × 50 = 950 / + 23 = 973 / − 365 = 608 + 115 = 723

070 당신의 나이는?

① 나이에 1을 더한다.

② 그 숫자에 3을 곱한다.

③ 그 숫자에 다시 나이를 더한다.

④ 그 숫자에 3을 뺀다.

⑤ 그 숫자에 답하게 한다.

⑥ 그 숫자를 4로 나눈 수가 그 사람의 나이이다.

CLICK POINT

▶예를 들어 27세라고 하면,

27 + 1 = 28 / × 3 = 84 / + 27 = 111 / − 3 = 108 / ÷ 4 = 27

071 그 다음 숫자는?

① 참가자가 어떤 일정한 규칙으로 연속되는 숫자 몇 개를 불러준 다음 그 다음에 나올 숫자를 묻는 것이다.

문제	해답	문제	해답
⑴ 2, 4, 8, 16, 32	64	⑵ 3, 8, 15, 24, 35	48
⑶ 23, 30, 32, 40, 41	50	⑷ 13, 10, 15, 23, 20	25
⑸ 96, 48, 24, 12, 6	3	⑹ 25, 20, 40, 35, 70	65
⑺ 50, 57, 65, 74, 84	95	⑻ 3, 30, 3, 32, 3	34
⑼ 7, 67, 8, 67, 9	67	⑽ 30, 46, 40, 56, 50	66

CLICK POINT

▶지도자는 참가자에 따라 유형, 난이도를 조절하여 사용한다.
▶추적놀이의 팀별 과제 해결 게임으로 사용해도 좋다.

072 손가락을 찾아라

① 손가락의 번호를 붙인다. 1~10번까지 아무 숫자나 생각하게 한다.
② 그 숫자에 일정한 숫자를 더한 후 더한 숫자만큼 뒤로 이동한 숫자 맞추기
③ 정답은 3을 1로 생각하여 지시한 수만큼 이동한 숫자가 답으로 4를 더하라고 했으면 답은 6이 된다.
④ 예를 들어, 5를 생각하면 거기에 4를 더한 수는 9가 되고 5부터 뒤로 9칸을 이동하면 답은 6이 된다.

1	2	3	4	5	6	7	8	9	10

073 감춰둔 수

〈준비물 : 숫자표 5장(가~마)〉
① 먼저 팀장 1명을 뽑아 1~31까지의 숫자 중 한 숫자를 정해 종이에 적어 참가자들에게 공개하도록 한 후 종이를 없애도록 한다.

② 이 때 지도자는 뒤로 돌아 종이를 보지 않았음을 강조한다.

③ 이어 지도자는 팀장에게 그림 1의(가~마)까지의 표를 차례로 보여주며 마음 속에 감춘 숫자가 표에 있는지를 묻는다.

④ "마"까지 다 끝나면 리더는 숫자표를 가지고 주문을 외우며 제스처를 쓴 뒤 그 숫자를 맞춘다.

CLICK POINT

▶ 팀장이 마음속에 감춘 숫자는 팀장이 있다고 말한 표의 빗금 쳐진 부분(그림 2)의 숫자를 모두 더한 수이다.

▶ 14의 경우 표(다),(라),(마)에 있다. 표(다),(라),(마)의 빗금부분 숫자를 모두 합치면 $2+4+8=14$ 가 된다.

(가)

11	21	3	15
5	19	25	9
31	1	7	13
17	28	27	29

(나)

31	18	23	17
21	29	20	27
19	16	25	22
26	24	30	28

(다)

15	23	30	6
27	10	7	19
22	2	14	26
11	31	18	3

(라)

15	7	22	5
29	28	13	30
21	4	20	6
31	23	12	14

(마)

27	3	12	9
10	29	24	15
25	8	28	11
30	14	26	31

074 당신의 취미는?

〈준비물 : 메모 용지〉

① 참가자들에게 종이 한 장을 나누어주고 9등분 접게 한다.

② 지도자는 "여러분의 진실은 정 가운데 부분에다만 쓰십시오"라고 말한 후 자신이 가장 좋아하는 숫자는 정 가운데 부분에다 적은 후 주위 칸에는 아무 숫자나 적게 한다.

1	6	9
2	3 정답	4
7	8	5

③ 9등분된 종이를 접힌 부분대로 찢어서 9조각으로 만든다.

④ 지도자는 가장 좋아하는 숫자를 맞출 수 있다.

CLICK POINT

▶정답을 적은 정가운데 부분은 4면이 모두 찢어진 부위다.

▶"좋아하는 사람" 등 말하기 힘든 부분을 질문으로 사용한다.

075 숫자 맞추기

① 먼저 손가락 두 개를 펴서 보이고 곧 네 개를 펴서 이것이 "2"라고 가르쳐 준다.

② 손가락 하나만 펴서 물어본다.

③ 이 게임은 표시하고 있는 숫자에 상관없이 바로 이전의 숫자를 대답하는 것이다.

CLICK POINT

▶손가락을 빨리 움직여 숫자를 연속해서 보여준다.
  예를 들어 2와 4면 24처럼 보여지게 한다.

4 Humor Spot

1) 심리테스트

076 손가락 심리 테스트 1

① 전체가 지도자의 말에 따라 오른손을 펴서 든다.
② 하나, 둘, 셋 이란 구령에 손가락 다섯 개중에 하나를 선택하고 나머지는 접는다.
③ 자신이 선택한 손가락을 기억한 후에 손을 내린다.
④ 각 손가락에 담긴 의미를 풀어준다.
　-검지 : 지적이거나 아는 것이 많고 똑똑한 사람 하지만, 아는 것이 많다 보니
　　까 어른들 앞에서 아는 척하다 혼나는 경우가 많다.
　-중지 : 관능적이며 섹시한 사람이지만 속옷에 레이스나 망사가 들어 간 것을
　　좋아한다.
　-약지 : 멍청한 사람이지만 고집이 세다.
　-끝지 : 끼가 많고 애교가 많은 사람으로 주위의 사람을 닭살 돋게 한다.
　-엄지 : 무식한 사람으로 안되면 힘으로 하지 뭐 라는 강한 철학을 가지고 있는
　　단순 무식형이다.

077 어떤 사랑

① 전체가 지도자의 말에 따라 왼손을 펴서 든다.
② 하나, 둘, 셋이란 구령에 손가락 다섯 개 중 하나를 선택하고 나머지는 접는다.
③ 자신이 선택한 손가락을 기억한 후 손을 내린다.

④ 각 손가락의 의미를 풀어준다.

- 검지 : 지적이고 로맨틱한 사랑을 한지만 가끔 비올 때마다 청승맞은 짓을 한다.
- 중지 : 정열적인 사랑을 원한다.
- 약지 : 스토커적인 무대포 사랑을 한다. 왜 멍청하니까
- 끝지 : 상처뿐인 사랑으로 70년대적 사랑을 원한다. 하지만 해줄 거 해주고 버림받는 경우가 많다.
- 엄지 : 변태적인 사랑을 원한다. 모든 것은 힘으로 한다.

078 첫인상

① 서로 양손을 마주 잡고 3초간 그윽한 눈빛으로 바라본다.
② 서로 양손바닥이 보이도록 가슴 높이로 든다.
③ 하나, 둘, 셋 이란 구령에 사로의 오른손으로 상대방 왼손 손가락 다섯 개 중 하나를 잡는다.
④ 잡은 손가락을 기억한 후 손을 내린다.
⑤ 손가락의 의미를 서로 고백하게 한다.

    - 검지 : 나는 당신을 싫어합니다.   - 중지 : 나는 당신을 좋아합니다.
    - 약지 : 나는 당신의 친구입니다.   - 끝지 : 나는 당신의 연인입니다.
    - 엄지 : 나는 당신을 존경합니다.

079 바퀴벌레 죽이기

① 바퀴벌레가 지나가고 있었습니다.
② 죽이는 방법에는 다섯 가지가 있습니다. 선택을 하십시오.
③ 첫번째 때려잡는다. 두번째 찔러 죽인다. 세번째 약을 놓는다. 네번째 살충제를 뿌린다. 다섯번째 누구를 부른다.

④ 선택하셨죠?

⑤ 이번 테스트는 삼각관계일 때 라이벌 퇴치법입니다.

– 첫번째 : 상대방과 만나서 직접 해결을 원하는 것 끝까지 찾아가고 만나서라도 해결을 해야 한다.

– 두번째 : 피를 볼 각오로 뒤를 밟아가서 해결한다.

– 세번째 : 돈을 이용하여 기를 죽이거나 라이벌을 매수한다.

– 네번째 : 간접적 해결로 라이벌에 대한 좋지 못한 소문을 내서 항복시키길 원한다.

– 다섯번째 : 라이벌에게 가서 눈물로 애원한다.

⑥ 자신의 성격과 맞는 것 같습니까?

080 케 익

① 빵집에서 약속시간을 기다리며 케익 하나를 시켰습니다.

② 몸을 돌리다가 실수로 케익을 떨어뜨렸습니다.

③ 당신을 어떻게 하시겠습니까?

④ 첫번째 얼른 주워서 먹는다. 두번째 그냥 버린다. 세번째 똑같은 걸 다시 시킨다. 셋 중에 하나를 선택하십시오.

⑤ 이 번 테스트는 지나간 사랑에 대한 집착을 알아보는 것입니다.

– 첫번째 : 옛사랑에 대한 강한 집착으로 새 애인이 생겨도 스스로 놓친다.

– 두번째 : 옛사랑에 대한 집착이 절대 없는 타입으로 간 사람은 간 사람이고새 애인이여 어서 오소서!!

– 세번째 : 옛사랑에 대한 남다른 애착과 집착이 첫 번째 사람보다 더 강한 타입으로 스토커의 가능성이 보인다.

081 11가지 질문

① 준비된 종이에 차례대로 1~11까지 번호를 적는다.

② 다음의 질문에 답을 한다.

- 1과 2번 옆에 생각나는 숫자를 적으세요

- 3과 7번 옆에 이성의 이름을 각각 적으세요

- 4, 5, 6 번 옆에 아무나 생각나는 사람을 적으세요

- 8, 9, 10, 11 번 옆에 생각나는 노래제목을 적으세요.

③ 해석

- 1 : 의미 없는 숫자

- 2 : 이 테스트를 숫자만큼 다른 사람에게 실행할 것

- 3 : 당신이 사랑하는 사람

- 4 : 이 사람을 당신이 가장 많이 보살핀다.

- 5 : 이 사람은 당신을 잘 아는 사람

- 6 : 이 사람은 당신의 행운의 스타일

- 7 : 당신이 좋아하지만 이루어질 수 없는 사람

- 8 : 3번의 사람과 잘 어울리는 노래

- 9 : 7번의 사람과 잘 어울리는 노래

- 10 : 당신의 생각을 잘 표현하는 노래

- 11 : 당신이 인생을 어떻게 생각하는지를 말하는 노래

082 정글에서 만난 동물

① 전체 눈을 감은 후에 "문이 하나 있어서 열고 들어갔더니 정글이 펼쳐져 있습니다. 정글에 뭐가 많죠? 네, 동물 맞습니다. 그럼 내 눈앞을 가장 먼저 지나간 동물은 뭡니까? 하나, 둘, 셋 하면 크게 대답하세요"

② 내 눈앞을 가장 먼저 지나간 동물은 평소 남들이 자신을 바라 본 것을 의미합니다.

083 내 애인은 지금

① 참가자들에게 상황을 이야기한다.

② "여러분 지금부터 제가 이야기하는 것을 상상하시고 하나만 선택하세요. 지금 여러분들은 애인과 함께 바닷가에 있습니다. 애인은 지금 당신 옆에서 무엇을 하고 있습니까? 선택하세요.

— 첫번째 : "나 잡아봐라" 하면서 달려가기 시작한다.

— 두번째 : 같이 바다를 바라보고 있다.

— 세번째 : 피우고 있던 담뱃불로 게를 지지고 있다.

— 네번째 : 춥다고 빨리 들어가자고 말한다.

— 다섯번째 : 난 애인이 없다.

③ 해석

— 첫번째 : 점점 애인이 싫어지고 귀찮아 지시는 분

— 두번째 : 지나간 사랑을 그리워하는 사람들입니다. 아니면 사랑을 기다리거나 지금 사랑에 만족하거나 사랑을 믿지 않는 분

— 세번째 : 상당히 불만이 많은 사람으로 불만을 쌓아 두지 마시고 동생을 괴롭히던가 친구에게 똥침을 넣던가 어떻게든 불만 좀 해소하고 사세요.

— 네번째 : 참으로 밝히시는 분

— 다섯번째 : 누가 진짜 있냐고 물어 봤습니까? 벌써부터 짜증을 내고 있는 것이 분명합니다. 다른 것으로 선택하세요.

084 비웃지마

① 길을 걷고 있는데 여러 명의 고등학생들이 당신을 보며 비웃고 있습니다. 왜 웃을까요? 첫째 나의 잘난 외모 때문에, 둘째 내 옷에 뭔가가 묻어서, 셋째 나 아닌 다른 이유로 웃고 있다, 넷째 이유가 뭐든 가서 때려준다.

② 해석

— 첫번째 : 아 짜증나죠 왕자 공주님들 빨리 손 내리세요.

— 두번째 : 이런 분들 속에 찔리는 것이 많은 분들이죠 혹시 불륜? 회개하세요 자수하여 몰매 맞으세요.

— 세번째 : 분명히 당신을 보고 웃었다고 말했는데 이런 분들 학생시절에 통지표

보면 "주의가 상당히 산만하고" 꼭 이런 말 듣는 분들이죠.

– 네번째 : 뭐가 불만이십니까? 인생 괴롭게 사시는 분들이네요.

085 낯선 곳에서

① "지금 당신은 낯선 곳에 도착을 했습니다. 어떻게 하시겠어요? 첫째 옆에 서 있는 사람에게 물어본다. 둘째 택시를 탄다. 셋째 되든 안되든 내 힘으로 길을 찾는다. 넷째 사람들에게 길을 모르는 티를 절대 내지 않는다."

② 해석

– 첫번째 : 남을 잘 믿어주고 착한 분들입니다. 그러나 이런 분들 귀가 얇아서 사기 당하는 체질

– 두번째 : 웬만하면 버스 타세요 때가 어느 땐데.

– 세번째 : 주관이 뚜렷하신 분입니다. 근데 길 잃어버리면 혼자 바보됩니다.

– 네번째 : 혹시 간첩? 빨리 자수하세요. 광명을 찾을 순간입니다.

086 화장실에서

① "여러분들이 화장실에서 큰 볼일을 봤는데 휴지가 없었습니다. 어떻게 하시겠어요? 첫째 그냥 나온다. 둘째 팬티로 닦고 팬티를 버린다. 셋째 휴지통에 있는 휴지 중에 제일 깨끗한 것을 골라 쓴다. 넷째 벽의 타일을 뜯어내서 그것으로 닦는다."

② 해석

– 첫번째 : 진짜 터프합니다. 뻔뻔해도 멋지네요. 미끌거리는 거 냄새는 어떡하죠. 아니 여자 분이 걱정됩니다.

– 두번째 : 이런 분들 주로 성장기에 팬티 불려 입던 분들이죠. 팬티에 대한 남다른 불만의 표출입니다. 치료 방법 있습니다. 노팬티로 일주일 지나면 치료됩니다.

– 세번째 : 굉장히 진취적이고 도전적입니다. 삶을 개척하죠!. 창조적입니다. 휴지가 없었어도 물 내리고 다시 물 받아서 비데로 이용하실 분들이죠

– 네번째 : 왜 그랬을까요. 병원 아직도 안가고 조심해야 됩니다.

087 출발! 용궁 속으로

① "어느 날 용궁에 초대받은 당신은 용궁의 큰문을 지나 안으로 들어갔습니다. 안에서 처음으로 만난 것은 누구입니까? 첫째 보기만 해도 무서운 문지기, 둘째 소복 입은 귀신, 셋째 만화처럼 생긴 물고기, 넷째 너무나 아름다운 공주. 선택하십시오"

② 이번 테스트는 첫 경험 후 당신이 느끼는 감정을 말합니다.

③ 해석

– 첫번째 : 죄악감을 느끼는 분

– 두번째 : 불안감입니다.

– 세번째 : 수치심. 아이 부끄러워라.

– 네번째 : 끝없는 욕망. 또 하자! 응 또또!

088 거울아! 거울아!

① "여러분이 거울을 보려고 하는데 5종류의 거울이 있습니다. 어떤 거울로 자신의 모습을 비춰 보시겠습니까? 첫째 사각형 거울, 둘째 타원형 거울, 셋째 삼각형 거울, 넷째 원형 거울, 다섯번째 화려한 꽃무늬 거울. 선택하십시오?"

② 이번 테스트는 자기 자신을 사랑하는 정도를 나타냅니다.

③ 해석

– 첫 번째 : 다소 소극적이고 얌전하고 자기애가 약하다.

– 두 번째 : 자기애가 강하며 자긍심이 강하고 질투가 심한 사람

– 세 번째 : 성적인 스릴을 즐기시고 자극을 원하시는 분

– 네 번째 : 자신을 사랑하는 정도는 보통이지만 어울리지 않게 소녀와 같은 사랑을 꿈꾸시는 분

– 다섯 번째 : 자신이 너무 사랑스러워 주체를 못하시는 분으로 왕따당하기 십상이죠.

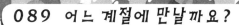

089 어느 계절에 만날까요?

① "우리나라는 봄, 여름, 가을, 겨울 사계절이 뚜렷합니다. 각 계절마다 생각나는 이성을 적으세요 가족은 안 되구요"

② 해석

　-봄 : 그분은 당신의 첫사랑을 의미합니다.

　-여름 : 그 사람은 성적 매력을 느끼는 대상이지요, 혹시 동성 적으신 분 없으시죠?

　-가을 : 당신의 연민의 대상으로 애수를 느끼는 그대

　-겨울 : 결혼 대상자입니다. 혹시 날 버리고 갔던 그 나쁜 XX

2) 단편유머

090 급식실에서 황당할 때 BEST 7

1. 아껴둔 고기 먹지도 말랬는데 친구가 빼앗아갈 때
2. 고기에 국물 들어간 거 나는 먹을 수 있는데 친구들이 보고서 '어떡하냐? 불쌍하다'라고 말할 때
3. 내가 좋아하는 김 받아서 좋아하고 있는데 선풍기 바람에 날라갈 때
4. 배고파서 허겁지겁 먹고 있는데 내가 좋아하는 사람이 뚫어지게 쳐다볼 때
5. 간만에 받은 요구르트 따다가 잘 못 따서 친구한테 튀겼을 때
6. 다먹고 나가려고 하는데(뒤에 선배가 앉아있음) 의자가 꽉껴서 오도가 도 못할 때
7. 내가 싫어하는 사람이 이 수저를 썼겠구나 하는 생각이 들어서 밥맛 떨어질 때

091 우리가 알지 못했던 사실들

1. 사람이 혓바닥으로 자신의 팔꿈치를 핥는 건 불가능하다.

2. 악어는 자신의 혀를 내밀 수 없다.

3. 새우의 심장은 머리 안에 있다.

4. 돼지는 하늘을 볼 수 없다.

5. 세계 인구의 50%가 넘는 사람들이 여태껏 한번도 전화를 받거나 걸어본 적이 없다.

6. 쥐랑 말은 토를 못한다.

7. "sixth sick sheik's sixth sheep's sick"란 문장은 영어 문장 중에 가장 발음하기 힘든 문장이다.

8. 재채기를 너무 세게 하면 갈비뼈가 부러질 수도 있다. 그러나 그 재채기를 참으려고 하면 목이나 머리에 있는 혈관이 터져서 죽을 수 있다. 그리고 재채기를 할 때 억지로 눈을 뜨려고 하면 눈알이 빠질 수 있다.

9. 한시간 동안 헤드폰을 끼고 있으면 자신의 귀에 있는 박테리아의 수가 무려 700배나 증가한다.

10. 데이트 상대를 찾는 광고를 내는 사람들 중에 35%가 기혼자이다.

11. 자신이 평생동안 자면서 자신도 모르게 70여종의 벌레들과 10마리의 거미를 먹는다고 한다.

12. 거의 모든 립스틱의 성분에 생선비늘이 들어간다.

13. 고양이의 소변은 야광이다

092 드라마의 공통점

1. 장바구니를 보면 파가 꼭 있다.

2. 꼭 장바구니다(비닐봉지는 본 적이 없다).

3. 여주인공은 꼭 빈혈이 있다.

4. 그 집 할머님의 방엔 꼭 침대가 아닌 요가 깔려있다.

5. 여주인공보다는 남자주인공을 짝사랑하는 여자가 더 예쁘다(나만 그런가).

6. 꼭 메일이 올 때 "메일이 도착했습니다"라고 나온다.

7. 남자주인공은 잠잘 때에 평상복을 입고 잔다.

8. 여주인공과 헤어지고 나면 남자주인공은 술을 마시고 여자주인공 집에서 꼭 한 번은 행패를 부린다.

9. 여주인공의 집안이 좋으면 남주인공 집안이 어렵고 남주인공 집안이 좋으면 여주인공 집안이 어렵다.

093 미국말로 번역한 우리말~

1. 육갑떨고 있네……식스식스 바르르

2. 신한국 창조……뉴코리아 만지작 만지작

3. 바늘도둑이 소도둑 된다……바늘 슬쩍맨 비컴 응애 슬쩍맨

4. 장인, 장모……롱맨, 롱마더

5. 학교종이 땡땡땡……스쿨벨 띠용띠용띠용

6. 토함산……오바이트 마운틴

7. 서당개 삼년이면 풍월을 읊는다……스쿨도그 쓰리 이어 풍월 싸운드

8. 귀신 신나락 까먹는 소리……고스트 신나락 오픈 짭짭 사운드

9. 개천에서 용났다……도그 스카이에서 드래곤 응애

10. 계란값 주세요……기브미 에그머니

094 선녀와 나무꾼

■성인 여성·남성 대상

깊은 산 속에서 나무꾼 청년이 장작을 한 지게 가득 해놓고 폭포 아래서 목욕을 하고 있었다. 그런데 선녀가 내려와 나무꾼의 옷을 감춰버렸다. 몸을 다 씻고 나와 보니 옷이 없어졌다. 그때 선녀가 나타났다. 깜짝 놀란 나무꾼은 쓰고 있던 밀짚모자로 얼른 중요한 부분을 가렸다. 선녀는 "모자를 잡은 그 손을 놓으면 감춘 옷을 드리죠"라고 했다. 청년은 차마 예쁜 선녀 앞에서 용기가 나지 않았다. 그러나 한 벌밖에 없는 옷이 걱정이 되었다. 할 수 없이 손을 놓았다. 그런데 이상하게 모자는 떨어지지 않고 그냥 걸려 있는 게 아닌가.

095 소년의 아빠

■청년 대상

　미래를 내다볼 수 있는 초능력 소년이 있었다. 어느 날 밤, 소년이 기도를 하면서 이렇게 끝내는 소리가 들렸다. "엄마, 아빠, 할머니에게 축복을 주소서. 할아버지는 안녕." 다음 날 그의 할아버지는 심장마비로 죽었다. 몇 주일 후, 소년은 기도를 했다. "엄마, 아빠에게 축복을 주소서. 할머니는 안녕." 다음 날 가엾은 할머니는 길을 건너가다가 버스에 치어 죽었다. 한 달 가량 뒤, 소년은 기도를 하면서 말했다. "엄마에게 축복을 주소서. 아빠 안녕." 그의 아버지는 공포에 질렸다. 그는 무장 경호원이 운전하는 장갑 현금수송차를 고용하여 천천히, 그리고 아주 조심스럽게 직장에 나갔다. 그는 일찍 그렇지만 아주 조심스럽게 집으로 돌아왔다. 집 앞에서 그는 아내의 마중을 받았다. 아내는 말했다. "여보, 오늘 무슨 일이 일어난 줄 아세요? 아주 끔찍한 일이에요. 우유배달부가 뒷 베란다에서 죽었어요."

096 화장실의 비밀

■청소년 대상

　어느날 동팔이가 등교길에 배가 아파서 가까운 지하철 화장실로 급하게 뛰어들어갔다. 그런데 화장실에 들어서자 세 칸 중에서 두번째와 세번째 칸에는 사람들이 줄을 서 있는데 첫번째 칸에만 아무도 서 있지 않은 것이었다. 동팔이는 첫번째 칸이 엄청나게 더러운가 보다고 생각하며 두번째 칸 맨뒤에 섰다. 한참을 서있다가 더는 참을 수 없었던 동팔이는 첫번째 화장실문을 열고 들어갔다. 그런데 의외로 깨끗한 화장실! 얼른 들어가서 일을 보려는데 화장실 옆벽에 굉장히 야한 낙서가 있는 게 아닌가? '누나가 어쩌구 저쩌구……, 친구가 낮잠을 자는데 어쩌구 저쩌구……' 여하튼 야한 내용이었는데 한참 흥미진진하다가 아주 결정적인 순간에 내용이 딱 끊겨버린 것이었다. 그리고는 제일 마지막 줄에 이렇게 쓰여 있었다. 「다음칸에 계속……」

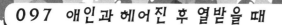

097 애인과 헤어진 후 열받을 때

1. 「패밀리 요금」으로 여자친구에게 신청해 준 휴대전화의 요금청구서가 왔을 때
2. 그새 손가락이 부었는지 커플링이 손가락에서 안 빠질 때
3. 헤어지고 난 다음날이 발렌타인데이거나 내 생일일 때
4. 휴대전화기에 붙여둔 그녀의 스티커사진이 질기게 안 떨어질 때
5. 옛날에는 하루도 안 가던 휴대전화 배터리가 3일이 넘었는데도 그대로일 때
6. 그녀에게 선물 받았던 옷을 버릴까 하다가 아까워서 입고 나갔는데 하필 이면 그녀랑 마주칠 때
7. 그녀에게 선물로 사줬던 옷의 카드대금이 아직 남았을 때
8. 아직 못 돌려받은 내 사진을 달라고 했더니 '불질렀다'고 할 때

098 남자넘?

· 어릴적 : 막 태어나선 "그놈 떡두꺼비처럼 잘 생겼다!"는 소리를 들었다.
· 지금은 : 진짜로 떡두꺼비같은 똥배를 가지고 있다
· 어릴적 : 장군감이란 소리를 들었다.
· 지금은 : 똥고집 하나는 장군감이라는 소릴 듣는다.
· 어릴적 : 어디가서도 우량아로 대접받고 나의 뛰어난 먹성은 부모님의 자랑이었다.
· 지금은 : 어디가서도 비만인으로 취급받고 나의 엽기적인 먹성은 부모님의 구박과 한숨을 증폭시킨다.
· 어릴적 : 볼록한 나의 배를 두드리면 엄마가 귀엽다며 머리를 쓰다듬어 주셨다.
· 지금은 : 불룩하고 처진 나의 배를 두드리면 마누라가 한숨만 쉰다.
· 어릴적 : 가문을 일으킬 재목이었다.
· 지금은 : 가족을 먹여살리기도 벅찬 퇴물이다.
· 어릴적 : 할아버님은 나만 보면 주름살을 펴고 환하게 웃으셨다.
· 지금은 : 손주놈만 보면 주름살을 피고 웃게된다.

099 착각퀴즈 1

1. 이 문제의 답은 두개입니다. 철수는 사과를 10개를 먹었고 영희는 배를 15개를 팔았습니다. 과일은 몇 개가 남을까요? 답 : 2개
   ▶처음에 답이 두개라고 했기 때문이다. 뒷 숫자들은 지도자의 임의로 변경하는 것도 가능하다.

2. 지금부터 제가 하는 말만 무조건 따라하세요. 1교시에는 수학(1교시에는 수학) 2교시에는 체육(2교시에는 체육) 3교시에는 영어(3교시에는 영어) 4교시에는 국사(4교시에는 국사) 그럼 2교시는 뭘까요?(체육)
   ▶지도자가 하는 말을 무조건 따라하게 하여 마지막엔 질문을 던지면 참가자들은 그 문제의 답을 맞추려고 대답할 것이다. '2교시는 뭘까요?'라고 물으면 참가자들은 '체육'이라고 답할 것이다. 하지만 이건 틀린 답. 무조건 지도자가 하는 말을 따라 해야 하므로 '2교시는 뭘까요?'라고 대답해야 맞는 답이 된다.

3. 지도자는 참가자들에게 거북이, 거북이, 거북이, 거북이 4번을 외치게 하고 질문한다. '세종대왕이 만든 게 뭐죠?'
   ▶지도자가 질문을 던지면 참가자들 대부분이 거북선이라고 대답할 것이다. 하지만 세종대왕이 만든 것은 한글.

4. 지도자는 참가자들에게 송아지, 송아지, 송아지, 송아지를 4번 외치게 하고 지시한다. 개나리 노래 시작!
   ▶개나리 노래를 시작시키면 참가자들은 '개나-리 개나-리 얼룩…' 송아지 노래에 맞춰서 개나리 노래를 부를 것이다. 개나리 노래는 '나리 나리 개나리…'이렇게 시작한다.

5. 철수네 엄마의 아들은 10명입니다. 첫째부터 일남이, 이남이, 삼남이, 사남이, 오남이, 육남이, 칠남이, 팔남이, 구남이, 마지막 아들의 이름은 무엇입니까?
   ▶참가자들은 열남이를 떠올릴 것이나 마지막 자식의 이름은 철수이다. 왜냐하면 철수 엄마이니까.

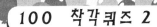

100 착각퀴즈 2

1. 1 2 3 4 1 2 3 4 1 2 3 4 수레바퀴 바퀴의 개수는?

   ▶손가락으로 같이 1부터 4까지를 반복해서 참가자들과 셈을 한 다음 질문을 던
   지면 대부분의 참가자들은 '4개요'라고 대답할 것이다. 그러나 답은 2개.

2. 컨닝 컨닝 컨닝 컨닝 미국의 초대 대통령은?

   ▶지도자는 컨닝을 4번 참가자들과 함께 외치도록 하고 질문을 던진다. 초대 대통령
   은? 이러면 대부분의 참가자들은 '링컨이요'라고 대답할 것이다. 정답은 워싱턴.

3. 나무꾼이 나무를 베기 위해 도끼질을 하다 잘못해서 도끼를 호수에 빠뜨렸다.
   근데 도끼가 내려갔다, 빠졌다, 내려갔다, 빠졌다를 반복했다. 왜 그럴까요?

   ▶지도자는 '내려갔다, 빠졌다'를 할 땐 손으로 위로 아래로 왔다, 갔다 행동을
   하면 착각을 일으킬 것이다. '내려갔다'나 '빠졌다'는 같은 의미.

4. 한 가정주부가 밥을 하려고 전기 밥솥에 코드를 꽂았다, 끼웠다, 꽂았다, 끼웠다
   를 반복했다. 밥이 되었을까요?

   ▶지도자는 코드를 꽂았다 뺐다하는 행동을 보이고 말로는 '꽂았다, 끼웠다'를 반
   복하면 참가자들은 대부분 밥이 안 되었을 거라고 대답할 것이다. 하지만 정
   답은 밥은 된다. 왜냐하면 '꽂았다'와 '끼웠다'는 같은 의미. 지도자의 행동으로
   사람들의 착각을 불러일으킴.

5. 놀부의 여동생 이름은 놀자, 놀숙, 놀녀라고 합니다. 그렇다면 남동생 이름은?
   답 : 흥부

레크리에이션 프로그램의 실제

제2장

분위기조성을 위한
Ice Breaking 프로그램

Ice Breaking 프로그램이란 말 그대로 얼음과 같이 차갑고 서먹서먹한 분위기를 깨뜨려 부드럽고 활기찬 분위기를 조성하기 위한 프로그램이다. 일반적으로 산업교육에서 아이스브레이킹은 참가자들끼리 마음의 문을 열기위한 인간관계훈련이나 인사소개프로그램이 주종을 이루지만 이같은 맥락의 프로그램은 제 3장에서 다루기로 하겠다. 이 책에서의 아이스브레이킹 프로그램이란 "스팟프로그램을 통해 집중된 참가자들과 지도자사이에 한층 더 두터운 신뢰를 쌓는 단계에 위치한 프로그램" 이라고 한정하도록 하겠다. 즉, 스팟의 연장선상이라고 봐도 무방할 것이다. 레크리에이션 프로그램 상황에서 인원이 많거나 장소의 여건등으로 활동적인 프로그램이 불가능한 경우 짧은 스팟만으로 전체를 이끌어가기에는 역부족이기 때문에 분위기 조성을 위한 아이스브레이킹 프로그램은 더욱더 중요하다. 군중이 많이 모여 있거나 강당형의 좌석의 경우 참가자들끼리의 아이스브레이킹보다는 재미있고 활기찬 오락 프로그램이 목적인 경우가 많다. 제2장에서는 주변 사람과 같이 할 수 있는 파트너 게임, 노래를 이용한 모션송 및 게임송, 대표자를 선발해 무대에서 벌어지는 관람게임, 다같이 부담없이 즐길 수 있는 빙고게임 등을 소개하기로 하겠다.

1 파트너 게임

101 집어뉴

① 참가자가 서로 마주 보고 가지고 있는 소지품 중에 하나만을 두 사람의 중앙에 놓는다. 지도자가 "집어"하면 먼저 빨리 잡는 참가자가 이기는 게임이다.

② 익숙해지면 말을 "빵"이라고 할 때 잡는다고 지시어를 바꾼다.

③ 다음에는 둘씩 짝을 지어 서로의 무릎을 맞대고 앉게 한다.

④ 커플은 각자의 소지품을 하나 꺼내어 무릎과 무릎 사이에 놓는다.

⑤ 지도자가 "집어"하고 외치면 재빨리 잡는 사람이 승리한다(장소에 따라 위치를 다르게 한다).

CLICK POINT

▶스티커나 고무 밴드를 준비하여 나누어주고 이긴 사람이 진 사람의 얼굴에 스티커를 붙이거나 머리를 고무줄을 묶는다.

▶끝난 후에 각 조별로 대표를 선정하여 즉석 분장 대회를 실시한다.

102 손가락 줄다리기

① 손수건 양끝을 두 명이 잡는데 오른손 엄지와 검지만을 이용하여 잡는다.

② 호각 소리를 신호로 서로 잡아 당겨 끌어오면 이기는 게임이다.

③ 이번에는 엄지와 새끼손가락으로 해보고 왼손끼리
도 해본다.

④ 다음에는 두 사람 사이에 손수건을 놓고 오른손을
자기의 이마에 대거나, 혹은 뒷짐을 지고 있거나
서로 등을 대고 서 있다가 집어 신호에 누가 먼저
손수건을 집는지 시합을 한다.

CLICK POINT

▶각 팀의 대표자를 뽑아 무대 위에서 관람게임으로 활용해도 좋다.

103 손목 묶기

① 파트너 중 한 명이 손수건을 둥글고 큰 구멍이
되도록 한 번만 엮어 손수건 양끝을 양손가락으
로 잡고 있던 다른 한 명이 오른 손바닥을 편
채 팔을 뻗어 그 구멍 안에 팔목까지 넣고 기다
린다.

② 지도자의 호각소리에 손수건을 잡은 사람은 빨
리 당겨 팔목을 매면 이기게 된다.

③ 맨 사람은 2점, 뺀 사람은 1점씩을 주고 5회전을 한 후, 교대해서 다시 5회전을
한다.

CLICK POINT

▶호각소리로 하지말고 비슷한 낱말 3개를 정해 그 중 한 낱말을 외칠 때만 매거나 빼게 하고
다른 낱말을 외칠 때에 동작을 한사람은 감점이 되도록 응용해도 좋다.
예를 들면 "잡아!" "매어!" 빼어!" 등 혼동 할 수 있는 낱말을 활용할 수 있다.

104 E.T악수

① 파트너 각자 양손 검지손가락을 세운 후 서로 마주 보게 한다.

② "손가락을 움직여 보세요", "양 볼에 대어보세요", "콧구멍에 넣어보세요" 등 손가락 훈련을 시킨다.

③ 지도자가"E.T 악수 하나 둘 셋!"하면 서로 양 손 검지를 빠르게 이동시켜 손가락끝이 파트너 와 빗나가지 않고 마주치게 한다.

④ 숙달이 되면 눈을 감고 진행한다.

CLICK POINT

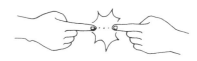

▶앞, 뒤 좌, 우의 주변사람들과 파트너를 바꾸어가며 가장 텔레파시가 잘 통하는 사람을 찾는다.

105 엄지 잡기

① 두 명이 서로 오른손을 세워서 마주 잡는데 엄지손가락을 세워두고 두 번째 손 가락부터 새끼손가락까지만 잡는다.

② 시작 신호에 따라 자기 엄지를 왼쪽, 오른쪽으로 교대로 눕혀가며 상대와 반대 편으로 옮기면서 하나부터 아홉까지 센 후에 "열!"하는 순간부터 상대편 엄지를 자기 엄지로 잡을 때까지 놀이를 계속한다.

③ 열을 세는 대신 "무궁화 꽃이 피었습니다" 등의 10자리 문장을 만들어 마지막 순간에 잡도록 하면 다른 의미의 교육도 될 수 있다.

④ 어느 정도 시간이 지나면 엄지손가락을 잡는데 검 지를 이용하도록 한다.

106 훌랄라

1.모 두 모 여 라 손 목 을 잡 르 고 면 흥 숲 겹 속 게 에 에
2.동 산 에 햇 님 솟 아 오 이 솟 고 창 가 나 에
3.저 언 덕 아 침 햇 님 이 솟 고 꽃 나 비 에
4.잠 자 던 양 떼 단 잠 을 깨 고 꽃 나 비
5.새 파 란 물 결 푸 르 른 동 산 모 두 들

모 두 춤 을 추 자 훌 랄 라 랄 라 훌 랄 라
새 가 노 래 하 네
장 미 입 맞 추 네
모 두 손 짓 하 네
나 와 춤 을 추 네

랄 라 훌 랄 라 랄 라 랄 라 라

① 무릎 1번, 자기손뼉 1번 상대방과 양손으로 짝 1번 자기 손을 당기면서 상대방을 보면서 놀란 표정을 하며 "악"이라고 큰 소리를 낸다.

② 마지막부분(훌랄라랄라 가위바위보) 에 양손을 돌리면서 왼손악수 가위 바위 보를 한다.

CLICK POINT

▶이긴 사람이 깍지 끼고 진 사람 목에 걸고 당기면서 이마에 뽀뽀하기

▶이긴 사람이 진 사람의 턱에 왼손을 대고 다른 손을 든다. 그리고 진 사람에게 손바닥에 보이나고 하고서 손바닥에 침을 뱉으라고 한다.

▶이긴 사람은 진 사람의 귀를 잡고 진 사람은 앞으로 나란히 하고 이긴 사람의 허리를 간지럽힌다.

▶머리카락 3개 뽑기 혹은 다리털 뽑기를 해도 재미있다.

▶진 사람의 양 귀를 잡고 진행자의 지시에 따라 운전하기

▶108번, 110번 게임을 이용해도 좋다.

▶벌칙이 끝나자마자 지도자는 바로 노래를 부르면서 기본동작을 하도록 유도한다. 또한 벌칙의 속도에 변화를 주어 빠르게 느리게를 반복한다.

107   나는 왕 초보

① 파트너와 가위 바위 보를 하여 이긴 사람과 진 사람을 가린다.

② 이긴 사람이 진 사람의 검지손가락을 배꼽에 대고 자동차 시동을 켠다.

③ 두 귀는 운전대, 코는 클랙션, 입은 자동차 엔진소리를 낸다.

④ 운전자의 원하는 방향으로 운전하면 자동차는 그에 맞는 소리와 동작을 취한다.

붕붕!

CLICK POINT

▶공간이 허락한다면 진 사람 등에 올라타서 돌아다니며 할 수 있도록 한다.

108   타잔과 제인

① 파트너끼리 가위바위보를 해서 이긴 사람은 제인, 진 사람은 타잔이라고 지정해준다. 파트너와 손을 악수하듯이 맞잡는다.

② 이긴 사람은 타잔이라는 말에 상대방 손등을 때리고, 진 사람은 제인이라는 말에 상대방 손등을 때린다.

③ 이때 상대방은 맞지 않기 위해 오른손 바닥으로 막을 수 있다.

④ 진행멘트

옛날 아프리카 한 정글에 타잔과 제인이 행복하게 살고 있었습니다. 하루는 타잔과 제인이 부부싸움을 해서 타잔이 집을 나갔습니다. 걱정이 된 제인이 타잔을 찾아 나섰습니다. 앞집에 가서 물어 봤습니다. "할아버지 제 남편 타잔 보셨나요?", "아니 당신 남편 타잔 못 봤는데", 옆집에 가서 물어 보았습니다. "아저씨, 제 남편 타잔 보셨어요", "아니 당신 남편 타잔을 못 봤는데", 뒷집에 가서 물어 보았습니다. "아줌마 제 남자 친구 타잔 보셨나요", "아니 당신 남자 친구 타잔 못 봤는데." 찾다 못한 제인이 타잔이 자주 간다는 산에 올라가서 외쳤습니다. "타잔" 산에는 무엇이 있죠 메아리가 있죠? 앞산에서 "타잔 타잔 타잔 타잔, 뒷산에서도 타잔 타잔 타잔 타잔" 옆산에서도 "타잔 타잔 타잔 타잔" 우리 마을 뒤에 있는 ○○산에선 타잔이 "어 나 여기 있어" 얘기 끝.

왜요!! 제인 억울하지요!!! 그럼 제인도 집을 나갈까요? 네 좋습니다. 한번 더 하죠. 다시 손을 잡으시고 옛날 아프리카 한 정글에 타잔과 제인이 행복하게 살고 있었습니다. 하루는 타잔과 제인이 부부싸움을 해서 제인이 집을 나갔습니다. 걱정이 된 타잔이 제인을 찾아 나섰습니다. 앞집에 가서 물어보았습니다. "할아버지 혹시 제 부인 보셨어요?", "아니 당신 부인은 못 보았는데", 이하 동일. 찾다 못한 타잔이 제인이 자주 간다는 동굴에 가서 외쳤습니다. "제인" 동굴에 무엇이 있죠? 제인이 있죠. "어 나 여기 있어".

CLICK POINT

▶ 일어서서 할 경우 상대방끼리 양손을 마주보며 밀어 넘어뜨리기로 응용해본다.
▶ 아동을 대상으로 할 경우 토끼와 거북이로 말을 바꾸어서 진행한다.
　예) 옛날에 거북이 나라에 많은 거북이가 살았습니다. 그런데 어느 날 거북이 나라에서는 거북이 운동회가 열렸습니다. 그러자 거북이 엄마, 거북이 친구, 거북이 아빠, 거북이 동생, 거북이 할아버지, 거북이 할머니, 거북이 아저씨, 거북이 아주머니가 나와서 거북이 이겨라! 라고 힘차게 응원을 했습니다.

109 얼. 찌.

준비 : 음악CD(얼굴 찌푸리지 말아요 : 컬트 트리플)

① 얼굴 찌푸리지 말아요(양손을 X자로 마주잡고 당기기)

　모두가 힘들잖아요(위의 동작 반복(상대편)

② 기쁨에 그 날 위해 함께 할(양손 마주 잡고 흔들기)

　친구들이 있잖아요(양손 마주 잡고 자전거 타기)

③ 혼자라고 느껴질 때면(오른손 검지, 왼손 검지 마주치기)
   주위를 둘러보세요(양쪽 파도 치기)
④ 이렇게 많은 이들 모두가(자기 손뼉 파트너 손뼉)
   나의 친구랍니다(엇갈려 손잡으며 가위 바위 보)
⑤ 후렴부분에 파트너끼리 벌칙게임으로 진행한다.

CLICK POINT

▶ 고무줄, 스티커 등을 나누어주고 분장쇼로 연결한다.

▶ 공간이 넉넉하면 돌아다니며 짝을 바꿔가며 소지품 빼앗기 등의 게임으로 응용한다.

▶ 같은 동작으로 라라라송(조개껍질 묶어...)을 부르며 이긴 사람은 후렴부분에 손등을 때리는 게임
   으로 응용할 수 있다.

110 꼬마생쥐

아 삭 아 삭 북 북 꼬 마 생 쥐 살 그 머 니 집 안 으 로

찬 장 속 을 봤 구 나   (게임)좋아하는 음식은?

① 지도자는 우선 참가자들과 노래를 익힌다.
② 두 사람씩 짝을 지어 마주앉아 가위 바위 보로 게임을 시작한다.
③ "가위 바위 보"에 진 사람은 왼손을 내밀고, 이긴 사람은 자기 왼손으로 진 사
   람의 왼손을 잡고 오른손을 그 손등 위에 가져간다.

④ 노래에 맞추어 동작이 이루어진다.

　－아삭아삭 북북 꼬마 생쥐(8박자) : 이긴 사람은 오른손 집게손가락과 가운데

　　손가락을 이용하여 짝의 왼손 손등을 간지럽힌다.

　－살그머니 집안으로(8박자) : 팔꿈치로부터 어깨까지 손가락으로 타고 오른다.

⑤ 노래가 끝나면 왼손을 잡은 채로 "좋아하는 음식은?"하는 식으로 물어본다.

⑥ 손을 잡힌 사람은 좋아하는 음식 세 가지를 빨리 말해야 한다(예:짜장, 짬뽕, 탕

　수육).

⑦ 진 사람이 빨리 대답하지 못하도록 이긴 사람은 간지럼을 태우면서 방해를 한다.

CLICK POINT

▶처음에는 지도자가 질문을 하고 익숙해지면 이긴 사람이 진 사람에게 질문한다.

▶지도자는 재미있는 질문을 미리 준비해 둔다.

111　다람쥐 두더쥐

① 두명씩 마주앉아 가위바위보로 다람쥐와 두더쥐라는 별명을 갖도록 정한다.

② 지도자의 구령에 따라 둘이 양손을 마주하고 10센티 정도 떨어져서 손뼉을 마주

　때리게 되는데, "다람쥐!"하면 다람쥐가 두더쥐 손뼉을 때리고 "두더쥐!"하면 두

　더쥐가 다람쥐 손뼉을 때리도록 연습을 시킨다.

③ 이번에는 서로 때릴 때 그냥 맞고있는 것이 아니고 양손을 옆으로 빨리 벌렸다

　가 즉시 제자리로 돌아가서 다음 구령을 기다

　리게 한다.

④ 다음에는 지도자가 준비해온 이야기를 천천히
　읽고 그 이야기 속에 해당하는 낱말이 나올 때
　마다 때리거나 피하게 한다. 이야기는 부드럽
　고, 유머스러우면서도 의미가 담겨있도록 한다.

112 심리 가위 바위 보

① 지도자가 두명의 사람에게 "가위 바위 보"를 시킬 때의 멘트이다. 서로의 심리를
  말해주며 서로 생각하게 만드는 게임이다
  -"남자는 주먹이죠 근데 그걸 알고 있는 이들이 있다면 가위를 내는 것도.."
  -"여자는 선천적으로 보를 내는 것이 가장 편하다고 합니다. 근데 꼭 남자한테
  이기고 싶습니까?"라고 하면서 참가자들의 망설임을 유발한다.

② 이 게임은 가위 바위 보를 해서 이기는 게 중요
  한 것이 아니라 이긴 사람은 손을 들며 '이겼다'하
  고 소리를 질러야 하고 진 사람은 빨리 '졌다'하면
  서 손을 들어야 한다. 서로 비긴 사람들은 가만히
  있어야 한다. 이긴 사람이든 진 사람이든 빨리 손
  을 들고 먼저 말을 하는 사람이 이기는 게임이다.

113 인지 줄다리기

① 파트너와 서로 마주본 상태에서 검지를 서로 걸어서 당기기 씨름을 한다. 이 때
  손가락이 풀어지거나 끌려오는 사람이 지게된다.

② 다섯 손가락을 하나씩 순서대로 시합을 해서 5판3선
  승제로 진행하면 재미있다.

114 공격명령

① 2사람이 마주앉아 양손을 무릎 위에 올려놓는다.

② 4개(2사람의 양손)의 손등에 1번부터 4번까지 번호를 매긴다.

③ 지도자가 "2번!"하고 번호를 부르면 지적당한 번호의 손등을 손바닥으로 힘차게 때린다. 이 때 지적당한 손은 재빨리 피한다.

④ 3사람 이상이 해도 되며 5사람 이상일 경우 한손만 중앙에 내밀어 진행한다. 하나의 손에 2개의 번호를 붙여주면 헷갈리게되어 더욱 재미있다(예 : 1과 6, 2와 7, 1과 A, 2와 B 등)

CLICK POINT

▶양손에는 1번부터 4번까지를 매기고 양발에는 5번부터 8번까지 붙여서 해보면 자기가 자기 몸을 때리는 진풍경이 벌어진다.

115 신체공중전화

① 파트너와 서로 마주보고 가위바위보를 해서 승부를 내고 이긴 사람은 전화를 거는 사람이 되고 진 사람은 공중 전화가 된다.

② 먼저 지도자는 공중전화의 "0, 1, 2, 3, 4, 5, 6, 7, 8, 9"까지의 순서를 알려주고(0=입, 1=오른쪽 눈, 2=오른쪽 코, 3=왼쪽 코,4= 목, 5=오른 어깨, 6=왼쪽 어깨, 7=배꼽,8=오른 허리, 9=왼 허리, 동전(알사탕) 투입구=입)

③ 지도자가 "자! 지금부터 전화를 걸겠습니다. 자 입에 알사탕 동전을 넣으세요 전화 번호 017-261-5999"하면 그 부위를 눌러 준다.

116 위로 아래로 꽝

① 두 사람이 주먹을 쥐고 서로 하나씩 엇갈리게 4층으로 쌓는다.

② 구령에 따라"위로"하면 네개의 주먹 중 맨 아래 주먹이 위로 올라가고, "아래로"하면 맨 위에 있는 주먹이 아래로 내려간다.

③ "꽝"이라는 지시어와 함께 아래에 있는 주먹이 맨 위에 있는 주먹을 친다.

CLICK POINT

▶올려, 내려, 덮어로 구령을 바꾸어본다.

▶올릴까? 올려,내 릴까? 내리지마 ,올렸다 내려 등 진행멘트에 변화를 주면 더욱 재미있다.

▶짝을 바꾸어서 진행해보고 3명, 4명씩 인원을 늘려간다.

117 상하좌우 전자손뼉

① 2사람씩 짝을 지어 오른쪽에 앉아 있는 사람은 좌우로 손뼉칠 준비를 하고 왼쪽에 있는 사람은 상하로 손뼉칠 준비를 한다.

② 준비가 됐으면 지도자가 "하나, 둘, 셋"이라는 구호를 하는데, "셋"이라고 할 때 재빨리 자기 손뼉을 친다. 여기서 먼저 친 사람이 승리하는 것이다.

③ 재미있게 진행하기 위해서는 지도자가 번호를 뒤바꿔서 순간순간 재치 있게 불러 주어야 한다.

CLICK POINT

▶아래위로 벌린 사람은 노래에 맞추어 일정한 간격으로 손뼉을 치고 양쪽으로 벌린 사람은 노래가 끝날 때까지 10회 중에 몇 번 상대방 손뼉을 치는지에 따라 점수를 준다.

118 관심도 측정

① 2사람씩 짝지어 1분 동안 서로 인사와 자기소개를 나눈다.

② 1분이 지난 다음 서로가 돌아서서 상대방 몰래
   자신의 복장이나 악세사리의 위치를 5점 정도
   바꾼다.

③ 다시 돌아서서 마주보고 상대에게서 바뀐 점을
   서로 지적하게 한다.

④ 정확히 많이 지적한 사람이 이기게 된다.

CLICK POINT

▶게임의 결과를 가지고 이긴 사람은 이긴 사람끼리, 진 사람은 진 사람끼리 반복하여 진행한다.

119   키 줄여, 가랑이 벌려

① 파트너끼리 마주보게 하고 남자끼리는 가위
   바위 보를 하게 하여 지는 커플의 여자는 10
   센티씩 키를 줄여간다.

② 이어서 여자끼리 가위 바위 보를 하게 하여 지
   는 커플의 남자가 10센티씩 가랑이를 벌린다.

CLICK POINT

▶커플의 대표가 "가위 바위 보"를 하여 남자는 시침, 여자는 분침으로 정하고 이긴 커플에서 시
  간을 이야기하고, 진 커플은 바닥에 누워 시간을 표현하는 놀이로 이어가면 재미있다(12시는 시
  침과 분침이 포개진다).

120 미꾸라지 잡기

① 옆사람과 마주보고 오른손은 주먹을 살짝 쥐고, 왼손은 검지를 상대방에 주먹에 넣는다.

② 지도자의 신호에 맞추어 검지를 빼면 이기고, 빼지 못하면 진다.

③ 역시 상대방의 검지를 잡으면 이기고, 잡기 못하면 진다.

④ 내 검지는 빠지고 상대방 검지를 잡으면 최고 승자가 된다.

CLICK POINT

▶ "잡아"라는 말 대신에 잡채, 잡곡 등 혼란을 유도한다.

▶ 지도자는 일반책이나 성경의 한 구절을 읽다가 또 같은 단어가 나오면 검지를 빼게 하는 방법으로 응용할 수 있다.

▶ 짝을 바꾸어서 게임을 하고 인원을 늘려 소그룹별로 진행해도 재미있다.

2 모션송

121 개구리일생

① 양손을 모아 산 모양을 한다.

② 양손을 둥글게 모은다.

③ 양손 엄지, 검지를 둥글게 붙인다.

④ 양손을 펼치며 뛴다.

⑤ 양손을 배꼽에 댄다.

⑥ 배꼽에서 손가락을 위로 올린다.

⑦ 배꼽에 있는 털을 뽑는 동작을 한다.

⑧ 양손을 위로 한다.

⑨ 양손으로 옆으로 땅을 파는 동작을 한다.

⑩ 양손으로 드래곤볼 모으는 동작을 한다.

⑪ 두손을 위로 편다.

CLICK POINT

▶말과 동작을 하나씩 늘려 가며 노래를 부른다.

-1절 : 깊은산 동굴속에 구멍~   -2절 : 깊은산 동굴속에 구멍에 개구리~

▶숙달되면 정확한 동작을 얼마나 빠른 시간 내에 할 수 있는지 팀대항 게임이나 대표자 게임으로 활용한다.

122 빙 고

There was a farmer had a dog

BIN GO was his name B I N G O

B I N G O B I N G O

BIN GO Was his name

① 노래를 계속할 때마다 노랫말 중 B·I·N·G·O 부분에 철자를 하나씩 때 가
면서 대신 박수를 친다.

　예) 1절 : O를 빼고 대신에 손뼉을 한번 친다.(B·I·N·G·짝)

　　　2절 : G·O를 빼고 대신에 손뼉을 두 번 친다.(B·I·N·짝·짝)

② 마지막에는 박수만(짝·짝·짝·짝·짝) 치게 된다.

③ 지금까지와는 반대로 앞의 철자부터 박수를 친다.

　예) 짝·I·N·G·O, 짝·짝·N·G·O) 치게 된다.

CLICK POINT

▶마지막에 월드컵 박수로 응용해도 재미있다.

　예) 짝짝 짝 짝짝 대~한민국

123 깨끗하게

깨 끗 하 게 목 욕 통   대 문 안 에 절 구 통

대 문 밖 에 쓰 레 기 통   먹 다 남 은 수 박 통

① 깨끗하게/목욕통(두 손으로 세수하는 동작 / 때미는 동작)

② 대문 안에/절구통(양손바닥을 바깥쪽 안쪽으로 / 절구찧는 동작)

③ 대문밖에/쓰레기통(양손바닥을 안쪽 바깥쪽으로 / 쓰레기 버리는 동작)

④ 먹다 남은/수박통(양손으로 하모니카 붐 듯 / 양손머리위로 동그랗게)

CLICK POINT

▶1절 :노래와 동작을 같이 한다.

2절 :'통'은 노래하지 않고 동작만 한다.

3절 :'통'앞의 목욕, 절구, 쓰레기, 수박부분을 노래하지 않고 동작만 한다.

124 Head and Shoulders, knees and Toes

Head and shoul — der, knees and toes, knees and toes;

Head and Shoul—ders, knees and toes, knees and toes;—— and——

eyes and ears and a mouth and a nose;

Head and shoul—ders, knees and toes, knees and toes.

① 1절에서는 전곡을 다 부르지만 2절에서는 Toes를 빼고 노래한다.

② 3절에서는 Knees and 도 빼고 4절에서는 Shoulders도 빼고 5절에서는 Head 도 빼고 노래한다.

③ 말은 빠지더라도 춤은 빠지면 안 된다.

CLICK POINT

▶노래가사에 맞추어 파트너의 신체 부위를 짚어 가며 노래한다.

▶오른쪽, 왼쪽, 양쪽 사람으로 파트너를 바꾸어 노래한다.

▶두통, 신경통, 관절염, 무좀 등으로 변형해도 재미있다.

125 One Little Finger

1.One lit-tle fin-ger, one lit-tle fin-ger; One lit-tle fin-ger, Tap, Tap, Tap!

Point to the ceil—ing, point to the floor;— Put it on your head.

① One Little Finger~(양손 검지를 세우고 박자에 맞추어 흔들기)

② Tap Tap Tap(양손 검지끼리 붙였다 떼기 3회)

③ Point to the ceil~ing(오른손 검지로 하늘 가리킨다)

④ point to the floor(오른손 검지로 바닥을 가리킨다)

⑤ put it on your head(양손 검지로 머리를 가리킨다)

CLICK POINT

▶마지막 가사 put it on your head에서 head를 eye, mouth, ear, cheek, chin, shoulder, toe등으로 바꾸어서 노래한다.

▶파트너끼리 서로 마주보며 짚어주는 놀이로 응용할 수 있다.

126 디스코 멜로디 춤

디 스 코 멜 로 디 춤 은 디 스 코 멜 로 디 춤 은

디 스 코 멜 로 디 춤 은 어 떻 게 추 - 나 요?

이 것 이 디 스 코 멜 로 디 이 것 이 디 스 코 멜 로 디

이 것 이 디 스 코 멜 로 디 라 - - - - - 라

① 디스코 멜로디 춤은~어떻게 추나요(모두 손뼉치며 노래부른다.)

② 이것이 디스코 멜로디~랄랄라 랄랄라(한명씩 대표가 나와서 춤을 추고 나머지는
그 춤을 따라 춘다)

③ 왈츠, 블루스, 힙합, 탱고 등 다양한 장르의 춤으로 바꾸어서 진행한다.

127 나는 기쁘다

나 는 — 기쁘 다 나 는 — 기쁘 다
와따 시와 우레 시 와따 시와 우레 시
와 창 — 콰일 러 와 창 — 콰일 러
I'm so — hap-py I'm so — hap-py

나 는 — 기쁘 다 항 상 기 쁘 다
와따 시와 우레 시 이 쓰모 우 레 시
와 창 — 콰일 러 창 창 콰 일 러
I'm so — hap-py hap-py all the way

① 한국어, 일어, 중국어, 영어의 순으로 박수를 치며 노래 부른다.

② 팀을 나누어 돌림노래로 진행해 본다.

③ 4개 팀으로 나누어 다른 동작이나 박수를 지정해준 후 돌림노래로 진행해 본다.

128 뚱보 아저씨

뚱 보 아 저 씨 집 — 에 — 는

일곱 명 의 아 들 이 있 었 는 데 요

그 중 에 하 나 키 가 크 고 요

나 머 지 는 작 데 요

① 노래가 끝나며 "오른손 올려요"하고 노래한다

② 오른손을 흔들며 다시 노래를 시작하고 끝나면 "오른손 올려요", "왼손 올려요"하고 노래한다.

③ 다시 오른손 왼손을 모두 흔들며 다시 노래하고, 노래가 끝나면 동작을 하나씩 더해가며 노래한다 (오른손, 왼손, 오른발, 왼발, 엉덩이, 온몸 등).

129 앞으로

앞으로 (앞으로) 앞으로 (앞으로)

앞으로앞으로 지구는둥 ─ 그 ─ 니 까

자꾸걸어나 ─ 가 ─ 면 온세상어 ─ 린 ─

이 를 다만나고오 ─ 겠 ─ 네 온 세 상

어 린 이 가 ─ 하 하 하 하 웃 ─ 으 ─ 면

그 소 리 들 리 겠 ─ 네 달 나 라 ─ 까 ─ 지

앞 으 로 앞 으 로 앞 으 로앞 으 로

① 앞으로 : 오른팔을 오른쪽 어깨 뒤에서부터 뻗은 다음 손뼉 두 번 친다.

② 앞으로 : 왼팔을 왼쪽 어깨 뒤에서부터 뻗은 다음, 손뼉 두 번 친다.

③ 앞으로 앞으로 : 양팔을 양쪽 어깨 뒤에서부터 세 번 뻗은 다음, 손뼉 세 번 친다.

④ 지구는 둥그니까 : 오른손 앞으로 반원 그리고, 왼손 앞으로 반원 그리고, 양손 흔든다.

⑤ 자꾸 걸어 나가면 : 양팔 흔들면서 걸어가는 동작을 한다.

⑥ 온 세상 어린이를 : 오른손 위로 반원 그리고, 왼손 위로 반원 그리고, 양손 흔든다.

⑦ 다 만나고 오겠네 : 양손 위에서부터 반짝거리며 내려온다.

⑧ 온 세상 어린이가 : 위 ⑥과 같음

⑨ 하하하 웃으며 : 양손바닥을 펼치고 가슴 앞에서 좌우로 흔든다.

⑩ 그 소리 들리겠네 : 오른손 옆으로 펼치고, 왼손 옆으로 펼친다.

⑪ 달나라까지 : 오른손 검지로 오른쪽 비껴 위로 네 번 찌르는 동작을 한다.

⑫ 앞으로 앞으로 : 위 ①, ②, ③과 같음

CLICK POINT

▶파트너와 어깨동무를 하고 오른쪽 왼쪽의 동작을 나누어 진행한다.
▶호흡이 잘 맞는 커플은 무대 위에서 대항전을 벌여 최고의 커플을 선정한다.

130　개구리 노총각

① 저 건너 조그만 : 오른손 검질 손가락질을 하고, 왼손으로 원을 만든다.

② 호수 위에 : 양손을 밑으로 향해 원을 그린 다음, 손바닥을 위로 향한다.

③ 아 하 : 두 손을 머리 위에 올리고 좌우로 흔든다.

④ 개구리 노총각이 : 양손 엄지와 검지로 원을 만들어 차례로 눈에 갖다댄다.

⑤ 살았는데 : 눈에 갖다댄 손을 빙글빙글 돌린다.

⑥ 사십이 다되도록 : 오른손으로 4, 왼손으로 10을 표시한 후 손뼉을 2번 친다.

⑦ 장가를 못 가 : 절하는 동작을 한 다음 고개를 오른쪽, 왼쪽으로 흔든다.

⑧ 못 간 건지 안 간 건지 : 고개를 좌우로 흔들고 오른손을 좌우로 흔든다.

⑨ 나도 몰라 : 양손 엄지로 자기를 가리키고 고개를 좌우로 흔든다.

⑩ 몰라 몰라 몰라 : 투정하듯이 몸을 흔든다.

CLICK POINT

▶ 4 팀으로 나누어 "아하"부분과 노래 마지막 "몰라" 부분에 화음을 넣어 진행한다(도 : 아하 미 : 아하 솔 : 아하 높은 도: 아하~).

▶ 속담화음 게임으로 이어서 진행한다.

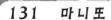

131 마니또

나 는 내 마 니 또 좋 아 하 지 요 나 는 내 마 니 또 좋 아 하 지 요

나 는 내 마 니 또 좋 아 하 지 요 누 구 라 고 말 할 수 는 없 어 요

그 대 내 게 눈 길 을 돌 릴 때 내 마 음 흐 뭇 하 고 즐 거 워

언 젠 가 그 대 이 름 밝 히 리 지 금 은 누 구 라 고 말 할 수 없 어 - - -

① 율동에 맞춰 노래를 같이 부른다.

　율동 : 양손 검지로 양볼 엇갈려 찍기, 이마 턱 엇갈려 찍기, 코 찍고 양손 잼 잼(8박자)

② "마니또"라는 말의 뜻을 설명하고 아무도 모르게 각자 마니또를 한 사람씩 정하 도록 한다.

③ 시간이 지난 후에 자기 마니또를 맞추도록 한다.

CLICK POINT

▶마니또란 말의 뜻은 '비밀의 친구'라는 말로 풀이된다.

▶학교생활 야영 등 집단생활을 통하여 관계 개선 및 조직 개발의 한 방법으로 활용하여 본다.

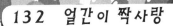

132　얼간이 짝사랑

옛날에 한 옛날에　　얼간이 살았는데

동네 ~ 아가씨를　　짝사랑 했더래요

어느 날 그 아가씨　　우물가에 앉았는데

얼간이 다가와서　　손목을 잡았더래요

어머어머 이러지 마세요　우리 엄마 아시면은 큰일이나요

① 파트너와 함께 박수를 치며 노래를 부른다.

② 노래를 끝마치고 남녀의 대사를 정하도록 한다.

　　예) 남 : 내 아를 낳아도~

　　　　여 : 피~ 붕신~

③ 가장 재미있는 대사와 언기를 한 파트니에게 선물을 준다.

133 사랑해

① 사랑해 당신을: 양손 검지로 하트 모양을 그린 후 오른손으로 상대방을 가리킨다.

② 정말로 사랑해: 양팔을 몸부림치는 동작을 한 후 하트 모양을 그린다

③ 당신이 내곁을: 오른손으로 상대방을 가리킨 후 양손으로 어깨를 감싼다

④ 떠나간 뒤에: 양손 교대로 바이바이 동작을 한다.

⑤ 얼마나 눈물을: 양손으로 머리 쥐어뜯기, 양손가락을 흔들며 눈물 흘리는 동작을 한다

⑥ 흘렸는지 모른다오: 양손 교대로 눈물을 닦아 터는 동작을 한다.

⑦ 예예예~: 양손으로 심벌즈 치는 동작을 한다.

134 숨어버린 쥐

쥐가 한 마리가 쥐가 두 마리가 쥐가 세 마리 네 마리 다섯 마리가 쥐가

여섯 마리가 쥐가 일곱 마리가 쥐가 여덟 마리 아홉 마리 열 마리 쥐가

열 마리 쥐가 스무 마리 쥐가 서른 마리 마흔 마리 쉰 마리 쥐가

예순 마리 쥐가 일흔 마리 쥐가 여든 마리 아흔 마리 백 마리 그 때

야 — 옹 — 야 — 옹 — 고양이 나왔 지(놀랬지) 그 때 야 — 옹 — 야 — 옹 —

— 고양이 화났 지(무섭지) 쥐가 도 망 갔 지 쥐가 도 망 갔 지 쥐가

어 디론지 도 망 간지 나 도 몰 라 옳지! 쥐 구멍 이지 옳지!

쥐 구멍 이지 옳지! 쥐 구멍에 모두 모두 숨어버렸지

CLICK POINT

▶노래를 부른 뒤에 고양이와 쥐게임으로 연결해서 진행한다.

135 움바티 움바타

kes

Kon   kes ka la   des ka la des ka   um ba ti

um ba ta   ooh ray ba   ti   a,   ooh ray ba

tum ba tum ba

tum ba,   tum ba tum ba   kon kes kes ka la

des ka la des ka   um ba ti   um ba ta

CLICK POINT

▶ 흥겹고 발음이 어려운 곡으로 노래자체를 맛깔스럽게 즐길 수 있다.

▶ 책상을 치면서 주문을 외우듯 노래부른다.

136 뚬바떼 뚬바

(가)뚬 바 떼 뚬 바   뚬 바 떼 뚬 바   (나)알 레 알 레 히ㅡ

알 ㅡ 레 히ㅡ   알 ㅡ 레 히ㅡ   헤이 뚬 바

뚬 바 떼 뚬 바   떼이ㅡ   헤이 뚬 바

뚬 바 떼 뚬 바   떼이ㅡ   (다)뚬 바 뚬 바 뚬 바 뚬 바

뚬 바 떼   뚬 바 뚬 바 뚬 바 뚬 바   뚬 바 떼   헤이 뚬 바

① 한 팀은 나)파트를 할 동안 가)파트를 계속한다.

② 한 팀은 나)파트만 노래한다.

③ 다)파트에서는 두 팀 모두 같이 멜로디에 맞추어 노래한다.

137 이 세상 어딘가엔

이 세 상 어딘 가 엔———
이 세 상 어딘 가 엔———
이 세 상 어딘 가 엔———
이 세 상 어딘 가 엔———

남 이 야 알 든 말 든———
탐 욕 과 분 심 눌 러———
청 빈 을 감 수 하 고———
하 늘 을 예 경 하 고———

착 한 일 하 는 사 람———
얼 굴 이 빛 나 는 이———
덕 행 에 힘 쓰 는 이———
이 웃 을 돕 는 사 람———

있 는 걸 생 각 하 라———
있 는 걸 생 각 하 라———
있 는 걸 생 각 하 라———
있 는 걸 생 각 하 라———

마 음 이 밝 아 진 다———
미 움 이 뷔 아 진 다———
마 음 이 씻 기 운 다———
기 뻐 서 눈 물 난 다———

CLICK POINT

▶리듬 손뼉 3박자에 맞추어 돌림노래로 진행한다.

138 Hey, ho! Anybody Home

얼 씨구씨구 들어 간 ― 다 돈이 나 명예 나
Hey, ho any ― body home meat nor drink nor

권 세없 어도 오 직기 쁜 마음하나뿐 ―
mon-ey have I none still, I will be haaaa ppy!

D.C.

CLICK POINT

▶우리나라의 각설이타령에 해당하는 곡이다.

▶돌림노래로 진행해 본다.

139 참 기쁜 날

축 하 해 요 오 늘 은 그 대 태 어 난 참 기 쁜 날 그 날 이 예 요 그

대 는 아 주 멋 진 친 구 좋 은 친 구 예 요 오 늘 의 그 대 모 습 은

더 욱 빛 나 네 축 하 해 요 그 대 가 태 어 난 참 기 쁜 날 축 하 해 요

CLICK POINT

▶생일 축하곡으로 밝고 즐거운 분위기로 노래한다.

140 Let Us Sing Together

Let us sing to-ge-ther Let us sing to-ge-ther one and all a
함께 노래하세 함께 노래하세 모 두 모 여

joy-ous song Let us sing to-geth-er one and all a joy-ous song
즐거웁게 함께 노래 부르세 모 두 모 여 즐거웁게

Let us sing a-gain and a-gain Let us sing a-gain and a-gain
한 번 두 번 세 번 네 번 다 섯 여 섯 일 곱 여덟

Let us sing a-gain and a-gain one and all a joy-ous song
아홉 번 열 번 노 래 하 세 모 두 모 여 즐거웁게

함께 노래하세~

CLICK POINT

▶ 4파트로 나누어 돌림노래로 진행한다.

▶ 팀마다 고유한 동작을 부여해 본다.

141 강 같은 평화

내 게 강 같은 평 화 내게 강 같은 평 화 내게 강 같은

평 화 넘 치 네—　　　　내 게 강 같은 평화 내게

강 같은 평 화 내게 강 같은 평화 넘—치 네—

① 강, 바다, 호수, 냇물, 도랑, 샘의 순서로 말을 하나씩 늘려간다.

예) 내게 강 같은 평화, 내게 강 같은 바다같은 평화……

② 숙달되면 반대로 말을 하나씩 줄여 나간다.

예)…….내게 강같은 바다같은 평화, 내게 강같은 평화 넘치네.

③ 뱀, 곰, 자라, 물개, 악어, 하마같은 파워 넘치네……등으로 응용하여 사용할

수 있다.

142 새색시 시집가네

수양버들 춤 추는 길 에   꽃가마 타고가 네   ―

소꿉동무 새색시가 ―   시집을 간 ― 다 네   ―

가네가네 갑 순 이   갑 순 이 울 면서 가 네   ―

소꿉동무 새색시가 ―   시집을 간 ― 다 네   ―

① 수양버들 춤추는 길에: 무릎 한번, 손뼉 한번 치고 좌우 교대로 양손을 밑에서
   위로 올린다(4회).
② 꽃가마 타고 가네: 무릎한번, 손뼉한번 치고 손으로 가마를 만든다(4회).
③ 소꿉동무 새색시가: 무릎한번, 손뼉한번 치고 연지, 곤지를 찍는다.
④ 시집을 간다네: 무릎한번, 손뼉한번 치고 양손을 이마에 대며 절한다(4회).
⑤ 가네가네 갑순이: 무릎한번, 손뼉한번 치고 손 흔든다(4회).
⑥ 갑순이 울면서 가네: 위 ④와 같음"잉잉잉"하고 눈물 닦는 동작을 곁들인다.
⑦ 소꿉동무 새색시가: 위 ③과 같음.
⑧ 시집을 간다네: 위 4)와 같음.

CLICK POINT

▶둘이 짝을 지어 가마 만들고 상대방에게 연지곤지를 찍어준다.

143 목장길따라

1. 목장길 따라 밤길 거닐어 고운님 함께 집에 오는 데
2. 숲근 처올 때 두견새 울어 내 사랑고백 하기 좋았네
3. 무수한별이 반짝였으나 내 님의사랑 말은 더 빛나

목장길 따라 밤길 거닐어 고운님 함께 집에 오는 데
숲근 처올 때 두견새 울어 내 사랑고백 하기 좋았네
무수한별이 반짝였으나 내 님의사랑 말은 더 빛나

스 타 돌 라 스 타 돌 라 스 타 돌 라 품 바 스 타 돌 라 품 바 스 타 돌 라 품 빠

스 타 돌 라 스 타 돌 라 스 타 돌 라 품 빠 스 타 돌 라 품 빠 품 품 품

① 목장길따라: 오른쪽 머리 위에서 손뼉을 네 번 치며, 동시에 왼발도 네 번 구른다(스템프 스텝).

② 밤길 거닐어 : 위 ①동작을 반대로 한다(왼쪽에서).

③ 고운님 함께 : 위 ①과 같다.

④ 집에 오는데 : 위 ②과 같다.

⑤ 목장길 따라 밤길 거닐어 : Z자 박수를 두 번 친다.

⑥ 고운님 함께 집에 오는데 : Z자 박수를 거꾸로 두 번 친다.

⑦ 스타돌라~ : 오른손으로 왼쪽 무릎 한번 치고→오른쪽 무릎 한번 치고→자기 손뼉 두 번→왼손으로 오른쪽 무릎 한번 치고→왼쪽 무릎 한번 치고→자기 손뼉 두 번 치기를 반복한다.

⑧ 품품품 : 위 7)번 동작 마지막의 자기 손뼉 두 번 대신에 세 번 친다.

CLICK POINT

▶노랫말을 바꾸어 노래한다.

1절 : 아이차 사러 슈퍼 갔다가 아이차 없어 퓨퓨바 샀네

　　　아이차 퓨퓨바 퓨퓨바 아이차 아이차 퓨퓨바 퓨퓨바 아이차

　　　아이차 퓨퓨바 퓨퓨바 아이차 아이차 퓨퓨바 퓨퓨바!!!

2절 : 코카콜라/펩시콜라

3절 : 개발바닥/소발바닥

144 고기잡이

고 기 를　잡 으 러　바 다 로 갈　까 나(방)

고 기 를　잡 으 러　강 으 로 갈　까 나(구)

이 병 에　가 득 히(방)　넣 어 가 지 고 서(구)

랄 랄 랄 랄(방)　랄 랄 랄 라(구)　온(방) 다(구) 나(뿡)

① 첫 번째 소절에는 "방"자로만 노래한다.

② 두 번째 소절에는 "구"자로만 노래한다.

③ 세 번째 소절의 두 마디는 "방" 나머지 두 마디는 "구"자로 노래한다.

④ 마지막 소절 첫마디는 "방", 둘째 마디는 "구"로 온다나는 "방, 구, 뿡"이라고 외친다.

145 짝사랑

왜 그런지 가 슴 이 두 근 거 려 요

그 녀 만 보 면   그 녀 만 보 면   설 레 이 는

마 음 을 달 랠 길 없 어   짝 사 랑 하 고 있 나 봐

요 —   반 짝 이 는 별 을 보 고 둘 이 앉 아

서   불 타 는 내 참 사 랑 을 전 하 고 싶 어 예 이 예 이 예 이

왜 그 런 지 가 슴 이 두 근 거 려 요   그 이 만 보

면   그 이 만 보 면   설 레 이 는 마 음 을

달 랠 길 없 어   짝 사 랑 하 고 있 나 봐 요

기본박수(무릎 두 번, 손뼉 두 번)

① 왜그런지/가슴이 : 기본박수/ 가슴에 양팔을 X자 모양으로 포갠다.

② 두근거려/요 : 기본박수/ 가슴에 양팔을 X자모양으로 포개서 원을 그린다.

③ 그녀만 보/면 : 기본박수/ 눈앞에서 오른속과 왼손을 차례로 엄지와 검지를 맞부딪친다.

④ 설레이는/마음을 : 기본박수/ 가슴에서 양손으로 앞뒤로 원을 그린다.

⑤ 달랠길 없/어 : 기본박수/ 가슴 앞에서 오른손을 좌우로 움직인다.

⑥ 짝사랑 하/고 있나봐요 : 기본박수/ 양손 검지로 하트 모양을 두 번.

⑦ 반짝이는/별을 보고 : 기본박수/ 공중에서 엄지, 검지, 장지를 부딪쳤다 뗐다 한다.

⑧ 둘이 앉아/서 : 기본박수/ 양팔을 겨드랑이에 붙였다 뗐다 한다.

⑨ 불타는 내/참사랑을 : 기본박수/ 양손 검지로 하트 모양을 두 번.

⑩ 전하고 싶/ 어 예예예 : 기본박수/ 옆사람과 어깨치기 2번 한다.

CLICK POINT

▶ 간단한 방법으로는 사랑의 박수를 반복하며 노래한다.

146 당신의 의미

① 가사 : 당신~사랑하는 내 당신/둘도 없는 내 당신

　　당신 없는 이 세상은/아무런 의미가 없어요

　　율동 : 사랑의 박수 2회

② 가사 : 가지 마세요 가지 마세요/나를 두고 가지 마세요

　　당신 위하여 입은 앞치마에/눈물이 젖게 하지 마세요

　　율동 : 손가락 LOVE 4회

③ 가사 : 당신~사랑하는 내 당신/둘도 없는 내 당신

　　당신 없는 내 인생은/아무런 의미가 없어요

　　율동 : 사랑의 박수 2회

④ 간주 : 대담한 LOVE 반복

147 서울 대전 대구 부산

서울 대전 대구 부산 찍고 — 하 — — 서울 대전 대구 부산 찍고 — 하 — —

내 님 은 어 디 에 있 나   서 울 에 있 나 —   대 전 에 있 나   대 구 에 있 나
                                                                광 주 에 있 나

부 산 에 있 — — 나   나 홀 로 남 겨 두 고   어 데 로 갔 나
목 포 에 있 — — 나   아 무 리 기 다 려 도 — 소 식 이 없 어

— 봄 이 오 면 — 돌 아 온 다 던 그 사 — 람 인 데
— 그 리 움 에 — 눈 물 이 맺 혀

① 기본박자로 무릎 두 번, 손뼉 두 번 치고 가사에 맞추어 동작을 구성한다.

② 2절은 서울, 대전, 광주, 목포만 틀리고 1절과 동일하며 일어서서 할 수 있도록
유도한다.

③ 3절은 두명씩 마주 보고 춤을 출수 있도록 유도한다.

148 만남

우 리

이제 지난일 -들 모두 잊어버려요 - 원치 않던 만남으

-로 가득 했던-그런날 -들 우리 이제 지금은 - 같이

노래 불러요 - 그렇게 그리 던 - 당신과 만난 이날 -

을 잊어도 되 - 는 지워도 되 - 는 - 추억일랑 - 생각지

말아요 당신과 - 만난 - 이 날이 행복하므로 -

- 흘러 - 흘러 - 시간 속에 묻혀진 - 대 도 -

얼굴 - 맞댄 - - 이대로 살 수만 있 - 다 면 - 죽어 - 서 도

- 행복한 비둘기 - 처럼 - 그냥 지금 이 - 대 로 멈춰서요

기본박수 : 무릎 두 번, 손뼉 두 번

① 가사 : (우리 이제 지난)일들/(모두 잊어 버려)요

    율동 : (기본박수)양손을 들어 숫자를 센다.

    (기본박수)한손씩 머리 뒤로 젖힌다.

② 가사 : (원치않던 만남)으로/(가득했던 지난)날들

    율동 : (기본박수)옆사람과 차례로 손을 잡는다

    (기본박수)양손을 들어 숫자를 센다.

③ 가사 : (우리 이제 지금)은 /(같이 노래 불러)요

    율동 : (기본박수) 양손을 펴고 어깨를 으쓱으쓱

    (기본박수) 두손을 입에 대고 노래부르는 동작

④ 가사 : (이렇게 그리)던/(당신과 만날 이날)을

    율동 : (기본박수) 양손 검지로 빙빙 돌린다.

    (기본박수) 양손을 들어 숫자를 센다.

⑤ 가사 : (잊어도 되는)지워도 되는/(추억일랑 생각지)말아요

    율동 : (기본박수)한손씩 좌우로 저어준다.

    (기본박수)두손을 모아 X자를 크게 그린다.

⑥ 가사 : (당신과 만)날 그날이/(행복함으)로

    율동 : (기본박수) 옆사람과 차례로 손을 잡는다.

    (기본박수) 옆사람과 어깨동무 한후 좌우로 한번씩 간다.

⑦ 가사 : (흘러 흘러) 시간 속에/(묻혀진데)도

    율동 : (기본박수) 두손으로 왼쪽과 오른쪽으로 물결동작을 한다.

    (기본박수) 양손을 위로 한손씩 겹쳐 올려준다.

⑧ 가사 : (얼굴 맞)댄 이대로/(살수만 있다)면

    율동 : (기본박수) 양 옆사람을 보며 '악하며 소리낸다.

    (기본박수) 양손을 펴고 어깨를 으쓱으쓱

⑨ 가사 : (죽어서)도 행복한/(비둘기처)럼 그냥

    율동 : (기본박수) 오른쪽 검지를 머리위로 빙빙 돌린다

    (기본박수) 양팔을 벌려 날개짓을 한다.

⑩ 가사 : (지금 이대)로 멈춰서요

    율동 : (기본박수) 동작을 멈춘다.

⑪ 간주부분에는 오른쪽 왼쪽으로 번갈아 안마를 한다(8, 4, 2, 1 박수).

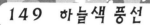

149 하늘색 풍선

파란하늘하늘 — 색풍선은 우 — 리맘속에영원
너희들의그예 — 쁜마음을 우 — 리가항상지켜

1.3.5. 2.6.

— 할 꺼 야 — — 줄 꺼 야 —

① 가사 : 파란하늘 하늘색 풍선은~우리가 항상 지켜줄 거야
  율동 : 오른쪽사람 안마 8번, 왼쪽사람 안마 8번
       오른쪽사람 안마 4번, 왼쪽사람 안마 4번
       오른쪽사람 안마 2번, 왼쪽사람 안마 2번
       오른쪽사람 안마 1번, 왼쪽사람 안마 1번 박수 두 번(짝짝)
② 가사 : 랩부분
  율동 : 아래의 박수를 적절히 섞어가며 진행한다.
       1번 박수(자기손뼉 1번 옆 사람 손뼉 1번)
       2번 박수(자기손뼉 2번 옆 사람 손뼉 2번)
       3번 박수(자기손뼉 3번 옆 사람 손뼉 3번)
       4번 박수(Z자 박수)
       5번 박수(해병대박수 : 위에서 아래로 큰 동작으로 박수를 친다)
       6번 박수(부흥회박수 : 아래서 위로 밀어 올리며 박수를 친다)
③ 중간에 어깨동무를 하고 오른쪽 왼쪽 뒤로 앞으로 등으로 응용해본다.

150 우리

외로움도 견디어 나 겠소 바란 보 란 소 리 들어 도 좋
우리 모 두 손을 내밀 어서서 넘 어 진 형제 일 으켜 주
옆에 있 는 형제 손을 잡고 우 리 – 모 두 노 래 합 시

소 – 나 를 비 웃 는 그 비 웃 음 들 – 그
세 – 사 람 이 살 면 한 번 사 는 것 – 걸
다 – 서 – 로 보 며 인 사 나 누 고 – 우

사 랑 으 로 감 싸 주 겠 소 – 이 모 든 것 이 힘 들 다 는
음 멈 추 고 생 각 해 보 세 – 시 – 냇 물 이 이 강 으 로 흘
– 리 모 두 일 어 납 시 다 – 우 – 리 모 두 발 을 구 릅

것 을 당 신 은 나 에 게 알 려 줬 소 당 신 의 는
러 서 저 바 다 와 하 나 가 되 듯 이 우 리 는
시 다 이 렇 게 모 든 것 이 맞 을 때 우 리 는

사 랑 은 너 무 나 많 고 크 오 그 래 서 난 – 살 아 가 겠 소
하 나 요 당 신 과 나 도 하 나 우 리 는 하 나 가 되 야 하 오
하 나 요 당 신 과 나 도 하 나 우 리 는 하 나 가 되 야 하 오

CLICK POINT

▶ 전체가 게임을 이해하기 전에 끝내는 것이 효과적이다(절반정도 이해했을 때).

3 관람게임

151   풍선게임 Ⅰ

1. 자기야 사랑해

① 참가자중 커플들끼리 4~5개 팀을 선정한다.

② 지도자는 풍선을 공중에 띄우고 나온 커플은 양쪽 끝에서 풍선이 바닥에 떨어지기 전에 달려 나와 서로 안으며 터뜨리는 게임.

③ '00야 사랑해'하고 외치게 한다.

④ 신체부위별로 점수를 주면 더욱 재미있다. 예) 얼굴, 배, 가슴, 배꼽 등

2. 자기야 미안해

① 참가자중 5~6커플을 선정한다.

② 커플 중 남자는 가랑이 사이에 풍선을 끼고, 여자는 뒤에서 달려와서 발로 풍선을 차서 터뜨린다.

③ 여자는 'ㅇㅇ아 미안해'를 외치며 터뜨린다.

④ 남자의 아픔을 유발하여 웃음을 자아낸다.

CLICK POINT

▶처음 만난 사람들에겐 사용에 유의한다.

152 풍선게임 Ⅱ

1. 남자의 힘

① 참가자 중 가장 남자다운(?) 사람을 불러낸다.

② 참가자들에게 풍선을 정해진 시간 내에 크게 불게 한다.

③ 그 풍선을 묶지 않게 하고 풍선을 날린 다음 가장 풍선이 멀리 나간 참가자가 이기는 게임이다.

2. 코로불어 터뜨리기

① 참가자중 코심이 센 사람을 4~5명 불러낸다.

② 코로 불어 풍선을 먼저 터뜨리는 사람이 이기는 경기이다.

CLICK POINT

▶남자뿐만 아니라 여성을 불러내서 경기로 진행하면 또 다른 웃음을 유발시킬 수 있다.

▶코로 불어 풍선을 날리는 게임으로 응용할 수 있다.

153 풍선게임 Ⅲ

풍선 엘리베이터

① 참가자중 4~5 커플을 불러낸다.

② 커플의 무릎사이에 풍선을 놓는다.

③ 이 풍선을 이마까지 빠른 시간 내에 올리고, 올린 후에는 다시 하강도 실시한다.

CLICK POINT

▶절대 손을 사용해선 안 된다.

154 돼지 꽥

① 각 팀의 7~8명 이상을 선출한다.

② 앞을 보고 소리를 크게 지르게 한다. 소리는 굵고 짧게 지른다.

③ 오른쪽, 왼쪽을 보고 소리를 지르도록 해서 익숙하게 한다.

④ 연습 후에는 소리를 '꽥'이라고 하면서 다시 연습을 시킨다.

⑤ 공격을 하고 싶은 쪽을 보면서 '꽥'이라고 소리를 지르고, 공격을 받은 쪽은 공격을 한쪽, 그 반대쪽으로 '꽥'하면서 공격한다.

⑥ 공격 할 때는 상대방이 제압하는 큰소리로 하고 웃지 않는다.

⑦ 웃거나 제대로 박자를 맞히지 못하는 사람은 탈락한다.

⑧ 최종적으로 2명이 남을 때까지 진행한다.

CLICK POINT

▶ 지도자는 소리만이 아니라 코믹 모션을 취하도록 유도하면 더욱더 웃음을 유발시킬 수 있다.

▶ 게임을 진행하는 지도자가 게임이 진행되는 방향의 중간 위치에 같이 참여해서 우스꽝스런 표정을 지으며 '꽥'을 하면서 공격을 받은 사람이 웃을 수밖에 없는 상황을 만들면 게임을 더욱 재밌고 스피디하게 진행할 수 있다.

155 음계 높이기

① 참가자 중 7명을 선출한다. 각자에게 음계를 지정하여 준다. 자기 음계가 나오면 살짝 앉았다가 일어서게 한다.

② 낮은 도를 지정 받은 사람은 큰 도까지 역할을 한다.

③ 떴다 떴다 비행기, 학교종이, 고향의 봄의 노래를 이용한다.

CLICK POINT

▶참가자가 진지한 표정으로 게임에 임하도록 유도한다.
▶목소리를 '성악가 목소리 버전'이나 '애기 목소리 버전' 등 다양한 버전으로도 할 수 있다.

156 풍차 돌리기

① 각 팀의 남녀 대표를 선출하여 2인 1조로 팀을 구성한다.
② 각 팀의 이름을 정한다(어우동팀, 뿅팀 등).
③ 각 팀의 댄스를 감상 후 남자가 여자를 업는다.
④ 업은 여자를 오른쪽으로 한바퀴 돌린다.
⑤ 한바퀴반, 두바퀴로 점차 난이도를 높인다.

CLICK POINT

▶떨어뜨리면 무조건 실격이다.
▶게임의 진행이 더디게 되면, 여자를 앞으로 안고, 앉았다 일어나기 등 더 난이도를 높여가면서 보는 사람 하는 사람이 모두 지루해지지 않도록 해야한다.

157 인간 조각

① 2명~4명까지 한 팀에서 선출한 후에 상대방 팀이 모두 안대를 한 후에 상대방이 따라하기 어려운 동작을 취한다.
② 안대를 한 팀은 손으로만 동작을 감지한 후에 동작을 취한다.
③ 가장 근접한 동작을 취한 팀이 승리를 한다.

CLICK POINT

지도자가 시간 제한을 두어 좀더 빠르게 진행한다.

158 펜싱게임

① 상대방과 마주보고 머리 위에 책을 올린다. 그리
고 휴지를 말아서 상대방의 코를 간지러서 상대방
의 머리 위에 있는 책을 먼저 떨어뜨리는 사람이
승리한다(상대방에게 손을 대지 않도록 한다).

159   거북이 등껍질

① 두 명씩 앞으로 나와 등을 마주 대고 섭니다.
② 등을 마주 댄 상태에서 '거북이 등껍질!'이라는 특유한 음의 구호를 외친다.
③ 말하자마자 뒤돌아서 마주봅니다(절대 웃으면 안 된다).
④ '거북이 등껍질~ 거북이 등껍질~' 하고 계속 노래를
부르면서, 지을 수 있는 모든 우스꽝스러운 표정으로
상대방을 웃긴다.

CLICK POINT

▶ "우유에 말아먹는 죠리퐁, 우유에 못 말아먹는 고래밥!"으로 응용할 수 있다.
▶ 대표자 두명이 마주보고 얼굴을 번갈아 가며 마주 치면서면서 '우유에 말아먹는 죠리퐁! 우유에
못 말아먹는 고래밥!' 이라는 구호를 약간 빠른 속도로 리듬을 따라 말한다.
▶ 한 손은 주먹을 쥐고 또 다른 손바닥을 두드리면서 위의 말을 하면 되는 것이다. 말과 동작을
계속 하면서 상대방을 웃게 한다.
▶ '거북이 등껍질'이란 말만해도 웃음이 나올 수 있도록 미리 단어에 음을 정해놓거나 가장 낮은음
또는 가장 높은음으로 하도록 해서 게임을 지루하지 않도록 진행한다.

160 동문서답

① 대표자 두 명이 마주보고 한사람을 지목해 "야 임마"를 하고 질문을 한다. 그때 질문을 받은 사람은 그 질문과는 완전 다른 동문서답인 답을 해야한다.

② 예를 들어 '야 임마! 너 왜 이렇게 예뻐?' 하면 '지금 몇 시예여' 하고 받아쳐야 하는데 여기서 '나 원래 예뻐' 이런 식으로 하면 탈락하게 된다.

CLICK POINT

▶ 앞에 나온 두 사람은 서로 마주보고 해야한다.

▶ 두 사람이 마주보고 앉아서 팔씨름하듯 서로 손을 맞잡고 진행하면 더욱 재미있는 게임이 될 수 있다.

161 시장보기

※ 각 팀에 한명씩을 선출하여 다음과 같은 물건을 빨리 가져오면 이기는 게임이다.

① 3,330원 가져오기

② 신문기자와 편집장 주민등록증(학생증) 빨리 가져오기

③ 구멍난 양말 한컬레 가져오기

④ 만원짜리 지폐 5장 가져오기

⑤ 엉덩이가 가장 큰 사람 모셔오기

CLICK POINT

▶ 이 게임은 지도자의 재치가 필요하다.

▶ 지도자가 재빨리 웃음을 유발할 수 있는 기발한 물건을 가져오라고 한다면 참가자들은 즐거워할 것이다.

162　떡 먹고 휘파람 불기

준비물 : 탁자, 찹쌀떡

① 2개 팀으로 나누어 정렬한다.

② 각 팀의 전원이 1번부터 시작하여 끝 사람까지 번호를 지정한다.

③ 양 팀의 중간 지점에 탁자를 놓고 그 위에 찹쌀 떡을 놓는다.

④ 리더가 '7번!'하고 외치면 각 팀의 7번은 빨리 탁자로 뛰어간다.

⑤ 뛰어간 사람은 탁자 위의 찹쌀떡을 먹고 휘파람을 먼저 불면 이긴다.

CLICK POINT

▶ 찹쌀떡을 먹을 때 양손은 뒷짐을 진다.

▶ 휘파람을 부는 대신에 지정곡 노래(동요, 유행가)를 부르게 한다.

▶ 크기가 큰 비스켓이나 빵종류를 사용해도 좋다.

163　만보기 테크노

① 만보기를 주어서 같은 시간동안 흥거운 음악에 맞추어 춤을 추면서 흔들어서 종료 후 더 많은 숫자가 나오는 팀이 이기는 게임이다.

CLICK POINT

▶ 지도자가 만보기를 주면서 머리, 허리, 다리 등 참가자들이 원하는 곳에 만보기를 부착할 수 있도록 하고 각 부위를 어떻게 흔드는지 그 모습이 보는 사람으로 하여금 즐겁게 한다.

▶ 머리만 해서 대결을 한다든지 다리만 한다든지 해서 게임을 여러 방향으로 이끌 수 있다.

164   젓가락 끼우고 노래부르기

① 2사람씩 마주보고 앉는다.

② 2사람 모두 코와 입 사이에 젓가락을 끼우고 이것이 떨어지지 않게 윗입술을 치켜올린다.

③ 시작 신호와 함께 젓가락을 떨어뜨리지 않고 지정곡 노래를 부른다.

④ 웃음을 참지 못하거나 젓가락을 떨어뜨리면 지는 게임이다.

⑤ 젓가락 대신 명함으로 진행할 경우 윗입술에 명함을 끼우고 진행한 다음 2회전으로 명함을 아랫입술에 끼우고 진행한다.

CLICK POINT

▶2사람을 마주보게 하고 게임을 진행하면 서로의 우스꽝스런 모습에 게임이 빨리 진행될 수 있다.

165   부부싸움

① 같은 대상으로는 아무리 재미있어도 1번으로 끝낸다.

② 남녀 각 1사람씩 2명을 뽑는다.

③ 시작 신호와 함께 교대로 물건의 이름을 한 가지씩 말하는데 남자는 부부 싸움을 할 때 집어던지는 물건의 이름을, 여자는 친정으로 갈 때 싸 가지고 갈 물건의 이름을 말한다.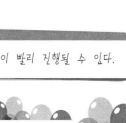

④ 3초 내로 물건의 이름을 말하지 못하면 진다.

CLICK POINT

▶ "부부싸움" 방법으로 진행하되, 같이 가수 이름을 말하면 읊은 곡명을 말하기, 평상시 즐겨 먹는 반찬이름을 교대로 말하기, 나라 이름을 말하면 그 나라의 수도 이름을 말하기, 영화배우 이름을 말하면 그 배우가 출연한 영화 제목을 말하기.

166 궁금한 카드

① 진행자가 퀴즈를 내어 이것을 맞추는
   3사람 정도 앞으로 나오게 하여 1열
   횡대로 세운다.
② 미리 준비된 카드로 뒤에서 관중들에
   게만 보여주고 익살스런 질문을 한다.
③ 돼지
   – 지도자는 대답자에게 '이것을 좋아합니까? 싫어합니까?'라고 묻는다. 또한 다른
     질문으로 '같이 잠을 잡니까? 안잡니까?' 등으로 5가지 정도의 질문을 한다.
   – 이때 대답자는 둘 중에 하나를 선택하여 대답을 해야 하는데 대부분 엉뚱한 대
     답을 하기 때문에 장내에는 폭소가 터지고 만다.
   – 이러한 질문을 관중들도 자유스럽게 하게 하여 함께 즐거운 시간을 갖도록 한다.

167 청소년 가을축제 만세

① 5명 정도 앞으로 나오게 하여 '청소년 가을축제 만세'
   라는 제목을 가지고 글자 순서대로 글자 1자씩 큰소리
   로 내는 게임으로 끝까지 틀리지 않고 읽는 사람이 승
   리하게 된다.
② 모두 잘하면 시간을 측정하여 판정을 한다.
③ 예를 들면 먼저 크게 '청'하고 그 다음은 보통소리로 '소년 가을축제 만세'를 하
   고 다시 보통소리로 '청'하고 '소'는 크게 하고 나머지 '년 가을축제 만세'는 보통
   소리로 한다. 이와 같은 방법으로 끝자인 '세'까지 한다.
④ 천천히 하면 별로 어렵지 않은 게임이나 빨리하려고 하면 발음이 꼬이거나 헷갈
   리게 된다. '○○체육대회 파이팅' 등으로 행사의 주제에 따라 제목을 바꾸어서 활
   용해도 좋다.

168 억울한 검도

① 남녀 1사람씩 앞으로 나오게 하여 눈가리개로 눈을 가린 다음 서로 마주보게 한다(간격 1미터).

② 지도자가 이마, 허리, 목 등 지정하는 소리에 따라 상대방을 쳐야하는데 '이마' 하면 이마를 쳐야한다.

③ 여자는 눈가리개를 벗고 남자 몰래 조용히 남자 등뒤로 가게 한다.

④ 지도자는 각 부위를 말소리로 지정한다. 이렇게 되면 남자는 계속 허공에 치고 여자는 뒤에서 쉽게 칠 수가 있겠다.

169 돼지씨름 Ⅰ

① 엉덩이와 발바닥만을 땅에 붙인 채 서로 마주 앉는다.

② 서로의 왼손은 무릎 밑으로 집어넣고 서로의 오른손은 서로의 상대방의 왼손과 맞잡는다.

③ 1, 2, 3이란 구령에 오른손의 힘과 왼손의 힘을 주어 서로의 오른쪽으로 상대방을 넘어뜨리면 이기는 게임이다.

CLICK POINT

▶돼지 모양의 탈이나, 돼지코를 서로 착용하고 하면 재미있다.

170 돼지씨름 Ⅱ

① 엉덩이와 발바닥만을 붙이고 무릎을 들고 앉는다.

② 자신의 양손을 무릎 밑으로 왼손은 오른발을 잡고 오른손은 왼발목을 잡는다. 꼭 무릎 밑에서 ×자 모양으로 잡아야 한다.

③ 발에서 절대 손을 떼지 않고 발을 들거나 서로 발을 이용하여 상
   대방을 넘어뜨리는 경기이다.

CLICK POINT

▶발을 잡은 손이 떨어지면 실격처리한다. 팀별 5~6명의 단체전도 가능하다.

171 텔레파시

① 지도자는 두 사람씩 등을 대고 앉게 한다.
② 가위 바위 보를 통해 공격과 방어를 정한다.
③ 지도자의 '고개 돌려'라는 구호에 맞추어 자신이 돌리고
   싶은 방향으로 고개를 돌린다.
④ 고개를 돌린 방향이 같으면 공격자와 텔레파시가 통한 것
   이고 반대 방향이면 공격자를 바꾸어 다시 한번 한다.

172 감자깡 새우깡

① 2명이 서로 마주보고 서서 감자깡의 한글자씩을 번갈아
   가면서 주고받는다.
② 속도를 점차로 빠르게 하면 글자가 헷갈려서 엉뚱한 단
   어를 말하게된다.

CLICK POINT

▶감자깡이나 새우깡 말고도 개구리 십장생 등 발음하기 어렵거나 헷갈리는 단어들을 사용해도 재
  미있다.
▶지도자가 재미를 유발하기 위해 참가자들에게 삿대질을 하면서 게임을 진행하게 할 수 있다.

173　얼음 빨리 녹이기

① 얼음을 한사람씩 나눠주고 신체의 어느 부위
　　를 이용하든지 간에 가장 빨리 녹이는 사람
　　이 이기는 게임이다.

CLICK POINT

▶지도자의 재량으로 "겨드랑이만 이용해서 빨리 녹이기", "엉덩이를 이용해서 빨리 녹이기"등을
유도하여 재미있게 진행할 수 있다.

174　고요한 밤 웅변대회

① 한사람씩 나와서 '고요한 밤'노래가사에 한 소절씩을 웅변식으로 크고 웅장하게
　　말한다.
② '고요한밤'이 아닌 '목장길 따라'나, 다
　　른 노래로 해도 무방하다.

CLICK POINT

▶'고요한 밤 거룩한 밤'이라는 노래가사를 가지고 웅변을 하는 것으로 가장 열심히 열변을 토한
사람이 승리하게 되는 것이다.
▶요령은 자유당 시절의 대통령 국회의원 선거 때의 연설하는 것처럼 연설을 하되 연설 중간 중간
에 '에또'라는 말을 사용하게 하고 웅변자가 오른손을 들 때는 박수를 치게 하고 왼손을 들 때
는 함성을 지르게 한다.
▶또한 연설자가 두 팔을 들었을 때는 기립박수와 함께 '옳소'를 하도록 사전에 약속을 한다.
▶다른 노래도 가능(학교 종, 송아지, 작은 별)

175   제식훈련

① 전원이 1줄로 줄을 지어 같은 방향으로
   선다.
② 눈을 가린 후 지도자는 "우향우, 좌향좌,
   뒤로돌아"구령을 여러 차례 붙인다.
③ 그 자리에서 틀리지 않고 정확히 한사람
   은 2회전에 진출하고 틀린 사람은 탈락
   시킨다.

176   명함 돌리기

① 남녀 일렬로 길게 세운 사람들에게 명함 한 장을 주고 입에서 입으로 명함을 전
   달하는 게임이다.
② 전달 도중에 명함이 땅에 떨어지면 처음부터 다시 해야한다.

CLICK POINT

▶지도자가 사람들을 빨리 서두르도록 유도해서 땅에 떨어뜨리거나 실수를 유발하도록 한다.
▶풍선이나 테니스공 등 전달하기 어려운 물건을 가지고 해도 재미있다.
▶코와 윗입술 사이에 명함을 끼우고 전달하는 것으로 응용할 수 있다.

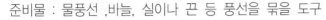

177 풍선 폭탄

준비물 : 물풍선 ,바늘, 실이나 끈 등 풍선을 묶을 도구
① 한사람 머리 위에 물풍선을 고정시켜놓는다.
② 지도자가 하는 질문에 머뭇거리거나 대답을 못할
경우에 풍선이 터져 물폭탄을 맞게된다.

CLICK POINT

▶대답을 못할 경우에 물풍선을 점점 높이거나 해서 긴장감을 유발해 대답하기 곤란한 질문에도
대답할 수밖에 없는 상황을 만든다.

178 허리 묶고 제기차기

① 참가자를 두 팀으로 나누고 각 팀에서 한 명씩 나와 두 사람이 나란히 선다.
② 끈의 양쪽 끝에 각자의 허리를 묶는다. 이때 끈의 길이는 길지 않게 한다.
③ 지도자의 신호가 떨어지면 각자 제기차
기를 시작하는데 서로 허리가 묶여 있으
므로 제기를 차려면 자기 족으로 끈을
끌어 당겨야만 한다.
④ 두 사람 중 제기를 떨어뜨리지 않고 더
오래 차는 사람이 이긴다.

CLICK POINT

▶끈의 길이를 짧게 하거나 느슨하게 하여 변형을 준다.
▶참가자가 어느 정도 게임에 적응이 되면, 지도자는 참가자에게 '양발로 제기차기' 등 방법을 바
꾸어 어설픈 동작을 유발시킨다.

179 엉덩이 밑의 수건 줍기

① 짝을 지어 선 다음 양발을 약간 벌리고 서로 등을 맞대고 선다. 두 사람의 발꿈치와 발꿈치의 간격은 30㎝ 정도로 유지하도록 한다.

② 두 사람의 가랑이 밑부분에 한 장의 수건을 깔아놓고 지도자의 신호에 먼저 수건을 줍는 쪽이 승리한다.

③ 양다리를 움직이지 않고 빨리 수건을 줍는 쪽이 이긴다.

CLICK POINT

▶동전과 같은 잡기 힘든 도구를 이용하여 게임의 재미를 더한다.

▶발이 바닥에서 떨어지면 실격이다.

180 림보교체

① 팀에서 가장 허리가 유연한 사람을 1~2명씩 선발한다.

② 림보대를 사용하여 가장 윗단계부터 실시하여 가장 낮은 단계까지 순서대로 실시를 한다.

③ 림보를 통과할 때에는 허리를 뒤로 숙이고 머리를 옆으로 돌리지 않도록 규칙을 정한다.

CLICK POINT

▶파트너를 안고 통과하는 게임으로 응용이 가능하다.

181　성대모사 인물 스피드 퀴즈

① 두 팀으로 나누어 하는 팀 대항 게임이다.

② 각 팀의 대표가 나와서 스피드 게임을 진행하는데, 오로지 성대모사만을 해야한다.

③ 성대모사 이외의 설명으로 문제를 맞출 경우에는 무효로 한다.

④ 지도자는 "각 부문별 그랑프리를 선발하겠습니다" 라고 말한다. 자신이 해당된다고 생각하는 사람들을 앞으로 나오게 하여 나온 사람들 중에서 최고를 뽑아 상품을 준다.

⑤ 지도자는 메모지에 상품을 써서 주는 것보다 직접 상품을 현장에서 구해 그것을 갖고 진행하면 좋다. 5초 이상 소요되면 실격으로 간주한다.

182　눈감고 짝 찾기

① 5명 이상 사람을 앞으로 나오게 하여 세운 후에 그 중에서 한 사람을 뽑아 나머지 사람의 앞에 세워 놓고 한 사람을 그의 짝으로 정해준다.

② 앞에 나온 사람에게 자기 짝의 특징을 자세하게 살피게 한 다음 눈을 가린다.

③ 눈을 가린 후 참가자들의 위치를 바꿔 놓거나, 옷을 바꿔 입히거나하여 특징을 뒤바꾼 다음 찾기를 실시한다.

183 장님 아이스크림 먹기

① 각 팀에서 두명씩 나와 눈가리개로 눈을 가리고 같은 편끼리 서로 아이스크림을 먹인다.

② 상대편의 얼굴을 만지면 안되며 빨리 먹는 게임으로 판정은 엉뚱하게 얼굴에 아이스크림을 많이 묻힌 팀이 승리를 하게 된다.

CLICK POINT

▶짜장면, 밥, 케익 같은 종류를 사용하는 것도 효과를 볼 수 있다.

184 콩알 옮기기

① 조그만 상자에 콩알을 많이 넣어 놓고 빈 종이컵을 준비한다.

② 상자 안에서 젓가락으로 콩알을 정해진 시간 내에 누가 많이 옮기는지를 내결하는 게임이다.

CLICK POINT

▶젓가락을 잡은 손이외에 다른 한손은 뒷짐을 진다(절대 손을 사용해서는 안 된다).

▶한번 젓가락질에 하나씩 옮기게 한다.

▶쌀이나, 젓가락으로 옮기기 힘든 것을 선택해야 흥미로운 게임을 진행할 수 있다.

▶상자와 빈컵 사이를 넓게 하여 옮기는 작업이 어렵게 되도록 한다.

185 컵 쌓기

① 바닥에 종이컵을 흩어 놓고, 팀에서 2명씩 나온다.
② 제한 시간동안 한 팀은 종이컵을 바로 놓고, 다른 한 팀은 종이컵을 엎어놓는다.
③ 종료했을 때, 종이컵이 세워진 모양이 더 많은 쪽이 이기는 게임이다.

186 얼굴에 붙은 종이 떼어내기

① 지도자가 앞에 나와서 종이에 물을 묻인 종이를 얼굴에 붙이고 손을 사용하지 않고 제한시간 동안 종이를 많이 떼어낸 사람이 이긴다.
② 특별한 멘트나 다른 표현 없이도 재미를 유발하는 게임이다.

187 진주 찾기

① 참가자 두 명을 선정하여 긴 고깔 모자를 얼굴에 쓰고 모자 끝에 있는 작은 구멍으로 세상을 볼 수 있게 한다. 지도자는 주사위나 동전 등 지정된 물건들을 보여준 후 참가자들이 하늘을 보도록 하고 그 물건을 적당한 곳에 놓아둔다.
② 둘 중에서 그 구멍으로 보면서 물건을 찾아 누가 먼저 발로 밟느냐 한다.
③ 물건찾기 → 자기팀 사람 찾기 → 악세사리 찾기
④ 물건을 찾아서 바구니에 넣거나 물건을 여러 개 뿌리고 누가 많이 찾는지로 활용해도 좋다.

188 거울게임

① 2명이 서로 마주보고 서서 가위바위보를 한다.

② 진 사람은 거울이되고 이긴 사람은 하기 어려운 동작이나 재미있는 동작을 취한다.

③ 거울은 자신에 비친 동작을 따라한다.

CLICK POINT

▶이긴 사람은 재미있고 우스꽝스런 동작을 취해야 더 재미있다.

189 콧바람 촛불끄기

① 각 팀에서 가장 코가 큰사람을 한명씩 선발한다.

② 준비한 나무판 위에 초를 10개 정도 꼽은 후에 불을 붙여 놓는다.

③ 한 명씩 10개의 촛불을 빨리 끄는가와 한번의 콧바람으로 몇 개까지 끌 수 있는지를 겨룬다.

190 뽕망치 대결

① 탁자 위에 뽕망치와 헬멧을 놓고 가위 바위 보를 하게 한 뒤 이긴 사람이 지는 사람을 뽕망치로 때리게 하고 진 사람은 헬멧으로 막는 게임으로 순발력을 요하는 게임이다.

② 헬멧대신 라면 냄비를 사용하면 즐거움을 더 할 수 있다.

191 삐에로

① 각 팀에서 활발한 사람 1명씩 선발하여 삐에로 옷을 입힌다.

② 팀 전체에게 풍선을 나누어주고 불게 한다.

③ 지도자의 신호에 팀원이 모두 나와서 삐에로의 옷에 풍선을 집어넣는다.

④ 흥겨운 음악이 시작되면 삐에로가 춤을 추다가 지도자의 신호와 함께 풍선을 빨리 터뜨리면 이기는 게임이다.

CLICK POINT

▶댄스곡과 함께 춤을 추다가 지도자의 신호와 함께 터뜨리도록 한다.

192 이구동성

준비물 : 낱말을 쓴 메모지 5~6장

① 4명을 앞으로 나오게 하여 낱말을 한자씩 알려주고 지도자의 신호 소리와 함께 각자 한자씩 큰 소리로 동시에 말하도록 한다.

② 예를 들어 '미꾸라지'를 한다고 가정하면 4명이 동시에 소리를 외치기 때문에 참가자들은 무슨 소리인지 모른다.

③ 이 게임은 낱말을 맞추는 팀이 승리하게 되는 데, 한번으로 정답을 맞출 수 없으므로 지도자는 여러 번 짧게 말하면 맞추기가 힘들어 재미가 더해진다

CLICK POINT

▶예) 노발대발, 대한민국, 신혼여행, 완행열차, 개똥벌레, 우거지국, 세종대왕, 헐레벌떡, 내발산동, 과수원길, 곰발바닥, 징검다리 등

193 테니스공 옮기기

① 지도자는 참가자들 중 4~7명을 불러낸다.
② 턱과 목사이에 테니스공을 끼우고 빠른 시간 내에 서로의 턱과 목을 이용하여 마지막에 있는 사람까지 전달하는 게임이다.
③ 공이 떨어지면 처음부터 다시 시작한다.

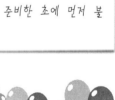

CLICK POINT

▶턱과 목만을 이용하여 전달하려면 몸이 굉장히 밀착되어야 한다.
▶친한 친구들끼리 사용이 가능하며 어색한 사이에는 사용하지 않는 것이 좋다.
▶변형의 형태로 소규모의 그룹에서 서로 성냥을 하나씩 가지고 있고 중앙에 준비한 초에 먼저 불을 붙이는 팀이 승리하도록 한다.

194 무릎줄다리기

① 2미터 정도의 굵은 끈이나 수건을 두 개 이어서 줄다리기 줄을 만든다.
② 둘은 마주보고 선다.
③ 끈을 두 사람 무릎사이에 끼고 줄다리기를 한다.

④ 가운데 선을 기어놓고 사람이 선을 넘어가면 지게되며 줄을 떨어 뜨려도 진다.

CLICK POINT

▶끈이 튼튼해야 오래 진행해도 문제가 없다

▶끈 때문에 무릎에 무리가 가지 않도록 무릎보호대 등을 착용하고 끈을 연결한다.

195 반지보내기

① 준비한 실에 반기를 끼우고, 대표 2명에게 실의 양 끝을 입에 물게 한다.

② 반지를 실의 중에 위치하게 하고 진행자의 신호로 게임을 시작한다. 반지를 상대의 입에 가깝게 한 사람이 승!

CLICK POINT

▶키가 비슷한 사람끼리 게임을 해야 게임이 어렵고 더 재미있다.

4 빙고게임

196 숫자빙고

준비물 : 메모지, 볼펜

① 나눠준 종이에 가로 세로 총 25칸의 정사각형을
그린다.

② 25칸 안에 1~25까지 순서에 관계없이 숫자를 기
입한다.

③ 지도자가 부르는 숫자에 표시를 하고 가로 세로
대각선으로 직선이 정한 개수만큼 나오는 사람이
승리한다.

④ 소그룹의 운영에서는 지도자가 숫자를 계속 부르
지 않고 숫자에 걸린 사람이 불러도 무방하다.

⑤ 두 명 이상이 동시에 빙고를 외쳤을 때에는 "가위
바위 보"를 해서 승부를 가른다.

☟LICK POINT

▶직선이 아닌 X, Y, ㄱ, ㄴ, 블랙, 화이트 등 다른 형태의 모양으로 응용을 한다.

197 성씨빙고

준비물 : 메모지, 볼펜

① 숫자 빙고와 같은 방법으로 진행하되, 25개의 빈칸에 한국인의 성씨를 적고 진행한다. 당첨조건은 숫자빙고 게임과 같다.

B	I	N	G	O
백합	장미	채송화	제비꽃	개나리
수국	나팔꽃	진달래	찔레꽃	라일락
국화	무궁화	동백꽃	목련	나리꽃
아카시아	목단	수선화	편지	유채
철쭉	해바라기	매화	연꽃	호박꽃

CLICK POINT

▶대상에 따라 꽃 이름, 도시 이름, 곤충 이름, 물고기 이름 등으로 변화를 준다.
▶빙고칸은 25칸으로 한정짓지 말고 인원과 모임의 성격에 따라 늘리거나 줄여서 진행할 수 있다.

198 신문지 빙고

준비물 : 신문지

① 참가자 전원에게 신문지 1장씩을 나누어준다.
② 지도자가 부르는 문장을 신문지 속에서 먼저 찾아내는 사람이 당첨!
③ 예) 오늘은 제1회 한마음 단합대회, 이상은 높게! 마음은 넓게! 사랑은 깊게! 등

CLICK POINT

▶신문지가 아니어도 된다. 각종 유인물이나 간행물 등을 이용해도 좋다.

199 지폐빙고

① 각자 자신의 지폐를 1장씩 준비하고 지폐를 1장씩
준비하고 지폐의 고유 번호를 확인한다.
② 지도자는 임의의 한글과 아라비아 숫자를 지정한다.
예) 2자가 3개인 지폐, 1자가 1개도 없는 지폐, 끝
자리 2개의 숫자 합이 15가 넘는 지폐 등이다.
③ 지도자가 임의로 부르는 번호가 5개 이상 맞으면
당첨된다.

200 O×빙고

① 2사람이 1조가 되어 25칸의 빈 빙고판을 준비한다.
② 교대로 한 번씩 빈칸에 표를 하는데, 갑은 'O'표를 하고 을은 '×'표를 한다.
③ 25개의 칸이 모두 채워지면 득점을 계산하여 승패를 가린다.
④ 득점 계산방법은 가로, 세로, 대각선으로 2개
가 이어지면 0점, 3개가 이어지면 2점, 4개
가 이어지면 4점, 5개가 이어지면 6점이다.
⑤ 오목과 같은 방식의 세임으로 사기 표를 늘
어놓을수록 득점이 높아진다.

CLICK POINT

▶상대방의 상황을 잘 보면서, 상대의 것을 막고 나의 것을 늘리는 데에 묘미가 있다.

레크리에이션 프로그램의 실제

제3장

관계개선을 위한 Communication 프로그램

커뮤니케이션이란 용어는 학자들마다 여러 가지 정의를 내리고 있다. 로저스와 킨케이드(Rogers & Kincaid)는 "커뮤니케이션이란 두 참여자가 상호의 이해(mutual understanding)에 도달하기 위해 서로 정보를 창출, 공유하는 과정"이라고 하였다. 커뮤니케이션이란 단어 자체가 포괄적 단어이기 때문에 명확히 규정짓기 어렵지만 이 책에서의 커뮤니케이션 프로그램이란 "참가자 상호간의 교류 및 의사소통을 통해 관계개선을 목적으로 하는 프로그램"이라고 규정하겠다.

제 1장과 제2장에서는 움직이기 힘든 고정 좌석형 프로그램을 다루었지만 여기에서는 주로 활동적이고 자유로운 프로그램이 대부분이다. 프로그램의 목적이 참가자간의 상호관계형성 및 개선에 있다면 스팟과 아이스브레이킹의 단계를 거쳐 커뮤니케이션 프로그램으로 전개해 나가는 것이 좋은 방법일 것이다.

이 장에서는 인사 소개 및 짝짓기와 짝찾기로 이루어진 섞임놀이, 신뢰증진을 위한 게임, 전체가 활동적으로 놀이할 수 있는 집단놀이와 포크댄스, 소집단 상호교류를 위한 원진게임 등을 소개하기로 하겠다.

1 파트너 게임

201 둘이 살짝

둘 이 살 짝 손 잡 고   오 른 쪽 으 로 돌 아 요   둘 이 살 짝 손 잡 고

Fine

왼 쪽 으 로 돌 아 요   내 무 릎 치 고 네 어 깨 치 고 내 손 뼉 치 고

D.C

네 손 뼉 치 고 내 무 릎 치 고 네 어 깨 치 고 내 손 뼉 치 고 네 손 뼉 치 고

대형 : 파트너끼리 마주보고 2열 원형

① 둘이 살짝 손잡고 : 짝의 양손을 잡고 좌우로 흔든다.

② 오른쪽으로 돌아요 : 오른쪽으로 팔짱끼고 돈다.

③ 왼쪽으로 돌아요 : 왼쪽으로 팔짱끼고 돈다.

④ 내 무릎 치고 : 자신의 무릎을 양손으로 3번 친다.

⑤ 네 어깨 치고 : 상대의 어깨를 3번 친다.

⑥ 내 손뼉 치고 : 손뼉 3번 친다.

⑦ 네 손뼉 치고 : 상대 손바닥과 3번 마주친다.

⑧ 왼쪽으로 돌아요 : 마지막에서는 짝을 바꾼다.

CLICK POINT

▶자유 대형으로 할 경우 2명에서 4명, 8명, 16명 등으로 늘려 가면서 팀을 구성할 수 있다.

202 이럴 땐 어쩌나

앞마을에 순이 뒷마을에 용팔이 열일곱 열아홉 처녀 — 총 — 각
아 하 하 — 아 하 나 는 나 는 어 쩌 나 이 럴 땐 이 럴 땐 이 럴 땐 어 쩌 나

빨래 터에 — 서 돌아 오는 길 — 에 두 눈이 마주쳤 네
푸른 저 하늘엔 흰 구 름이 두 둥실 두 둥실 흘러 가 네

산에 산에 산에 들에 들에 들에 즐겨 노래 하 고

산골짜기 시냇물 바람결에 풀잎들 도란도란 속삭이 네 —

D.C

대형 : 파트너끼리 마주보고 자유롭게 선 대형

① 앞마을에 순이(4박) : 파트너와 오른손 악수 4회(안녕하세요)

② 뒷마을에 용팔이(4박) : 파트너와 왼손 악수 4회(반갑습니다)

③ 열일곱 열아홉 처녀총각(8박) : 양손을 X자로 잡은 상태에서 서로 한바퀴씩 돌려준다.

④ 빨래터에서(4박) : 오른쪽 포옹하며 등 두드려 준다.

⑤ 돌아오는 길에(4박) : 왼쪽 포옹하면서 등 두드려 준다.

⑥ 두눈이 마주 쳤네(8박) : 하이파이브하면서 짝을 바꾼다.

CLICK POINT

▶위의 동작을 3회 반복하면서 짝을 바꾸어 순이와 용팔이를 정한다.

▶이후 파트너 게임으로 연결한다.

203 호키 포키

다 같이 오른손을안에넣고 오른손을밖에빼고

오른손을안에넣고 힘껏흔들어손들고 호키포키하며

빙빙돌면서신 나게같이춤추자 ―

대형 : 파트너끼리 마주보고 2열 원형

① 다같이 : 준비동작

② 오른손을 안에 넣고 : 오른손을 안에 넣고 흔든다

③ 오른손을 밖에 빼고, 오른손을 밖으로 빼고 흔든다

④ 힘껏 흔들어 손들고 : 손을 크게 흔들다가 두손을 높이쳐든다

⑤ 호키 포키하며 : 무릎 2번 손뼉 2번 친다.

⑥ 빙글 돌면서 : 파트너와 팔짱끼고 왼쪽으로 4호간 돈다

⑦ 신나게 같이 춤추자 : 파트너와 팔짱끼고 오른쪽으로 4호간, 4호간은 커플 체인
지를 한다.

CLICK POINT

▶오른쪽 왼쪽 번갈아 가며 다음의 순서대로 바꾸어 가며 춤을 춘다(양쪽 손, 양쪽 발, 양쪽 팔꿈
치, 양쪽 엉덩이, 머리, 배, 등).

▶마지막에는 마주보고 같이 춤을 춘다.

▶1~11번까지 짝찾기놀이로 연결해도 재미있다.

204 돌아 돌아

손 뼉 치 고 손 뼉 치 고 짝 짝 짝   손 뼉 치 고 손 뼉 치 고 짝 짝 짝

돌 아 돌 아 돌 아 돌 아 짝 짝 짝   돌 아 돌 아 돌 아 돌 아 짝 짝 짝

① 손뼉치고 손뼉치고 : 자기손뼉 1회, 파트너와 손뼉
1회 반복한다.

② 짝짝짝 : 파트너와 양손 손뼉 3회친다.

③ 돌아 돌아 ~ 짝짝짝 : 오른손 팔짱끼고 왼손을
반짝하면서 돈다

④ 돌아 돌아 ~ 짝짝짝 : 왼손 팔짱끼고 오른손 반
짝하면서 돈다.

CLICK POINT

▶ 앉아서 할 때는 '돌아 돌아' 부분을 실타래 감듯 돈다
▶ 손뼉치고 대신 '인사, 악수, 윙크, 뽀뽀, 춤을 추고 등

205 밀과 보리가 자라네

밀 과 보 리 가 자 라 네 밀 과 보 리 가 자 라 네
농 부 가 - 씨 를 뿌 려 흙 으 로 - 덮 은 후 에
친 구 를 - 기 다 - 려 친 구 를 - 기 다 - 려
랄 라 - 라 랄 라 라 랄 라 랄 - 라 랄 라 라

밀 과 보 리 가 자 라 는 것 은 누 구 든 지 알 지 요
발 고 밟 - 고 손 - 을 털 고 사 방 을 둘 러 보 네
한 사 람 - 만 나 - 오 세 요 나 와 같 이 춤 춰 요
랄 라 랄 - 라 랄 - 라 랄 라 랄 라 랄 라 랄 라 라

① 밀과 보리가 자라네~밀과 보리가 자라는 것은 : 두팔을 아래에서 위로 올리는 동작을 취한다.

② 누구든지 알지요 : 왼손을 허리에 얹어 놓고 오른손은 검지 손가락을 펴서 좌우로 흔든다.

③ 농부가 씨를 뿌려 : 왼손에 씨를 담은 바구니를 들고있는 동작과 동시에 오른손은 그 씨를 집어 땅에 뿌리는 동작을 취한다.

④ 흙으로 덮은 후에 : 두손을 포개서 꼭꼭 누른 모양을 취한다.

⑤ 발고 밟고 : 바닥을 쿵쿵 두두린다.

⑥ 손을 털고 : 두손을 가슴 앞으로 가져가 번갈아 터는 모양을 한다.

⑦ 사방을 둘러보네 : 두손을 머리 위에서 잡고 왼쪽 오른쪽 돌아가며 두리번거리는 동작을 한다.

⑧ 친구를 기다려 : 왼손 검지손가락으로 자신을 가리킨다.

⑨ 한사람만 나오세여 나와 같이 춤춰요 : 눈에 띄는 사람을 지적해서 데려온다.

⑩ 라라랄 : 상대편 사람과 팔장을 끼고 춤을 춘다.

CLICK POINT

▶다시 노래가 시작되면 각자 떨어져서 노래와 동작을 취해 나간다.

▶위의 동작을 따라 노래를 계속해 나가면 마지막에는 모두 자리에서 일어나게 된다.

206 도깨비 나라

이상하고 아름다운 도깨비나라

방망이로 두들기면 무엇이될 — 까

금 나와라 와라 뚝 — 딱 은 나와라 와라 뚝 — 딱

대형 : 1열 원형

① 이상하고 아름다운 도깨비나라 : 전체가 손을 잡고 오른쪽으로 8호간, 왼쪽으로 8호간 가볍게 뛴다.

② 방망이로 두들기면 무엇이 될까 : 둘이 짝지어 오른팔로 팔짱을 끼고 8호간, 왼

팔로 팔짱을 끼고 8호간 돈다.

⑤ 금나와라와라 뚝딱 은나와라와라 뚝딱 : 서로 마주보고 자기 무릎 4번 치고 짝과 마주치기 손뼉을 4번 친다.

CLICK POINT

▶손바닥 치는 것까지 끝나면 짝을 서로 바꾸게 하고 둘이서만 운동하게 하며 새로 만난 사람은 구름 나라에서 만난 사람, 그림 속에 만난 사람, 도깨비 나라에서 만난 사람 등 명칭을 준 후 인사하게 하고 몇 번 계속하다 "○○나라에서 만난 사람 찾아라"하면 재미있다.

207 오른발 왼발

오늘발 왼 - 발 뛰어라   왼 - 발 오른발 뛰어라

돌아서 돌아서 인사하세요   돌아서 돌아서 짝을 잡아라

① 오른발 왼-발 : 오른발과 왼발을 차례로 들었다 놓는다.
② 뛰어라 : 제자리에 두발을 모으고 뛴다.
③ 왼-발 오른발 : 왼발과 오른발을 차례로 들었다 놓는다.
④ 뛰어라 : ②번 동작을 반복한다.
⑤ 돌아서 돌아서 : 시계 방향으로 한 바퀴 돈다.
⑥ 인사하세요 : 양손으로 허리를 짚고 고개를 숙여 인사한다.
⑦ 돌아서 돌아서 : 시계 반대 방향으로 한 바퀴 돈다.
⑧ 짝을 잡아라 : 다른 파트너를 찾아서 양손을 잡는다.

CLICK POINT

▶노래가 끝나면 짝과 마주본 대형에서 서로 왼발을 옆으로(왼쪽)옮겨 다음 짝과 만나는 형식으로 파트너를 교체한다.

208 옆에 옆에

옆에 옆에 옆에 옆으 - 로

옆에 옆에 옆에 옆으 - 로

뒤 로 가 세 요 뒤 로 가 세 요

빨 리 뛰 어 가 인 사 하 세 요

① 옆에 옆에 옆에 옆으로(8박) : 파트너와 양손을 마주 잡고 옆걸음으로 4회 간다.

② 옆에 옆에 옆에 옆으로(8박) : 파트너와 양손을 마주 잡고 반대로 4회간다.

③ 뒤로 가세요 뒤로 가세요(8박) : 뒷걸음치며 파트너와 멀어져 간다.

④ 빨리 뛰어가 인사하세요(8박) : 뛰어가서 파트너와 마주 본 후 인사한다.

CLICK POINT

▶ "인사하세요" 부분에서 가위바위보 게임을 한다.

▶ 눈싸움, 닭싸움, 씨름 등의 게임으로 연결해도 재미있다.

209 떳다 그녀

① 옆사람과 양손을 마주 잡고 오른쪽으로 7걸음 후에 "헤이~"라고 외친다(8박).

② 옆사람과 양손을 마주 잡고 왼쪽으로 7걸음 후에 "헤이~"라고 외친다(8박).

③ 가운데로 모였다 뒤로 물러난다(8박).

④ 가운데로 모여서 박수 3회(8박)

⑤ 이후 지도자는 3, 5, 6 등으로 인원을 늘려가며 팀을 구성한다.

CLICK POINT

▶박수 3회 대신에 가위바위보게임으로 응용해도 재미있다.

　예) 두명 가위바위보 : 진사람은 업고, 이긴사람 업히기(업고 한바퀴 돌아오기)

　　　진사람은 시바, 이긴사람 타잔(치타손잡고 한바퀴 산책)

　　　진사람은 시침, 이긴사람 분침(12시는 시침위에 분침이 된다)

　　세명 가위바위보 : 진사람 두명이 이긴사람 비행기, 가마 태우기.

　　네명 가위바위보 : 진사람 세명이 이긴사람을 태우고 기마전으로 연결.

　　다섯명 가위바위보 : 진사람이 이긴사람 행가래 치기.

　　여섯명 가위바위보 : 삼층석탑 만들기(진사람이 제일 밑에 깔린다)

▶가위바위보를 해서 이긴사람 앞에 진사람 뒤에 기차를 만들어 돌아 다니다가 지도자의 신호에 맞추어 만난 기차와 가위바위보를 계속한다.

▶마지막에는 전체를 1열 원형으로 유도할 수 있다.

210 운 명

음악 : 운명(쿨)

대형 : 2열원형(남자 왼쪽 여자 오른쪽으로 Promenade Position으로 LOD를 향한다)

① 8호 : 남녀 왼발부터 비켜 왼쪽(원심)으로 4보 전진후 오른발부터 비켜 오른쪽(원밖)으로 4보 전진한다.

② 8호 : ①을 다시 한번 반복한다.

③ 8호 : 남자 원 밖으로 여자 원심을 보고 두손을 서로 잡고 LOD로 남자 왼발 여자 오른발로 Heel & Toe(4호)를 2번하고 LOD로 Slide Step을 4번 한다.

④ 8호 : ③을 반 LOD로 남자 오른발 여자 왼발로 동일하게 실시한다.

⑤ 8호 : 짝과 마주보고 서서 오른손끼리 2박자에 3번 치고 왼손끼리 3번 치기, 짝과 양손뼉 3번 치고 자기 무릎 1번 치고 자기박수 1번 친다.

⑥ 8호 : 짝과 Right Elbow Swing

⑦ 8호 : ⑤를 동일하게 반복한다.

⑧ 8호 : ⑥을 동일하게 반복한 후 남자가 LOD로 가서 Changing Partner 한다.

CLICK POINT

▶위의 동작을 반복하며 마지막의 짝을 운명의 파트너로 정한다.

▶노래가 시작되기 전 전주부분에는 파트너끼리 마주보고 박수나 춤을 춘다.

211 랄랄라

음악 : 랄랄라(클론)

대형 : Double Circle Set(2열 원에서 앞사람 마주보기)

① 8호 : Corner와 Do – Sa – Do

② 8호 : Partner와 Do – Sa – Do

③ 8호 : Circle Right(4명이 손을 잡고 왼발부터 오른쪽으로 돈다)

④ 8호 : Circle Right(4명이 손을 잡고 왼발부터 오른쪽으로 돈다)

⑤ 16호 : Ladies Chain(여자들끼리 악수하고 전진하여 남자 앞으로 오면 남자가 여자를 왼쪽으로 돌려서 여자 자리에 오게 한다. 이상을 1번 더 반복하여 여자는 원래 제자리에 온다)

⑥ 8호 : Forward & Back(4보 짝과 전진하며 4보 후퇴한다)

⑦ 8호 : Pass Through(서로 앞사람들과 오른쪽 어깨를 스치고 전진한다)

CLICK POINT

▶위의 동작을 노래가 끝날 때까지 반복한다.

▶음악이 없을 경우 징글벨, 고향의 봄 등의 노래를 부르면서 한다.

212 슬퍼지려 하기 전에

음악 : 슬퍼지려 하기전에(쿨)

대형 : Double Circle Set(2열 원에서 앞사람 마주보기)

① 8호 : 짝과 악수 3번하고 1박자 쉰 후 corner와 악수 3번한다.

② 8호 : 대각선으로 남자끼리

위에서 악수 3번하고 밑에서는 여자끼리 악수 3번 한 후 다같이 박수를 3번 친다.

③ 8호 : 남자들끼리 굴(Arch)을 두 손바닥으로 끼리 대고 만들면 여자들끼리 안쪽
으로 오른쪽 어깨를 스치며 통과하여 자기짝(남자)을 뒤로 돌아서 제자리에 돌아
온다.

④ 8호 : Corner 와 Right Elbow를 한다.

⑤ 8호 : 3)을 여자들이 Arch를 만들고 남자들이 통과한다.

⑥ 8호 : 짝과 Right Elbow를 한다.

⑦ 8호 : Forward & Back

⑧ 8호 : 앞사람(Corner)들과 오른쪽 어깨를 통과하여 새로운 Couple을 만나 처음
부터 반복한다.

213 The Farmer in the dell

The farm—er in the dell, — The farm—er in the dell, —

Heigh—ho,the derry — o, The farm—er in the dell —

① 모두 원형으로 둥글게 모여 술래를 한사란 원 중앙에 나오도록 하고 별명을 농
부아저씨라 한다.

② The Farmer in the dell 하고 다같이 노래를 시작하면 원안에서 자유롭게 뛰
어다니다가 노래가 끝나고 2절이 시작되면 둘러선 사람 중에서 아내가 될 사람
을 한사람 불러낸다.

③ 이제는 2사람이 원안에서 뛰어다니게 되는데 노래 중에 The wife takes a child에서 둘러선 사람 중에 아기가 될 사람을 불러낸다.

④ 노래가 계속되면서 둘러선 사람 중에 보모, 강아지, 고양이, 생쥐, 치즈 등 원안에 많은 사람들이 나오게된다.

⑤ 마지막 가사가 끝나면 치즈의 등을 모두가 두드린다.

⑥ 치즈는 다시 농부가 되어 노래가 새로 시작된다.

⑦ 2절 : The wife takes a child, etc

3절 : The child takes a Nurse, etc

4절 : The Nurse takes a dog, etc

5절 : The dog takes a cat, etc

6절 : The cat takes a rat, etc

7절 : The rat takes a cheese, etc

8절 : The cheese is there alone, etc

CLICK POINT

▶노래가 끝나면 원안에서 움직이는 사람모두가 농부가 되도록 할 수도 있다.

▶게임은 둘러섰던 사람들이 모두 불려 나올 때까지 계속 할 수 있다.

▶모두 움직일 수 있는 대형이 되면 The Farmer in the dell 노래와 게임은 끝나게 되는데 상황에 따라 다른 게임으로 자연스럽게 이어가도록 한다.

214 이름빙고

① 모인 사람의 수대로 낱말이 적힌 작은 쪽지를 하나씩 나누어주면 그 낱말이 자기의 별명이 된다.

② 16절지에 가로 세로 각 5칸씩 줄을 그어 만들어 나누어주면 중앙 칸에 자기 별명을 적어 넣는다.

③ 시작 신호에 따라 돌아다니면서 다른 사람의 별명을 직접 자신의 글씨로 써 넣어 주도록 부탁을 한다.

④ 나머지 25칸을 가로, 세로 구분 없이 다 메꾸도록 한다.

⑤ 빨리 완성한 사람부터 앉게 하고 완성한 것 중에 겹친 것이 없나를 확인하고 난 후 점수를 주어 나간다.

⑥ 별명 대신 이름으로도 할 수 있고, 꽃이름, 강이름, 산 이름 등 여러 가지 종류의 것들로 활용할 수 있다.

CLICK POINT

▶흥거운 음악을 B.G.M으로 사용한다. 예) '하늘색 풍선(g.o.d)'을 음악으로 쓸 경우 8. 4. 2. 1 안마을 한 후, 랩부분(안녕하세요 god입니다)부터 신호와 함께 시작한다.

▶완성이 되면 빙고 게임으로 활용한다.

▶호명된 사람이 간단한 자기 소개를 한후 다음 사람을 호명한다.

215 확인 또 확인

① 지령이 적힌 종이를 참가자 들에게 나누어 준다.

② 빠른 시간내에 돌아다니며 싸인을 받아 오는 사람에게 선물을 준다.

③ 지령 내용(청소년)

　-자신의 이름을 5명에게 큰소리로 소개한 후 확인 받으세요!

　-3명의 신을 벗기고 다시 신긴 후 확인 받으세요!

　-길이가 15cm 이상되는 남의 머리카락을 2개 구해오시오!

　-노래1곡(자유곡)을 춤과 함께 부른 후 확인을 받으세요!

　-앉았다가 일어서기를 10회 실시 후 확인을 받으세요!

　-3명의 다른 사람 등에 업혀 매미소리를 10회 외친 후 확인 받으세요!

　-2명에게 가서 코끼리코 돌기 10회 후 확 인 받으세요!

　-3명을 만나 무릎을 굽힌 채 "나는 당신을 사랑합니다"라고 외친 후 확인 받으세요!

CLICK POINT

▶흥겨운 음악을 B.G.M으로 사용한다. 예를 들어, 상하이 트위스트를 음악으로 쓸 경우 전주와
간주 부분에 신호와 함께 동작을 멈추고 트위스트를 추게 한다.
▶대상에 맞게 지령의 내용을 바꾸어 사용한다.

216 업고 업히고

① 2사람이 1조가 되어 가위 바위 보를 한다.
② 진 사람들은 이긴 사람들을 업고 노래 1곡을 부르며 돌아다
닌다.
③ 노래가 끝나면 이긴 사람들은 업힌 상태에서 다른 업힌 사
람과 만나 가위 바위 보를 한다.
④ 업힌 사람이 이기면 업은 사람도 이기고, 지면 업은 사람도
지는 것이 되어, 이긴 팀 또는 진 팀이 구별된다.
⑤ 진 팀은 이긴 팀원을 업고 또 노래 1곡을 부른다.

217 세계 인사여행

① 남자들은 밖에서 원을 만들고, 여자들은 안에서 원을 만들고 마주 보며 악수를
한다.
② "인디언 보이" 노래를 부르며 1사람씩 오른쪽으로 옮겨가며 악수를 하다가, 노래
가 끝나면 10사람과 지나면서 악수를 하게 된다.
③ 10번째 사람은 세계 여행 중에서 만난 사람이 되어 그 나라의 인사법으로 인사
를 한다.
④ 인사를 한 후 서로 오른쪽으로 돌아서서, 동요 등 노래를 부르면서 가볍게 뛴다.
⑤ 지도자의 "스톱!" 소리에 각자 자기 짝(10번째 사람)을 찾아서 그 자리에 앉는다.

⑥ 가장 늦게 앉는 커플은 탈락된다.

⑦ 계속 반복하면서 여러 나라의 인사를 나누다 보면 서로가 더 친숙해질 수 있다.

⑧ 인사법

 - 한국: 악수를 하면서 "만나서 반갑습니다!"

 - 미국: 어깨를 가볍게 두드리며 "하우 두 유 두?"

 - 중국: 양손 팔꿈치를 잡고 무릎을 살짝 구부리며 "니하우마?"

 - 인도: 양손을 입에 갖다 붙이고 "살라모아(왼손만세)! 살라모아(왼손 붙이고 오른손 만세)! 오! 살라모아(만세)!"

 - 네팔: 양손을 이마에 붙이고, "나마스테!"하면서 양손을 이마 높이에서 앞으로 쭉 내밀어 상대방과 손뼉을 3번 친다.

 - 하와이: 서로 끌어안고 양쪽 볼을 교대로 비벼가며 "알로하! 알로하!"

 - 스페인: 여자가 펄쩍 뛰면서 남자에게 옆으로 안기면, 남자는 여자를 안아 1바퀴를 돌면서 "브아레스디아스!"

 - 이스라엘- "샬롬! 샬롬!"하면서 상대방의 어깨를 주물러 준다.

 - 알래스카- 먼저 남자가 "브덴니!"하고 인사를 하면 여자는 "으으응~!" 하면서 인사를 받는다. 이 때 서로 코를 비비면서 한다.

CLICK POINT

▶인디언보이 노래를 하면서 숫자가 하나씩 올라갈 때마다 정확히 1사람씩 건너가야 한다.

▶몇 번 반복한 후 각국에서 만난 사람을 찾아가 그 나라 고유의 인사법으로 인사하는 놀이로 응용해 본다.

218 버스에서 만난 사람

① 두 줄 원형으로 마주서서 "고향의 봄" 노래에 맞추어 손동작 연습을 한다.

② 자기손뼉, 오른 손뼉, 자기손뼉, 왼 손뼉, 자기손뼉, 양 손뼉 마주 2번, 자기무릎, 이 동작을 한 번에 한 명씩 이동하며 반대쪽으로 행진하여 노래 끝 부분에 8번째에는 오른손 악수 4번, 양손악수 4번 한 후 그 사람을 외워 별명을 붙인 후 나중에 찾아오도록 하는 놀이이다.

③ 전체가 포크댄스처럼 자연스럽게 운영될 수 있도록 시작하기 전 자기자리에 서서 리듬에 맞추어 연습을 충분히 한 후 진행한다.

CLICK POINT

▶ 짝을 바꾸어 가며 새로 만난 짝과 이름, 별명 등을 교환하여 나중에 찾도록 한다.

▶ 같은 노래 같은 춤 등을 약속하여 나중에 노래 불러 짝찾기, 춤추며 짝찾기 등으로 게임을 이어간다.

▶ 사진포즈 짝찾기나, 주변에서 만날 장소를 정해두고 이산가족 찾기 등으로 응용해도 재미있다.

219 몸짓 짝 바꾸기

① 두 명씩 등을 대고 서는데 다른 부분은 대면 안 된다. "짝 바꿔!" 신호에 빨리 다른 사람과 등을 대는데 지도자가 들어가거나 술래가 들어가면 남은 사람은 감점된다.

② 짝 바꿔 마주 웃기, 짝 바꿔 이마대기, 짝 바꿔 노래하기, 짝 바꿔 춤추기 등

집단 성격에 맞추어 여러 가지 동작과 행동을 지시 해주면 좋겠다.

③ 짝을 만나서 동작을 취한 다음 노래를 첨가시켜서 게임의 흥과 리듬을 살려 약간의 속도감을 준다.

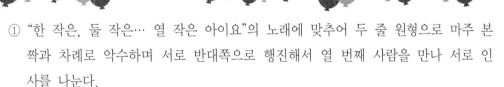

220 열 작은 아이

① "한 작은, 둘 작은… 열 작은 아이요"의 노래에 맞추어 두 줄 원형으로 마주 본 짝과 차례로 악수하며 서로 반대쪽으로 행진해서 열 번째 사람을 만나 서로 인사를 나눈다.

② 이렇게 계속해서 "첫 번째 짝, 두 번째 짝, 세 번째 짝!" 등을 나중에 지도자가 요청하면 빨리 짝 찾기를 한다. 짝을 제일 나중 찾거나 잘못 찾으면 술래가 된다.

③ 제자리에서 박자 익히기 전체 한 칸씩 이동 게임 식으로 운영하면서 대상이 게임에 익숙 해지면 " 몇 번째 만난 사람과 인사하기, 안 아주기, 꼬집기, 엉덩이 대기 등의 다양한 몸 짓을 요구한다.

221　노래 불러 짝 찾기

① 2명에 종이 한 장씩을 주고 어느 노래의 첫 부분을 위쪽에, 끝 부분을 아래쪽에 쓰게 하고 는 둘로 잘라 지도자가 모아서 다시 나눠준다.

② 시작 신호에 따라 종이에 적힌 부분을 불러가 며 짝을 빨리 찾는다.

③ 같은 노래일 때는 종이를 맞추어 보아야 한다.

④ 전체 2인 1조 짝 맞추기에 적합하게 진행하며, 남녀가 만날 수 있거나, 선후배가 만날 수 있도록 구성하여 진행하며, 서로가 찾은 사람은 앞으로 나와 두 줄로 길게 서서 그 순위를 가릴 수 있도록 한다.

222 탐색작전

① 모두는 종이에다 유명 인물이나 자신의 별명 등을 하나씩 적는다.

② 접착 테이프로 자기가 적은 이름을 자기 등에다 붙인다.

③ 이때 주의할 점은 다른 사람에게 절대로 자신의 이름이 보이서는 안 된다.

④ 사회자의 신호가 떨어지면 자신의 이름은 남이 못 보도록 감추면서 다른 사람의 이름을 알아낸다.

⑤ 쪽지를 들고 다니면서 알아낸 이름을 쪽지에 적어 놓는다.

⑥ 제한 시간 내에 이름을 가장 많이 알아낸 사람이 이기게 된다.

⑦ 실내에서 할 경우에는 등을 벽에 대지 않도록 한다.

223 이리 날래 모이시라요

① 자유롭게 지도자의 "시작" 소리에 맞추어 시작한다.

② 지도자는 순서별로 준비한 카드를 네 곳에 붙인다(한 순서가 끝나면 카드를 떼어 내고 다음 순서의 카드를 붙인다).

▷내 성격은?

　－1순서 : 적극적, 소극적, 낙천적, 부정적

　－2순서 : 신중함, 충동적, 모험적, 공상적

-3순서 : 단호함, 융통성, 우유부단함, 합리적

-4순서 : 따뜻하다, 얌전하다, 맑다, 반짝인다.

-5순서 : 내성적, 외향적, 직선적, 양심적

-6순서 : 낭만적, 창조적, 이지적, 무념무상

▷팀에서 난?

-7순서 : 불만분자, 들락날락,

소외, 없어서는 안될 멤버

▷권위 앞에서 난?

-8순서 : 내가 권위, 싸운다, 도

망친다, 받아들인다.

③ 그 순서마다 자신의 카드에 기록한다(목걸이 카드, 혹은 가슴에 부착한다).

④ 참가자는 그 순서마다 자기의 성격과 가장 비슷한 곳을 찾아가 그곳에 모인 사람들과 대화를 한다.

⑤ 순서를 모두 마치면 자신의 성격과 가장 비슷한 성격의 소유자를 찾아가, 서로에 대하여 이야기를 나눈다.

CLICK POINT

▶놀이가 끝나면 자신이 선택한 단어로 나와 우리 팀에 관한 짧은 글짓기를 짓도록 한다.

▶이후 글 쓴 사람 알아 맞추기 게임으로 활용한다.

2 신뢰증진 게임

224 믿고 넘어지세요

① 2인 1로 둘씩 짝을 만든 후에 한 명은 실시자가 되고 한 명은 보조자가 되어 번 갈아 가면서 실시한다. 실시자는 손에 깍지를 낀 상태로 손을 한 번 가슴 쪽으 로 비틀어 가슴 앞에 모은다.

② 보조자는 손가락을 모으고 양손을 가슴 앞에 팔꿈치를 약간 구부리고 위치하고 한쪽 발을 앞으로 어깨 넓이만큼 내밀어 안정된 자세로 실시자를 뒤로 받을 준 비를 한다.

③ 지도자의 구령과 함께 나무토막처럼 뒤로 반듯하게 눕듯이 하여 떨어지고 이 때 실시자는 보조자를 완전히 믿고 실시를 하고 보조자는 책임을 지고 실시자를 받 아 주어야 한다.

④ 실시자와 보조자의 역할을 바꾸면서 계속적으로 반복한다.

⑤ 두 명의 간격을 점점 멀리하면서 실시한다.

⑥ 2인 1조의 체험이 끝난 후에는 5~6명씩 조를 편 성하여 각 조에서 가장 가벼운 사람이 원의 중앙에 들어간다.

⑦ 나머지 사람들은 원안에 있는 사람을 향하여 두 손 을 내민다.

⑧ 원 안에 선 사람은 주변에 둘러서 있는 친구들을 향하여 넘어지는데 이때 무릎과 허리를 구부리면

안 된다.

⑨ 원 주변에 서있는 사람들은 가운데서 넘어지는 친구를 두 손을 이용해 받아서 옆 사람이나 반대편 사람에게 넘기도록 한다.

⑩ 한 사람이 끝났으면 조금 더 무거운 사람으로 바꿔서 계속해본다.

225 등대고 주저앉고 일어나기

① 팀별로 원 바깥을 향해 서서 전체가 팔짱을 낀다. 이 상태에서 각 팀원은 자신의 뒤에 서있는 친구의 등을 밀면서 바닥에 앉아야 한다. 즉 무릎을 꿇으면서 앉거나 쭈그리며 앉아서는 안 된다.

② 엉덩이에서 털썩 소리가 나도록
모든 팀이 앉으면 이번에는 마찬가지의 요령으로, 팔짱을 낀 채로 일어서도록 한다. 짝끼리 잘 협동하느냐 못하느냐에 따라, 또 자신의 뒤에 선 사람을 어떻게 도와주고 도움을 받느냐에 따라 쉽기도 하고 매우 어렵기도 한 작업이다.

③ 다같이 못 일어나는 팀은 기다려주면서 끝까지 해볼 수 있도록 한다.

226 천국여행

① 팀원 중 한사람이 눈을 감거나 눈가리개를 하고 천장을 향해 반듯하게 눕는다.

② 눈을 살짝 감고 천국으로 가는 기분을 낸다.

③ 팀원 전체가 누워있는 사람을 머리 위로 들어올린다. 이때 머리, 어깨, 몸통, 다리 등을 나누어 꽉 잡고 힘을 모아서 누운 사람의 몸이 수평이 되도록 들어올린다.

④ 되도록 높이 들어올린 후 제자리에서 세 바퀴 정도 돈다.

⑤ 천천히 바닥으로 내려놓는다.

⑥ 집단원 전체가 교대로 경험하고 느낀 점을 나눈다.

227 손잡고 일어서

① 두명씩 마주 보고 앉는다.

② 서로의 발을 모으고 양손을 마주 잡는다.

③ 지도자의 구령에 따라 "으쌰" 하면서 동시에 일어난다.

④ 인원수를 점점 늘려나간다(2, 4, 8명 순으로 진행).

⑤ 인원이 많아질수록 다양한 방법을 제시한다.

228 인간 버팀대

① 두 명씩 짝을 지어 앉은 후에 등을 맞대고 바닥에 앉아 서로 팔짱을 낀다. 그 후에 둘이 서로 기대면서 일어나게 한다.

② 이번에는 서로 마주보고 서서 손바닥을 맞대게 한다.

③ 손바닥을 떼지 않은 채 각자 뒤로 발걸음을 옮긴다.

④ 느낌을 나눈다.

229 팽이 돌리기

① 모두 둥글게 모여 선다. 그리고 한사람이 원 안에 서서 팔짱을 끼고 눈을 감고 뒤로 넘어진다.

② 넘어지는 사람을 뒷사람이 받아서 오른쪽
으로 옮긴다.

③ 끝까지 돌렸으면 마지막 받쳐 준 사람이
바로 세워 준다.

④ 차례로 돌아가면서 팽이가 된다.

230 장님과 벙어리

① 소집단원 모두 원형으로 둘러앉아서 조용하고 정숙한 분위기를 조성한다.

② 2인 1조로 편성을 해서 한사람은 장님 역을 맡고 한 사람은 벙어리인 역을 맞는
다.

③ 서로 말없이 주위에 있는 사물을 손
바닥이나 피부로 만져보게 한다.

④ 안내자는 가능한 넓은 범위에서 경
험을 안내한다.

⑤ 10분 후에 출발점으로 돌아와 말
없이 역할을 바꾸어 같은 방법으로
경험한다.

⑥ 출발점인 자기 자리로 돌아와 눈가
리개를 벗고 느낌을 공유한다.

231 인간의자

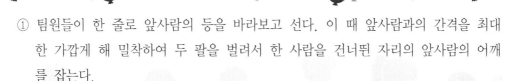

① 팀원들이 한 줄로 앞사람의 등을 바라보고 선다. 이 때 앞사람과의 간격을 최대
한 가깝게 해 밀착하여 두 팔을 벌려서 한 사람을 건너뛴 자리의 앞사람의 어깨
를 잡는다.

② 이제 준비가 되었으면 지도자의 구령에 맞춰서 참가자들은 뒷사람을 자신의

의자라고 생각하고 엉덩이를 뒤로 약간 빼내어 뒷사람의 무릎에 편안하게 앉는다. 맨 뒷자리의 사람만은 허공 중에 엉덩이를 띄워놓은 채로 두 다리에 힘을 딱! 주고 버텨야 하고, 나머지의 모든 팀원들은 정말로 의자에 앉은 것처럼 편안하게 앉을 수 있다.

③ 이번에는 앞 사람을 붙잡고 있던 팔을 들어보고, 또 앞으로 천천히 걸어나가는 연습도 해본다. 이제 자신이 붙었으면 모든 팀이 일직선상에 서서 정해진 피니시 라인까지 의자에 앉은 채로 걸어가기 시합을 해본다.

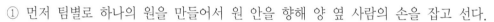

232 반전하기

① 먼저 팀별로 하나의 원을 만들어서 원 안을 향해 양 옆 사람의 손을 잡고 선다.

② 이 상태에서 손을 떼지 않으면서 전체가 원 밖을 보고 서도록 가능한 모든 방법을 동원하여 반전하도록 한다.

③ 한 사람이라도 손을 놓으면 반칙이 되며, 손을 잡은 채로 뒤틀거나, 밑으로 빠져나가거나, 타고 넘거나, 누워서 뒹구는 등등의 온갖 방법을 사용해도 무방하다.

④ 참가자들은 이 놀이에서 십중팔구 서로 뒤엉켜서 우스꽝스러운 모습을 하게 되는데 팀별로 경쟁을 시키면 더욱 흥미로워진다. 어쩌다가 우연히 성공하는 경우가 있는데 이 팀에게 똑 같은 규칙을 지키면서 원래의 형태로 돌아가도록 주문을 하면 또다시 오리무중이 된다.

⑤ 모든 팀이 요령을 알게 되었으면 신속하게 반전을 여러 번 반복하게 한다. 반전하기의 요령은 참가자 중에서 두 사람이 손을 위로 든 사이로 나머지 참가자들이 차례로 빠져나가면 된다.

3 **집단놀이**

233 집단 만들기

① 참가자 전원이 1열로 원을 만들어 서서 양손을 잡는다. 그리고 지도자의 노래 선창과 함께 다같이 노래하며 오른쪽으로 돈다.

② 가능하면 노래의 박자에 맞춰서 오른쪽, 왼쪽, 가운데로, 뒤로 등 지도자의 구령에 따라 몇 발자국씩 움직이며 돈다.

③ 노래하며 도는 도중 리더는 '10사람', '5사람', '남녀 1명씩', '같은 성씨끼리' 등으로 참가자들에게 주문한다. 이때 짝을 만들지 못한 사람은 탈락이다.

④ 이번에는 쫓아내기를 하여 보는데 먼저 팀을 나누어야 한다.

⑤ 예를 들어 전체가 60명이면 리더는 '10명'하면 자연스럽게 각 팀이 만들어지게 된다. 그리하여 자기 팀끼리 손을 잡고 돌 때 지도자가 아래와 같은 코믹한 주문을 하여 본다.

  – 콧구멍이 가장 큰 사람을 쫓아내세요, 가장 잘생긴 사람

  – 얼굴이 가장 시커먼 사람, 가장 뻔뻔하게 생긴 사람

  – 키가 가장 큰 사람, 엉덩이가 가장 큰 사람

  – 코가 예쁜 사람, 입술이 예쁜 사람, 보조개가 있는 사람

⑥ 이때 자기 팀에서 쫓겨난 사람은 자기 팀 외의 다른 팀으로 들어가는데 "나는 콧구멍이 커서 쫓겨났습니다. 그렇지만 저를 사랑해 주시기 바랍니다"를 하며 각 팀에 1명씩 들어간다.

⑦ 그리고 지도자는 마지막으로 '가장 잘생긴 사람'하고 외친다. 그러면 대부분 서로 자동적으로 나가려고 하는데 이런 사람들은 각 팀으로 들어가지 않고 앞의 무대로 나오게 하여 디스코 경연을 시켜보는 것도 재미있다.

234 술래 보태기

① 일정한 울타리를 정하고 모두 흩어져 서면 술래 한 명이 돌아다니다가 한 명을 친다.

② 그러면 그 사람은 술래와 손을 잡고 짝 술래가 되어 둘이서 사람들을 잡게 되는데 술래가 차츰 늘어나서 자꾸 손을 잡고 연결하게 되고 양쪽 끝 사람은 자꾸 사람을 치게 된다.

③ 손들이 끊어졌을 때 잡으면 무효다. 마지막까지 남는 사람에게 시상을 한다.

④ 술래는 손을 놓치지 않게 주의를 주고, 술래가 옆 사람을 칠 때는 남자는 여자, 여자는 남자, 선배는 후배, 후배는 선배의 식으로 만 잡을 수 있게 하여 전체 대형을 만들어 나간다.

235 터널놀이

① 모두 한 줄로 손을 잡은 채 노래를 부르며 오른
  쪽으로 돈다.

② 지도자와 다른 한 사람이 양손을 잡은 굴을 통과
  해가다가 지도자의 호각으로 통과자를 잡아 중앙
  에 세워둔다.

③ 몇 명 더 잡으면 잡힌 사람들이 굴을 몇 개 더
  만들어 통과자를 잡아나가면 마지막에는 굴이 많
  아지고 맨 끝에 잡힌 사람이 상을 준다.

236 다람쥐 잡기

① 다섯 명씩 한 팀이 되어 네 명은 원을 만들고, 한 명은 다람쥐가 되어 원 안에
  서 있고, 밖에는 다람쥐 한 마리와 늑대 한 마리가 있어 늑대가 다람쥐를 잡으
  러 다닌다.

② 다람쥐가 아무 굴에나 들어가면 그 속
  에 있던 다람쥐는 굴속에서 빨리
  나와 돌아다니는 데 늑대는 밖
  에 있는 다람쥐만 잡게되
  며 잡으면 늑대와 다람쥐
  의 역할이 바뀌게 된다.

③ 한번 들어갔던 다람쥐의
  굴에는 연속적으로 들어
  갈 수 없다.

237 가위 바위 보 왕 뽑기

① 가위 바위 보, 양손 가위 바위보, 엄지 잡기 등 어느 방법을 쓰든지 둘이서 즉석에서 승부가 나는 승부법을 한가지 혹은 여러 가지를 섞어가며 마지막 한 명의 왕을 뽑는다.

② 먼저 2명이 승부를 내어 진 사람이 신하가 되어 뒤에 붙고, 행진하다가 신하를 거느린 채 왕끼리 승부를 내고 또 뒤에 달려서 마지막 왕뽑기에 이른다.

③ 기차를 만들어 이어가면서 지도자가 정해준 노래를 부르면서 놀이장의 이곳 저곳을 마음대로 돌아다니다가 지도자가 "그만" 하고 외치면 다른 기차의 왕을 만나서 정해진 승부법으로 승부를 가린 다음에 진 팀은 다시 이긴 기차 뒤에 붙어서 다시 노래를 부르면서 지도자의 신호가 나올 때까지 돌아다닌다.

④ 마지막으로 2팀이 남으면 전체를 원형으로 만들고 2팀의 왕만 가운데로 나와서 승부를 가린다(이때 각 팀의 응원전을 유도하여 분위기를 살린다).

238 터널 통과

① 4명을 제외한 전원이 둥글게 손을 잡고 선다.

② 제외된 4명은 2사람이 1팀이 되어 손을 마주잡고, 팔을 들어 터널을 만든다.

③ 시작 신호와 함께 전원이 손을 잡고 빙글빙글 돌면서 노래를 부르며 터널을 통과한다.

④ 지도자가 "스톱!"하면 터널을 만들고 있던 사람들은 팔을 내려 1사람씩 잡는다.

⑤ 걸린 2사람이 또 터널을 만들고, 3개의
  터널로 계속 진행한다.

⑥ 최후의 1사람이 나올 때까지 계속하고, 챔
  피언에게는 상품을 준다.

⑦ 빙글빙글 도는 방향을 적당한 시점에서
  반대 방향으로 돌린다.

239 대동놀이 Ⅰ

① 전체를 자유 대형 혹은 원형으로 서게 한다.

② "참 만나서 반가워요" 노래를 부르며 율동을 한다.

  –가사 : 참 만나서 반가워요 X 3 / 잘 부탁 드립니다.

  –두 명이 서로 마주보고 노래와 율동을 하면서 계속해서 짝을 바꾸어 간다.

  –일반적인 빠른 박자의 가요를 사용해도 무방하다. 예) 랄랄라(클론), 얼굴 찌푸
   리지 말아요(컬트트리플) 등

  –각국 나라 인사법, 만난 장소를 지정을 해 주고 계속 실시한다(217번 게임 '세
   계인사여행' 참조).

  –5~8회 정도하고 나서 지도자는 어디에서 만난 사람 하면서 지정을 해주고 참
   가자들은 자기 짝을 찾아서 다닌다(이름불러, 별명불러, 노래불러, 춤추며 짝찾
   기, 이산가족 찾기 등으로 응용할 수 있다).

③ 가위바위보 게임으로 연결한다.

  –2명 : 서로 인사하기(상대방 큰소리로 칭찬하기), 발
   밟기 싸움, 춤추기

  –3명 : 가위바위보를 후에 이긴 사람을 두 사람이 가마
   태우기

  –4명 : 땅에 다리가 두 개 남게 하기

  –6명 : 피라미드 만들기

CLICK POINT

▶ 음악을 활용해서 참가자들의 게임이 진행이 될 때 흥겨운 음악과 함께 하면 더욱 더 효과가 크다.

▶ 인원을 늘려가며 손잡고 일어서 등의 게임의 거쳐 팀워게임으로 연결할 수 있다.

240 대동놀이 Ⅱ

① 먼저 각 팀이 형성되어 있으면 처음에 각 팀별로 원만들기를 실시한다.

-빙빙 돌기 : 오른쪽, 왼쪽, 원 안으로, 밖으로(빙빙돌아라 등의 노래를 부르며 하고 반주악기가 없을 경우 떳다 그녀의 전주 부분 음악을 활용해도 좋다)

-과제 해결하기 : 큰 원 작은 원 만들기/조장 높이 들어올리기/무궁화 꽃 만들기/행운의 숫자 7자 만들기(이후 다람쥐 잡기 게임 등으로 연결해도 좋다)

② 각 조별 디스코 : 최신 유행곡과 여러 가지 장르의 곡을 편집하여 함께 실시

③ 기차놀이 : 가위바위보를 통해 이긴 사람은 앞에 진 사람은 뒤에 선다. 지도자의 신호가 있을 때까지 마음대로 돌아다닌다.

④ 가위바위보 왕 뽑기 : 지도자의 신호에 따라 만난 기차끼리 가위바위보를 한다.

-가위바위보는 대표가 할 수도 있고 전체 가위바위보로 해도 좋다.

-기차가 2명에서 4명, 8명, 16명 등으로 늘어난다.

-마지막에는 전체가 한줄 기차가 된다.

⑤ 윤회 악수

-전체가 일열원형이 되면 대표부터 한바퀴 돌면서 악수를 하며 등을 두드려 준다.

-촛불이나 스파클러를 준비하면 더욱 분위기가 좋다.

-윤회악수가 마무리되면 다함께 합창을 하며 마무리를 한다.

4 포크댄스

241 나막신(*Wooden Shoes*)   리투아니아

대형 : Double circle

① 8호 : L.O.D로 7호간 전진 후 8호간 반 L.O.D방향으로
바꾼다.

② 8호 : 반 L.O.D방향으로 ①과 같이 한다.

③ 8호 : 오른손을 마주 잡고 올려 잡고 시계방향으로 돈다.

④ 8호 : 왼손을 마주 올려 잡고 반시계 방향으로 돈다.

⑤ 8호 : (서로 마주 보고 2호간에 음악 듣고, 제자리에서)
Srtamp 3회, 다시 2호간에 음악 듣고 2호간에 손털기 3회 한다.

⑥ 8호 : 오른 팔꿈치를 왼손바닥 위에 올려놓고 손가락질 3회(2호간) 반대로 손가
락질 3회(2호) 후 여자가 Solo, Swing(남자의 뺨을 때리는 것처럼 한바퀴 돌기)
할 때 남자는 빠르게 제자리에 앉았다 선다.

⑦ 16호 : ⑤, ⑥의 동작을 반복하되 역할을 바꿔 남자가 Swing 한다.

⑧ 16호 : LOD 방향(바르소비안느 포지션)으로 12호간 폴카스텝으로 전진 후 마지
막 4호간에 남자가 여자를 Spin turn시키며 한사람 앞으로 나아간다.

⑨ 16호 : 새로운 파트너와 폴카스텝으로 전진한다.

CLICK POINT

▶부부싸움에 빗대어 설명하면 더욱 재미있게 참여시킬 수 있다.
① 신랑입장 ② 신부입장 ③ 십년을 같이 살지요 ④ 싸움도 많이 합니다. ⑤와 ⑥ 부부싸움
⑦과⑧ 이혼과 재혼 -부부싸움은 칼로 물베기란 말로 마무리한다.

242 스와니 강(Progressive Barn Dance) 미국

◆ 1형

대형 : Double circle, Open Pos, Facing LOD

① 8호 : 서로 바깥 발부터 LOD 방향으로 3보씩 전진하고 hop 한 후 같은 요령으로 후퇴하여 제자리에 와 짝과 마주 본다.

② 8호 : ①을 반복한다.

③ 8호 : side step LOD 방향으로 2번, side step 반LOD 방향으로 2번 한다.

④ 8호 : side step 1번씩(4회) 한다.

⑤ 8호 : 남녀 각각 오른손으로 three step turn 해서 박수 1회(왼쪽으로 반복)

⑥ 8호 : 오른손 잡고 오른발 앞에 balance 해서 자리 바꾸며 여자 돌리기

⑦ 8호 : ⑥을 반복해서 원위치

⑧ 8호 : 남녀 오른쪽 팔장 끼고 C.W로 Walking step, partner를 바꾼다.

◆ 2형

대형 : Double circle, Open Pos, Facing LOD

① 8호 : 서로 바깥 발부터 LOD 방향으로 3보씩 전진하고 point 한후 같은 요령으로 후퇴하여 제자리에 와 짝과 마주 본다.

② 8호 : 짝과 헤어져 남자는 원심, 여자는 원외로 3보씩 후퇴하고 point 한 후 남자는 반좌향 앞으로 새 짝에게 다가가 선다.

③ 8호 : 양손을 펴잡고 Step-Close 2번을 LOD와 반LOD쪽으로 각각 실시한다.

④ 8호 : Closed Position이 되어 Two Step Turn을 한다.

243 푸른별장(*Blue Dhateau*)

영국

대형 : Single Circle, Facing In

① 8호 : LOD방향으로 2호간에 한걸음씩 오른발부터 천천히 전진.

② 8호 : 지그재그 Step(오른발 옆으로 Step, 왼발이 오른발 뒤로 Close Step, 오른발 옆으로 Step, 왼발 2호간에 오른발 옆에 붙인다.

③ 48호 : ①, ②를 3번 더 반복

④ 8호 : LOD로 오른발부터 옆으로 Step, 왼발 2호간에 오른발 옆에 붙인다.

⑤ 8호 : ④를 1호간에 1걸음씩 반 LOD로 한다.

⑥ 8호 : ④ 반복

⑦ 8호 : ⑤ 반복

⑧ 16호 : 원심으로 들어갔다 나오기 2번

⑨ 32호 : ①, ②를 2번 반복

⑩ 16호 : LOD로 Side Step 6번 후 제자리와서 1호간 1번씩 발구르기를 2호간 하고 1호간 쉰다.

244 둘만의 세계(*The World for Two*)

영국

대형 : Double circle, Open Position

① 8호 : 남자 왼발, 여자 오른발로 Heel and Toe한 후 같은 발부터 4보 전진한다.

② 8호 : Toe and Heel한 후 남녀 자리를 바꾼다.

③ 8호 : ①의 동작을 반복한다.

④ 8호 : Toe and Heel한 후 에스코트 포지션을 취한다.

⑤ 8호 : LOD로 1보 전진, 1보 후퇴, 2보 전진한다.

⑥ 8호 : ⑤의 동작을 반복한다.

⑦ 8호 : ⑤의 동작을 반복한다.

⑧ 8호 : 남녀 오른쪽 팔짱 끼고 C.W로 walking step, partner를 바꾼다.

245 됭케르크의 종(Chimes of Dunkirk) 벨지움

대형 : Double Circle, Partner Facing

① 4호 : 남녀가 마주 본 채 허리에 손을 얹고(여자는 치마를 잡아도 좋음) STAMP 3번(오른발, 왼발, 오른발)하고 1호간 쉰다.

② 4호 : 손뼉3번 치고 1호간 쉰다.

③ 8호 : 남녀가 서로 손을 펴서 잡고 CW방향으로 WALKING STEP으로 8호간 돈다.

④ 8호 : 남녀가 오른 팔꿈치를 직각으로 맞대어 잡고 CW방향으로 8호간 돌고, 남자는 여자에게로 가서 새 짝과 마주 본다.

246 이별의 왈츠(Good - Night Waltz) 미국

대형 : Single Circle, Facing In

① 4소절 : 남자 왼발, 여자 오른발부터 원심으로 Waltz Balance하고 남자는 제자리에서 Waltz Step하며 Corner를 자기 앞으로 통과 시켜 오른쪽으로 모셔온다.

② 12소절 : ①을 3회 반복하여 4번째 사람과 마주 보고 Closed Position이 된다

③ 4소절 : 원심을 향해 옆 걸음으로 Waltz Balance 1회하고 원 밖으로 waltz Balance 1회하고 원심으로 Waltz Balance 2회 한다.

④ 4소절 : 3)동작을 반대로 한다.

⑤ 4소절 : LOD로 Slide Step 2회, 반대로 Slide Step 2회 한다.

⑥ 4소절 : C.C.W로 짝과 Waltz Turn한다.

247 킨더폴카(*Kinder polka*)

대형 : Single Circle, Partner Facing

① 8호 : 원심으로 안쪽 발부터 step-close 2번하고 제자리에서 안쪽발로 3번 stamp한다.

② 8호 : 원 외로 반대발로 1)의 동작을 계속한다.

③ 16호 : 1)과 2)의 동작을 반복한다.

④ 8호 : 무릎치고 쉬고, 손뼉치고 쉬고, 서로 마주 3번 치고 쉰다.

⑤ 8호 : 4)의 동작을 반복한다.

⑥ 4호 : 왼손은 허리에 놓고 오른발은 heel point하고서 오른손 손가락질 3번하고 쉰다.

⑦ 4호 : 6)과 같은 동작을 반대로 계속한다.

⑧ 8호 : 오른손을 흔들어 앞으로 전진하며 partner와 손뼉을 마주치고 오른쪽 어깨를 스치며 지나 새 partner와 만나 처음 자세를 취한다.

248 코로부쉬카(*Korobushka*) 러시아

대형 : Double Circle, Partner Facing

① 4호 : Running schottishe step으로 남자 왼발, 여자 오른발부터 원밖으로 3보 나간 후 hop한다.

② 4호 : ①의 반대 동작을 반복한다.

③ 4호 : ①과 같은 동작을 반복한다.

④ 8호 : X.Y.O step을 밟는다.

⑤ 8호 : 서로 오른쪽으로 Three Step turn 으로 헤어졌다 다시 제 자리에 온다.

⑥ 8호 : 오른손을 서로 잡고 Balance를 전후로 1번 한 후 자리를 바꾼다.

⑦ 8호 : ⑤의 동작을 하되 헤어졌다가 제자리에서 돌아 새로운 파트너를 만난다.

⑧ 8호 : ⑥의 동작을 반복한다.

249 오클라호마 믹서(Oklahoma Mixer) 미국

대형 : Double Circle, Varsouvienne Position

① 4소절 : 반좌향 앞으로 왼발부터 3보 전진하고 오른발로 왼발 옆에 point 또는 close 한다.

② 4소절 : 우향으로 오른발부터 계속

③ 8소절 : 2호에 1보씩 4보 전진(Drunker step stagger step)

④ 8소절 : 4소절간에 왼발(Heel and Toe)하고 오른손 놓고 4소절간에 남자는 제 자리에서 step, 여자는 남자의 왼쪽 앞을 지나 원 안으로 돌아 들어가 반대방향을 본다.

⑤ 8소절 : 4소절간은 4)를 반대발로 동작하고 마지막 4소절간에 여자는 남자 위쪽으로 제자리에 오고 남자는 앞으로 나아가서 새 짝을 만난다.

250 구스타프 스콜(Gustaf's skoal) 스웨덴

대형 : Squar Dance Formation

① 8호 : Head Couple이 서로 안쪽 손을 잡고 바깥 발부터 3보 Walking Step하며 머리를 깊이 숙여 인사한 다음 뒤로 스텝하여 돌아온다.

② 8호 : Side Couple 이 ①을 반복한다.

③ 16호 : ①, ②을 한번 더 반복한다.

④ 8호 : Side Couple 이 양쪽 팔을 올려 Arch를 만들면 Heal Couple이 서로 손을 잡고 스키핑 스텝으로 아치를 지나 제자리로 온다.

⑤ 8호 : 자신의 파트너와 만나 두손을 크로스하여 잡고 스키핑 스텝을 하며, 시계방향으로 돈다.

⑥ 16호 : Head Coulpe ④번과 ⑤을 반복한다.

5 원진게임

1) 순환형 게임

251   뾰송게임

① 삼육구 게임과 비슷하다.

② 3, 6, 9에서 박수를 치는 게 아니라 go, back, jump를 외친다.

③ go는 원래 가던 방향으로 계속 그대로 게임을 진행하는 것이다.

④ back은 원래의 방향 반대로 게임을 진행하는 것이다. jump는 말 그대로 한 명을 건너 뛰고 게임을 진행하는 것이다.

CLICK POINT

▶ 숫자가 10일 때에는 뾰송을 외치고, 20일 때에는 뾰뾰송, 30일 때에는 뾰뾰뾰송을 외친다.

▶ 발음을 정확히 해야한다. 그래야 다른 사람도 무슨 말인지 정확히 알아듣고 자기 순서에 맞춰서 잘 할 수 있기 때문이다.

252 방구게임

① 우선 주먹을 쥔 후에 검지손가락만 편다.

② 그리고 쉭~쉭~소리를 내면서 코밑을 스쳐 주는 게 기본자세이다. 방향을 왼쪽으로 보내고 싶다면 오른손으로, 왼쪽으로 보내고 싶다면 오른손을 사용해야 한다.

③ 양쪽손을 다 이용하여 옆사람의 시선을 혼란스럽게 한다.

④ 처음 시작하는 사람이 쉭하고 시작을 하면 손가락을 받은 사람 쪽이 오른쪽이든 왼쪽이든 원하는 방향으로 말하면 된다.

⑤ 이때 둘이나 셋이서 계속 왔다갔다하는 경우가 발생하는데 왕복 3번이 넘으면 그 사이의 사람들은 모두 한 단계 내려가게 된다.

CLICK POINT

▶ 한사람이 손가락은 오른쪽으로 향하면서 쉭을 외치는데 얼굴은 왼쪽을 본다면 왼쪽사람이 자기 차례로 오인하기 쉽다. 함정이다.

▶ 틀릴 때마다 한 단계씩 내려가게 되는데 한번 틀리면 뽕, 두 번째 틀리면 뽀봉, 세 번째 틀리면 뽀보봉, 네번째 틀리면 푸지직으로 가게되고 거기서도 틀리면 벌칙을 받는다.

253 연상릴레이

① 두 팀으로 나누어 각 팀의 첫 번째 사람을 불러 어떤 낱말을 하나를 지정해 준다.

② 예를 들면 가장 싫어하는 사람의 이름을 생각하고 그 사람의 별명을 생각한다.

③ 그 사람은 자기팀으로 돌아가 두 번째 사람에게 귓속말로 지정된 낱말을 듣고 연상된 다른 낱말을 해나가 마지막에 거꾸로 발표해 나가도록 한다.

④ 끝에서부터 자기가 말했던 것을 발표하면서 처음사람까지 오는 동안에 각 팀은 지도자가 자기 팀에게 처음 말했던 낱말을 맞추어야한다.

⑤ 다음사람이 쉽게 알 수 있는 단어를 연상해서 전달한다.

CLICK POINT

▶ 낱말을 맞출 수 있는 사람은 끝에서부터 자신이 연상했던 말을 발표한 후의 사람이어야 한다.

▶ 지도자는 사람들의 특성을 잘 파악해서 별명이 있거나 제일 싫어하는 사람이라든가, 호감이 가는 사람의 소지품 등 여러 가지 맞추기 쉬운 것을 제시한다.

254 말 보태기

① 첫째 사람에게 "나는 시장에 가서 사과를 샀습니다. 라고 말하면 그 사람은 나는 시장에 가서 사과와 운동화를 샀습니다."

② 그 다음 사람은? "사과와 운동화와 설탕을" 등으로 자꾸 보태나가는데 빼먹거나 틀리지 않아야 한다.

③ 일대일 대표자로 진행하여도 되며, 소집단 원형 놀이로 진행하여도 된다.

CLICK POINT

▶ 더 보태기 웅변으로 응용해 본다.

▶ 처음 시작하는 사람을 제외한 다른 이 들은 한 문장씩 지어낸다.

▶ 사람이 많을수록 가지각색의 이야기가 만들어지기 때문에 더 재미있다.

255 돌고 도는 신발

① 모두 신발을 벗어서 원 한가운데에 놓는다.

② 지도자가 신호를 보내면 모두 달려가서 아무 신발이나 신고 자기 자리로 돌아온다.

③ 짝이 안 맞아도 상관하지 않고 두 짝을 신고서 자기 자리로 돌아와야 한다.

④ 둥그렇게 서서 옆 사람과 팔짱을 끼고 오른쪽 신발을 벗어서 옆으로 돌린다.

⑤ 신발이 돌 때 자기 신발과 짝이 맞으면 신발을 신고 원안으로 들어가 앉는다.

⑥ 자기신발의 짝이 맞은 사람이 신발을 신기전에 옆 사람들이 신지 못하도록 방해를 하고 자신들의 신발을 찾는 것에도 신경을 쓴다.

CLICK POINT

▶자기의 왼쪽 신발과 맞는 짝을 찾을 때까지 계속한다.

▶가장 늦게 신발을 찾은 사람은 벌칙을 받게 된다.

▶다른 사람들이 신발을 신지 못하도록 방해작전을 피우되 옆 사람과 팔짱낀 것이 풀어지면 벌칙을 받게 된다.

256 지화자 좋다

① 모두다 엄지와 검지 손가락을 사용하여 튕기기를 시작한다.

② 참자자 모두 함께 "삼오십오 오삼십오 지화자 좋다"라고 외친다.

③ "이칠에?"그러면 다음 사람이 박자를 놓치지 말고 "십사"라는 대답을 해야된다.

④ 틀릴경우 예를 들어 "사칠은?"라고 물었는데 "이십사"라고 대답했다면 모두다 "사칠은 이십사 사칠에 이십사 바~보 바~보"라고 외친다. 바보라는 말을 할 땐 양손의 검지만을 펴서 그 사람을 지적하는 모션을 취한다.

⑤ 틀리는 횟수에 따라 두손 튕기기, 일어서서 춤추기, 팔굽혀펴기 등을 하게 한다. 팔굽혀펴기에서도 틀리는 사람에게는 다른 벌칙을 주고 참가자 모두가 처음인 한손 튕기기로 돌아가면 된다.

CLICK POINT

▶ "바보"을 외친후 다시 "삼오십오 오삼십오 지화자 좋다"외치고 다시 틀린 사람부터 시작한다.
▶ 손가락 튕기는 박자를 틀리지 않게 하기 위해서이다.

257 더하기 더하기

① 이 게임은 구구단을 외자와 비슷한 게임이다.
② 예를 들면 한 사람이 "2×3은" 하면 옆에 있는 사람이? "육"이라고 대답한다 그런데 이 게임은 곱하기가 아닌 더하기로 하는 게임이다라는 것을 명시해준다.
③ 처음 시작하는 사람이 그 옆사람에게 질문하는 것인데 "2+3"은 하면 옆에 있는 사람은 더하기를 해서 "5"라고 대답을 하는 것이다.
④ 5+7은 35가 아닌 12이다.
⑤ 옆 사람에게 빠른 속도로 게임을 진행하도록 한다.

CLICK POINT

▶ 구구단을 외자에 많이 길들여져 더하기 더하기를 하면 헷갈려 하는 것이 참 재미있는 게임이다.
▶ 더하기 더하기 외에도 마이너스 마이너스로도 재미있는 게임을 할 수 있다.

258 엎드려!!

① 한팀씩 교대로 놀이에 임하는데 먼저 하는 팀에서 노래가 시작되도록 한다.

② 그틈을 타서 상대팀이 보지 못하도록 동전을 쥐고 옮겨가며 노래를 한다.

③ 옆으로 계속 전달되어 가다가 노래가 끝나면 전원들 모두 두 주먹을 꼭 쥔 채 무릎에 올려놓는다.

④ 상대팀의 대표는 한사람씩 지적해서 손을 펴보게 한다.

⑤ 지적한 사람의 손에서 폭탄(동전)이 나왔을 경우엔 큰소리로 엎드려하고 신호를 한다.

⑥ 대표가 신호하면 참가자 전원이 모두 엎드려야 하고, 지적한 사람은 득점을 하게 된다.

⑦ 몇 번 지적했을 때 폭탄(동전)찾아냈 는지에 따라 점수를 주도록 한다.

⑧ 상대팀에게는 늦게까지 터지지 않았 을 때 점수를 준다.

CLICK POINT

▶상대팀에게 동전이 보이지 않도록 노래로 유인한다.

▶노래를 부르면서 유인할 수 있는 모션을 취하는 것도 게임을 진행하는데 즐거움을 줄 수 있다.

259 너 지금 뭐하니?

① 모두가 한 원으로 둘러앉는다.

② 먼저 한 명이 원 안으로 들어가서 따라하기 쉬운 모션을 해 보인다.

③ 그러면 다른 한 명이 원 안으로 들어가 먼저 들어와 있던 사람에게 "너 뭐하 니?"라고 묻는다.

④ 그러면 먼저 들어간 아이가 무엇을 하고 있는지 말을 하고 질문했던 사람이 그 동작을 흉내내도록 한다.

⑤ 그리고 먼저 들어간 사람은 제자리로 돌아오고 또 다른 한 명이 원 안으로 들어가 "너 뭐하니?"라고 묻는다.

⑥ 재선이가 원 안으로 들어가서 뛰고 있다. 그리고 조금 뒤에 정호가 들어온다.

 – 재선 : 너 지금 뭐하니?
 – 정호 : 나 줄넘기 해. 다이어트에 좋아!

⑦ 재선이는 줄넘기 뛰는 동작을 하고 정호는 제 자리로 들어온다. 이 때 성민이가 들어온다.

 – 성민 : 너 지금 뭐하니?
 – 재선 : 나 딱지치기 해! 잘 넘어가지 않네!

CLICK POINT

▶ 말은 간단히 하되 행동은 확실하게 표현하도록 하고 말을 할 때도 동작은 계속한다.
▶ 이런 방법으로 모두가 한 번씩 들어가서 해볼 때까지 계속한다.
▶ 모션을 하면서 웃으면 벌칙을 당하게 된다.
▶ 말과 함께 모션을 취해야 하고 되도록 똑같이 흉내내야 한다.

260 찹쌀떡 가래떡 떡볶기 찰떡

① 서로 둥글게 마주 보고 앉아 전원이 "찹쌀떡 가래떡 떡볶이 찰떡"하며 리듬을 붙여 시작한다.

② 전원이 찹쌀떡 가래떡 떡볶이 찰떡을 외친다.

③ "찹! 쌀!" 이렇게 한 사람씩 글자를 돌아가며 말한다.

④ 그리고 "떡!"에 해당하는 사람은 "떡!" 대신 박수를 치면 된다.

⑤ 전원이 찹쌀떡 가래떡 떡볶이 찰떡 이라고 제창을 한다.

⑥ 보기엔 쉬울 것 같지만 막상 4개의 떡을 차례대로 외워서 자기차례에 맞는 글자를 말하기란 그리 쉬운 일이 아니다. 글자를 제대로 기억하지 못해 틀린 사람이나 박수를 쳐야 할 부분에서 떡! 이라 외친 사람은 벌칙을 받게된다.

CLICK POINT

▶글자를 제대로 기억하지 못해 틀린 사람이나 박수를 쳐야 할 부분에서 떡! 이라 외친 사람은 벌칙을 받게된다.

▶다시 틀린 사람부터 게임을 계속 진행한다.

▶이 게임은 말로 하는 것이기 때문에 말하는 사람의 발음을 주의해서 귀기울여야한다.

▶몇 번 연습게임을 통해 익숙해지면 속도를 높여서 진행한다.

261 암탉 사세요

① 지도자가 오른쪽에 앉은 1번 사람에게 "암탉 사세요"라고 말하면, 1번은 "네! 그 닭 알 잘 낳습니다"라고 대답해 준다,

② 1번이 2번에 "암탉 사세요"하면 2번이 1번에게 "그 닭 알 잘 낳습니까?"라고 물어보는데, 이때 1번이 곧바로 대답하는 것이 아니라 다시 한번 지도자에게 "그 닭 알 잘 낳습니까?"하고 되물어 지도자가 대답하는 대로 다시 2번에게 말해 준다.

③ 2번이 3번에게 또 "암탉 사세요"하면 3번이 2번에게 "그 닭 알 잘 낳습니까?"하고 묻고 2번은 1번에게 1번은 지도자에게 똑같이 빨리 묻는 것을 되풀이 한 다음, 그 다음에 지도자가 말한 대로 1번은 2번에게, 2번은 3번에게 대답해 준다.

④ 언제나 대답은 지도자만이 할 수 있기 때문에 지도자에게까지 되물어오고 그 답을 전해 주어야 한다.

CLICK POINT

▶두 편을 나누어 어디가 빨리 진행, 전달하는지 경쟁을 시킬 수 있다.

▶처음에는 "네 잘 낳습니다"라는 대답만으로 하고 숙달되면 대답을 바꾼다. 예) 몇 번 말해야 돼?, 안 가르쳐 주지, 안 팔아 등.

▶다음 단계로는 질문을 바꾸어 본다.예) 선보실래요?→예쁜가요?, 돈 많아요?, 나이는요?

262 교통신호

① 어느 한 사람부터 시작하여 오른손을 가슴에 대면서 손끝이 왼쪽을 향하게 교통신호를 하면서 "일"하면 이어서 왼쪽 사람은 같은 동작을 하며 "이"한다.

② 이런 식으로 1부터 7까지 전달하여 1로 돌아와서 다시 시작하는 훈련을 시킨다.

③ 이번에는 왼손을 사용하여 오른쪽으로 신호를 하여 오른쪽으로 돌아간다.

④ 다음에는 7번은 머리위로 신호를 하게 하는데 7번에게는 마음대로 오른쪽이든 왼쪽이든 신호방향을 바꿀 수 있는 권리를 준다.

⑤ 잘되어 나가면 이번에는 4번에게도 신호를 바꿀 수 있는 권한을 주는데 4번은 반드시 가슴 앞에서 왼쪽 혹은 오른쪽으로 신호방향을 바꾸어야 한다.

⑥ "일, 이, 삼… 칠" 대신에 "교통신호 지키자"란 말을 사용하여 호에 해당하는 사람은 턱 아래에서 자에 해당하는 사람은 머리 위에서 교통신호 방향을 바꾸어 나가게 하는 놀이이다.

CLICK POINT

▶되도록 빨리 신호가 잘 전달되도록 하고 틀리면 감점을 하며 그 사람부터 다시 시작한다.

▶숙달되면 틀린 사람에게 고유의 문자를 부여한다. 예를들어, 한 번 틀리면 뽕, 두 번은 뽕뽕..

263 등에 쓴 애국

① 지도자가 맨 끝 사람에게 정해진 낱말을 쓴 쪽지를 보여준다.

② 차례로 앞사람 등에 손가락으로 글씨를 써서 재대로 빨리 끝까지 전해진 편이 이기게 된다.

③ 말은 절대로 못하게 하고 맨 끝 사람은 종이에 전달된 말을 적어 지도 자에게 제출하도록 한다.

④ 전보문의 내용은 재미있는 5자 이내의 글로 시작하여 차츰 의미 있는 낱말로 바꿔가도록 한다.

CLICK POINT

▶너무 천천히 쓰게 되면 게임에서 지게 되므로 정확성과 신속함을 요하는 게임이다.

▶종대로 서서 지도자의 지시에 따라서 한 사람씩 엉덩이로 글씨를 만들어 맨 끝사람에게 전달하는 것으로 응용할 수 있다.

264 퐁

① 원으로 둘러앉은 상태에서 지도 자는 1명을 지적하여 시작하도록 지시한다.

② 지적 받은 사람은 얼굴을 왼쪽이 든 오른쪽이든 돌리면서 "퐁"을 외친다.

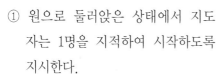

③ 퐁을 받은 사람은 역시 왼쪽이든 오른쪽이든 퐁을 전달할 수 있다. 단, 퐁을 전달한 사람에게 다시 퐁을 전달할 경우 퐁을 1회 덧붙여 준다.

④ 만약, 퐁을 2명이 주고받고 하기를 4번째 할 때에는 "퐁퐁퐁퐁"해야 한다.

⑤ 지도자는 한 곳에서만 계속 하지 않도록 틀리는 중간중간에 안 한 사람들에게 "퐁"을 시작하도록 배려한다.

265 삼행시 짓기

① 지정된 세 글자, 혹은 네 글자를 첫 자로 하여 삼행시 혹은 사행시를 빨리 지어 즉석에서 발표하게 한다.

② 한사람이 한 줄씩 이어가면서 앞의 사람의 말을 받아 글을 지어 발표하기를 하면 더욱 좋겠다.

③ 두 팀으로 나누어 대표가 나와 즉석에서 주고받으면서 4행시 대항전을 교대로 시작해도 된다.

266 세 번 돌고 절하기

① 팀별로 하기에 알맞은 놀이이다.

② 가위바위보로 술래를 정한다.

③ 나머지 사람들은 술래 주위에 손을 잡고 둘러선다.

④ 손을 잡고 빙빙 돌면서 술래에게 "여보시오, 당신은 누구십니까?"하고 묻는다.

⑤ 가운데 선 술래는 "나는 장님입니다"라고 답한다.

⑥ 주위 사람들은 계속 돌면서 또 묻는다. "무엇 때문에 여기까지 오셨습니까?"

⑦ 술래가 답한다. "여러분과 놀고 싶어서 왔어요."

⑧ 그러면 주위 사람들이 술래에게 요구한다. "그러면 세 번 돌고 절을 하세요."

⑨ 술래는 눈을 감은 채 그 자리에서 세 바퀴를 돈다.

⑩ 술래가 세 바퀴를 도는 것과 동시에 주위 사람들도 모두 그 자리에 선다.

⑪ 술래는 선 자리에서 정면을 향하여 절을 한다.

⑫ 절을 받은 사람이 술래가 되고 다시 놀이를 위와 같이 한다.

267 이름붙은 보물

① 손으로 옮길 수 있는 작은 소지품 하나씩을 꺼내어 자기 왼쪽 사람에게만 귓속 말로 "엄마가 준 지갑" 또는 "세계에서 제일 좋은 볼펜" 등 소지품 앞에 수식어 를 붙여 이야기를 해 준다.

② "하나 둘 셋!"하면 일제히 오른쪽 사람에게 소지품을 전달하며 소지품 별명을 외 침과 동시에, 왼쪽 사람 별명을 들어 정확히 기억하여 다음 사람에게 전달해야 한다.

CLICK POINT

▶점점 빠르게 진행하며, 틀린 사람에게는 가운데로 나와서 다른 틀린 사람을 찾을 수 있게 하고 남은 사람이 4명 이하가 되면 남은 사람에게 상을 주고 처음부터 다시 한다.

▶대상이 게임에 익숙해지면 물건에 붙이는 형용사를 하나씩 덧붙여 나간다.

책 → 좋은 책 → 비싸고 좋은 책 등

2) 지적하기 게임

268 붐 치치 게임

① 처음 시작하는 사람이 "빠바라바바밤"이라고 하면서 두 손으로 돌리다가 한 사람을 지적하면 지적당한 사람의 양 옆에 있는 사람들은 지적당한 사람의 머리쪽을 향해 두 손을 뻗어 흔들며 "삐비리비비빔"이라고 한다.

② 그 양 옆 사람들이 "삐비리비리빔"을 하는 순간에 지적당한 사람은 또다시 다른 사람에게 "빠바라바바밤"을 해야 한다. 그럼 그러는 사이에 다른 사람들은 두 손으로 주먹을 쥐고 앉아있는 무릎높이까지 올린 다음 두 손은 왼쪽으로 고개는 오른쪽으로 돌리며 "붐 치치 붐 치치"라고 한다.

③ "빠바라바바밤", "삐비리비비빔", "붐치치 붐치치"의 세 가지가 동시에 이루어져야 한다.

④ 붐치치를 하는 모션은 팔과 고개를 반대로 꺾는다. 그리고 있으면 누구에게 "빠바라바바밤"이 들어오는지 알 겨를이 없는 것이다. 결국 "붐치치"를 열심히 하면서 눈치껏 어디로 "빠바라바바밤"이 들어가는지 잘 살펴야 한다.

⑤ 자신이 "빠바밤"이나 "삐비빔"을 해야 할 때 안 하면 아웃이다. "붐치치"도 방향을 틀리게 하면 아웃이다.

CLICK POINT

▶ 발음에 유의하여 들어야 하며 발음으로 인한 웃음이 자아날 것이다. 혼자서 하는 게임도 괜찮겠지만 2명씩 팀을 이루어 하면 더 재미있다.

▶ 유사한 게임으로는 "디비디비딥, 바니바니"가 있다.

269 I Am Ground 자기소개하기

선전게임(이중모션)

① 한 명씩 지목하는 이 게임을 두 명을 동시에 지목하여 이중으로 게임이 진행되록 한다.

② 처음 시작하는 사람을 꿀돼지라 한다면 우선, 꿀돼지가 "아싸, 꿀돼지", "아싸 너, 너" 이렇게 말하면서 두 명을 동시에 지목한다. 이렇게 지목당한 둘은 또 알아서 각자가 자기 소개를 하고 다른 사람을 지목한다.

③ 처음에 천천히 게임을 해나갈 때는 별로 헷갈리지 않지만, 게임이 속도를 더 해가면 헷갈리면서 발음도 희한해진다.

④ 뽀쏭게임과 마찬가지로 발음을 정확히 해야한다. 물론 부정확한 발음으로 모두들 즐거워질 순 있지만 최대한 노력해서 발음을 정확히 해야한다.

⑤ 이중으로 게임이 진행되다가 우연히 두 사람 모두 같은 사람을 지목할 수도 있다. 이렇게 한 사람으로 다시 중첩되었을 경우에는 이 한사람이 다시 두 사람으로 나누면 된다.

Click Point

▶ 처음부터 이중모션을 선택하지 말고 기본적인 선전게임을 하고 나서 시간이 흐른 뒤 이중모션으로 업그레이드하는 것이 더욱 흥미를 유발하게 할 것이다.

▶ 너무 많은 인원으로 하게 되면 게임에 참여하는 이들보다 구경하는 사람이 많으니 7~9명이 적당하다.

270 아기돼지 새끼발톱에 빨간 매니큐어 빨리 칠하기

① 비교적 인원수에 대한 제한이 없어 5~6명 이상의 인원들도 이 게임을 즐길 수 있다.

② 처음 만나는 사람들간의 친밀감을 높이기 위한 게임이라고 할 수 있으며 먼저 각자 자신의 이름을 소개한 다음 게임을 시작한다.

③ 게임의 시작은 먼저 술래를 정하고 그 술래가 "아기돼지 새끼발톱에 빨간 매니큐어 빨리 칠하기"를 말하고 다른 사람의 이름을 부르기 전까지 양옆에 있는 사람들이 그 말을 다하기 전까지 등을 아주 힘차게 때리면 된다.

예를 들어, 모두가 시작이라고 외치면 술래의 양옆에 있는 사람은 때리기 시작하면 된다. "아기돼지 새끼발톱에 빨간 매니큐어 빨리 칠하기 이○○"라고 하기 전까지 사정없이 때린다.

④ 이름이 불린 사람은 앞에 사람이 한 것처럼 똑같이 "아기돼지 새끼발톱에 빨간 매니큐어 빨리 칠하기"를 외치고 다른 사람의 이름을 부르면 된다.

CLICK POINT

▶ 이 게임은 처음 만나는 사람과의 서먹한 관계를 풀기 위한 게임임을 명심하고 때릴 때 감정을 섞거나 너무 세게 때리는 것은 좋지 않다.

▶ 술래로 된 사람은 발음을 정확히 해서 상대방이 알아들을 수 있도록 해야 하며 다른 사람이 못 들었으면 다시 술래가 되어 다시 발음하고 정확히 얘기해야 한다.

271 손가락 디비디비딥

① 게임을 말 그대로 디비디비딥 게임을 손가락으로 지적하는 게임이다.

② 먼저 게임에 참가하는 사람들은 양손의 검지를 꺼낸다. 그리고 이제 게임 시작이라는 신호를 시작으로 술래가 손가락으로 박자를 맞추며 "디비디비딥"하며 다른 사람의 손가락을 지적한다. 그러면 지적한 손가락 양옆에 있는 손가락으로 "딥딥딥" 박자를 맞춘다.

③ 이 때 손가락의 주인들은 입으로 이 말을 해야한다. 그리고 게임에 틀릴 때마다 틀린 사람은 손가락 하나씩 늘려 나간다. 손가락을 늘려가다가 양손의 손가락이 모두 나오면 그 때는 벌칙을 받는다.

④ 게임이 진행될수록 손가락 수는 많아지고 점점 고난이도의 게임이 진행된다.

CLICK POINT

▶ 자신을 지적할 수도 있다. 그러면 양옆에 있는 사람들은 계속 '딥딥딥'을 해야한다.

272 질문합시다

① 5~6명 정도의 인원이 게임을 진행하는데 적당하다.

② 제일 처음 시작하는 삶을 처음으로 상대방을 바라보며 질문을 던지고 그 상대방을 또 다른 상대방에게 계속 질문을 던지다. 처음에는 천천히 게임을 진행하지만 시간이 지나가면서 속도는 점점 빠르게 진행한다.

③ 질문합시다 게임은 상대방에게 질문하는 것이기 때문에 상대방이 답을 말하도록 유도해야 한다. 그래서 질문은 핵심을 찌르면서, 보다 빠르고 정확하게 던져야 한다.

④ 시간을 끌거나 우물거리는 사람에게 혹은 당혹스런 질문으로 말문이 막힌 사람에게 벌칙을 줄 수 있다.

CLICK POINT

▶ 재미라는 요소보다는 그 사람의 생각을 들어볼 수 있는 시간을 가질 수도 있다.

▶ 잘 모르는 사람들과 쓰면 그 사람을 알 수 있다.

▶ 흔히 말하는 진실 게임과 유사한 게임이다.

273 4박자 게임 (발바닥 게임)

① 동그랗게 앉아서 각자 한 글자로 된 동물이름을 정한다. 4박자에 맞춰서 자신의 동물이름을 부르고 다른 사람의 동물이름을 부르고, 받은 사람이 또 반복한다.

② 1박자 : 무릎 치고, 2박자 : 손뼉 치고, 3박자 : 손바닥이 아래를 향하게 수평으로 내밀며 "소발바닥(자신)", 4박자 : 손바닥이 위로 향하게 수평으로 내밀며 "개발바닥(상대방)", 개발바닥이 받아 계속한다.

CLICK POINT

▶중요한 것은 상대방 이름 부른 다음 받은 사람이 자신의 이름을 할 때 모두다 해주는 것이다.

▶함께 하면 더 재밌고 자칫 재미없을 경우가 있기에 함께 참여하는 게임으로 만드는 것이다.

▶발바닥 대신 "십이지장털"이라는 말을 사용하면 더욱 재미있다(발음조심).

274 바니바니

① "우주에서 바니가 내려와 하는 말"이라고 모션을 하면서 시작을 알린다.

　　－우주에서 : 양 검지를 펴서 하늘에다 하나의 원을 그리며

　　－바니가 내려와 : 양손을 주먹 쥐고 입 앞에다 놓는다. 주먹은 약지와 약지가 닿고 수박을 먹듯이 입 앞에서 손등이 바깥쪽을 향한 채 좌우로 흔든다.

　　－하는 말 : 엄지와 나머지 손가락손가락으로 말하듯이 입 앞에서 닫았다 폈다한다.

② 시작하는 사람이 자신에게 "바니바니"라고 먼저 하고 다른 사람에게 "바니바니"라고 하며 다른 사람을 지적한다. 이 때 모션은 자신에게 먼저 두 번의 손가락 말을 폈다 접었다를 반복하고 지목할 사람에게 향해서 두 번 손가락 말을 한다.

③ 지목당한 사람의 양쪽 사람은 지목당한 사람을 향해 "당근 당근"이라 외치는데 이 때 모션은 자신의 가슴 앞에서 팔뚝이 몸과 평행이 되게 한다. 오른손 왼손 지목당한 사람은 받자마다 다시 자신에게 "바니바니"한 다음 다른 사람을 보고 "바니바니" 넘기면 된다.

④ 디비디비딥과 유사한 게임이지만 조금 다른 것은 "바니바니"가 하늘로 향했을 경우 하늘에다 지적한 사람 이외의 나머지 게임 참석자들은 "당근당근"을 앞을 보고 모션과 함께 외쳐야 한다.

⑤ 꼭 남에게 주지 않아도 하늘에다 지적하고 하면 모든 사람이 다 해야 하기 때문에 쉬는 사람이 없다.

CLICK POINT

▶무엇보다도 스피드를 요하는 게임이다. 당연히 법칙도 있어야겠지만 쉴새없이 이어지는 바니바니에 촉각을 세우고 들어야 하며 자신에게 혹은 자신의 옆 사람에게 혹은 하는 사람이 하늘에다 하는지를 잘 보고 있어야 하기에 지루해 하는 이가 없을 것으로 보인다.

275 2박자 게임

4박자 게임인 I AM GROUND의 변형

① 4박자가 아닌 2박자로 줄여 업그레이드함!!

② 4박자 게임에서는 무릎×1, 박수×1, 모션×2로 4박을 이루지만 이 게임은 무릎×1번 모션×1번으로 이루어진다.

③ 모션의 음성은 한 박자로 끝날 수 있는 의태어나 의성어로 이루어지며 모션 또한 그 음성에 맞게 간단히 한 박자로 끝나야 한다. 예) 콕 : 건지로 코를 찌르듯이 켁 : 손날로 목을 자르듯이, 악 : 머리 아파하는 모션

④ 자신들의 소개를 하고 나서 다른 사람의 모션과 음성을 낸다. 받는 사람이 자신의 모션을 할 때는 다같이 해준다.

⑤ 게임이 진행되면 박자를 놓치는 이들이 생겨 즐거움을 준다. 그러나 이 게임의 묘미는 배가 땅길 때까지 하는 것 박자를 놓치면 다같이 그 놓친 사람의 모션을 하면서 기다려준다. 한 바퀴 돌고 5분 정도 하면 모두가 넘 웃고 체력소모가 커서 못할 때가 종종 있었음

⑥ 한 음절로 된 의성어나 의태어이기 때문에 야한 음성들을 들을 수 있으며 예상치 못한 게임 인원들의 모션을 볼 수 있다.

CLICK POINT

▶ 이 게임은 술래를 만들어서 그에게 벌칙을 주는 데 있지 않다. 서로가 박자가 빠르기 때문에 박자를 놓쳤을 경우에는 그 사람의 모션을 모두 함께 하면서 기다리는 것이다. 그러면 다시 원 기회복해서 다른 사람을 지적하고 이렇게 해서 다시 게임은 계속되는 것이다.

▶ 이 게임에서 지목당한 사람은 자기 모션을 취하고 지목하기 때문에 지목당한 사람이 자신의 모션을 할 때에는 다 같이 해야 더 재미있다.

276 경마게임

① 처음에 모두 함께 "좋아~경마게임"을 외친다. 이때 모션은 말이 달려가는 소리를 흉내내기 위해 자신의 양 무릎을 번갈아 두들긴다.

② 게임이 끝날 때까지 계속하는 기본모션이다. "좋아"라는 말을 할 때에는 더 재미있게 하기 위해서 자신의 앞에 무엇인가를 낚아채듯이 오른손으로 모션을 한다. 그런 다음 그 중 한 사람이 "출전마 소개"라고 외치고 자신부터 "1번 말", 그 다음 사람이 "2번 말, 3번 말…" 이런 식으로 순서대로 자기 번호의 말을 소개한 후 다시 다같이 "좋아~경마게임 시작!!"을 외친 후 게임을 시작하는 것이다.

③ 게임의 룰은 자기가 지적 받으면 자기번호의 말을 말하고 다른 사람의 말번호를 부르는 것이다. 예를 들면, "1번에 5번 말!" 그럼 5번 말인 사람이 "5번에 몇 번 말"과 같은 방식으로 진행한다.

④ 규칙은 자신을 부른 사람은 부를 수 없고 자신의 바로 옆 사람을 불러서도 안 된다.

CLICK POINT

▶ 이 게임의 중요한 점은 참가자들의 목소리이다. 평소의 목소리보다 낮고 굵게 하면서 절대 웃어서는 안 된다.

▶ 도중에 웃거나 박자를 놓친 사람을 벌칙으로 무엇이든지 한가지 심부름을 시킨다.

277 콩주머니 릴레이

① 먼저 지도자가 콩 주머니를 손에 들고서 옛날 이야기를 시작한다.

② 지도자는 잠깐 이야기를 하다가 아무에게나 콩 주머니를 던진다.

③ 콩 주머니를 받은 사람은 계속해서 옛날 이야기를 연결시켜 나간다.

④ 이때 이야기의 흐름이 깨어지지 않게 콩 주머니를 받은 사람은 즉시즉시 이야기를 연결시켜 나가야 한다.

⑤ 지도자는 터무니없이 엉뚱한 이야기를 연결시키는 사람은 탈락시킨다.

⑥ 콩 주머니를 어느 한 사람이 오랫동안 가지고 있지 않도록 주의한다.

⑦ 엉뚱한 이야기를 하는 사람에게 원 중앙으로 나와서 엉덩이에 이름 쓰기 등을 하면 재미있을 것이다.

CLICK POINT

▶ 콩 주머니를 받은 사람이 이야기를 전개해 나가는 게임이다. 사람들의 생각과 재치와 그들만의 아이디어를 발견할 수 있으며 꼭 콩주머니가 아니어도 다른 물품으로 해도 상관없다.

▶ 이 게임은 다소 한사람이 오래 가지지 않도록 지도자는 운용을 잘 해나길 다시 한번 당부하며 한사람이 갖고 있는 시간을 제한해서 하면 좀더 스피드 있는 진행이 될 수 있을 것이다.

278 좋아 게임

① 4박자 게임과 비슷한 양식으로 진행되며, 박자
는 무릎×1 손뼉×1 오른손 왼손을 번갈아 가며
4박자를 맞춘다.

② 시작하는 이가 남자든 여자든 그동안 안 맘에 있
었든 없었든 이성의 이름을 부르며 "○○ 좋아"
라고 외치면 그 이름을 불린 사람은 응답을 하는
것이다. 좋으면 "나도 좋아"라고 외치면 된다.

③ 다음 단계는 계속해서 "우리 사랑?"이라고 물으면 사랑한다면 "나도 사랑"이라고
대답하면 된다.

④ 약혼과 결혼으로 진행되며 결혼이 되었을 때에는 여자가 남자의 오른편에 가서
앉으면 된다. 자연스레 남자 여자 순으로 앉을 수 있으며, 실제로 서로의 맘을
조금이나마 엿볼 수 있기 때문이다.

⑤ 만약 싫다면 좋아는 하지만 사랑은 안 된다. 아니면 약혼은 했어도 결혼에서 싫
다면 싫다고 외치면 된다. 예를 들어 "우리 결혼?" 했다면 "난 싫어"라고 대답한
다. 이 대답이 끝나고 모든 사람들이 같이 "그럼 누구?"라고 외치면 되는 것이
다. 싫다고 말한 사람이 좋은 사람을 다시 처음부터 "누구 좋아!"라고 외치면서
게임은 계속된다.

⑥ 자신의 옆자리가 비면 그 자리의 왼편에 있는 사람이 시작하면 되는 것이다.

⑦ 1부 다처가 가능하다. 결혼한 남자는 좋다는 여자가 있으면 그 사람과 결혼까지
가게되면 먼저 앉아 있던 원 부인의 반대편(남자의 왼편)에 앉으면 된다.

CLICK POINT

▶이 게임은 자동적으로 남녀의 자리바꿈을 할 수 있는 게임이다. 한 사람에게 치우치는 경향이
있을 때에는 지도자가 다른 이들을 시켜 환기를 시켜줘야 한다.

▶1부 다처제는 지도자가 근절해야 한다.

▶여성들이 남성중심이라고 말할 수 있기에 사회자의 요령으로 남성을 이동시킬 수 있다.

279 밍, 맹, 몽 게임

① 모두들 둘러앉은 후에 처음 시작하는 사람이 손가락으로 아무나 지목하며 "밍"이라고 한다.

② 밍으로 지목 당한 사람은 가만히 있고, 말한 사람의 옆 사람이 또 다른 사람을 지목하며 "맹"이라고 말한다.

③ 맹으로 지목 당한 사람 역시 가만히 있고, 말한 사람의 다음 옆 사람이 다른 사람을 "몽"이라고 말하며 지목한다.

④ 여기서 몽으로 지목 당한 사람은 다른 사람을 지목하며 "밍"이라고 말해야 한다.

⑤ 다음 옆 사람이 "맹"으로 다른 사람을 지목한다.

⑥ 밍과 맹으로 지목된 사람은 가만히 있어야 하고, 몽으로 지목된 사람만이 "밍"으로 지목할 수 있다.

280 UFO

① 007빵 게임을 변형한 게임으로 처음 게임을 시작할 때, 다 같이 노래하길, "하늘에서 UFO가 떨어졌어요"라고 하면서, "빰빰빰빰"이라는 음을 넣어준다.

② 경쾌한 음으로 해주고, 2번 반복하는데, 1번씩 끝날 때마다 "아!"라고 외치며 고개를 뒤로 젖혀준다.

③ 007빵과 똑같이 하는데, 술래가 한 사람을 가리키며 "디비디비딥"이라고 하면 가리킨 양 옆 사람은 "으악"대신에, 작은

북 치는 소리를 낸다.

④ "딴따따딴따" 여기에 추가적으로 들어가는 것이 아무 것도 하지 아니하는 사람의 행동인데, 이 사람들은 저음으로 "뚱뚜뚜뚱뚜"라고 큰 북 소리를 내어준다.

281 놀부심보

대형 : 원형을 중심으로 보고 앉기

① 지도자가 한사람 앞에 서서 "오늘 기분 어떠세요?"하고 묻는다.

② "좋습니다"하면 그 사람이 여자일 경우 "언니~잉" 남자일 경우 "오 ~빠" 하고 말한 뒤 다른 사람에 게 다시 묻는다.

③ "오늘기분 어떠세요?"라고 질문했 을 때 "나쁩니다"라고 하면 "그럼 어떻게 했으면 좋겠어요?"라고 질 문한다. 이 때 "○○○씨가 코끼 리코 하고 제자리를 열 번 돌고

술래를 했으면 좋겠어요"와 같이 한 사람을 지목하여 동작을 지시하는 말을 한 다.

④ 지목당한 사람은 지시동작을 한 후에 술래가 된다. 술래는 다른 참가자 앞에 가 서 "오늘 기분 어떠세요?"하고 다시 질문을 시작한다.

CLICK POINT

▶답은 "좋습니다"와 "나쁩니다" 둘 중에서만 선택할 수 있다.

▶반드시 두 번째 대답 뒤엔 누군가를 선택해서 간단하면서도 재미있는 동작을 시키고, 동작을 한 사람은 술래가 된다.

▶"좋습니다"라는 대답은 두 번 이상 할 수 없다.

3) 공간선점 게임

282 당신의 이웃을 사랑합니까?

인원 : 수가 많을수록 좋으며, 최소 20명 이상

① 이 게임은 팀별도 아닌 단체로 참가자 전원이 함께 할 수 있어서 다같이 화목한 분위기를 이룰 수 있다. 먼저 많은 사람들이 서로 밀착해서 술래를 제외한 모두가 동그란 원을 만들어 앉는다.

② 술래는 원안을 돌며 아무에게나 "당신은 당신의 이웃을 사랑합니까?"라고 묻는다. 참가자들은 "예" 또는 "아니오"로 답할 수 있다. 만약 "아니오"라고 답하면 또 다른 참가자에게 똑같이 묻는다. 이러는 중에 만약 "예"라고 답하는 참가자가 있으면 "그럼 당신이 사랑하는 이웃은 어떤 사람입니까?"라고 묻는다. 참가자는 임의의 한 사람을 말한다.

③ 예를 들어, "체크무늬 옷을 입은 사람이요"라고 하면 참가자들 중에 체크무늬 옷을 입은 사람은 모두 일어나 자리를 바꾸어야 한다. 물론 이렇게 말한 참가자도 이동해야 한다.

④ 만약 체크무늬 옷을 입은 사람이 3명이면 술래에게 답을 해준 사람까지 총 4명이 자리를 이동해야 한다. 4명이 일어나 비워진 4자리 중 한 자리에 술래가 앉는다. 그럼 남은 자리는 3자리이지만 앉아야할 사람은 4명이니까, 당연히 자리 쟁탈전이 일어나게 된다. 단, 술래와 3명 이외의 참가자는 자리를 굳게 지키고 있어야 원이 흐트러지지 않는다. 이 때부터 게임은 빠르게 진행이 된다. 어떻게 어디로 이동하나 눈치도 살피고, 몸싸움에 넘어지기도 하고, 엉덩이로 세게 밀기도 하고, 서로 앉지 못 하도록 하다보면 정말 한바탕 아수라장이 된다.

⑤ 결국 마지막에 남게 된 사람이 새로운 술래가 되어 벌칙을 받은 뒤 다시 게임을 이어나간다.

CLICK POINT

▶ "어떤 이웃을 사랑합니다"라는 대답에서 어떤 사람을 대답하느냐가 이 게임의 흥미 여부를 결정하므로, 대답은 되도록 많은 사람이 이동할 수 있도록 유도한다. 전체의1/3 이상은 이동하고 움직여야 더욱 활기차고 박진감이 넘치기 때문이다. 예) 머리를 묶은 여자, 안경을 낀 사람, 손목시계를 착용하지 않은 사람 등

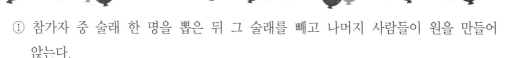

283 이웃사랑 게임

① 참가자 중 술래 한 명을 뽑은 뒤 그 술래를 빼고 나머지 사람들이 원을 만들어 앉는다.

② 술래는 그 원 안으로 들어가서 그 사람들 중 한 명의 앞으로 가서 손을 잡는 등 애정행위(?)를 보이며 그 사람이 좋다고 고백을 한다. 예) ○○아! 난 너의 그 잠오는 듯한 눈에 폭 빠져버릴 것 같아.

③ 고백을 받은 사람이 고백을 받아들였을 경우와 받아들이지 않았을 경우에 따라 게임 진행 방식이 달라진다.

- 고백을 받아 들였을 경우 : "그래 나도 네가 좋아" 등의 표현을 써서 고백을 받아들인다면, 고백을 받아들인 사람의 양 옆쪽에 앉은 사람은 서로 자리를 바꿔야한다. 물론 술래 또한 그 두 자리 중 한 곳에 들어가야 하기 때문에 결국 세 사람이 두 자리를 가지고 싸워야 하는 것이다. 여기서 자리를 차지하지 못하는 사람이 술래기 된디.

- 고백을 받아들이지 않았을 경우 : "미안해. 나는 너 같은 앤 싫어" 이렇게 고백을 거절한 뒤에 "나는 너보다 안경 쓴 사람이 좋아"라고 조건을 붙이면 그 게임에 참가한 안경을 쓴 모든 사람

들이 일어나서 서로 자리를 바꿔야한다. 여기서도 물론 술래도 같이 그 자리 중 아무 곳에나 빨리 앉아야한다. 당연히 여기서 거절하는 방식이나 붙일 수 있는 조건은 무궁무진하다. 단, "눈이 큰 사람"이라던가 "못생긴 사람" 등 너무 주관적인 조건은 제외하는 것이 좋다.

④ 이 게임에서는 걸린 사람이 술래가 되기 때문에 특별한 벌칙이 필요하지 않다.

CLICK POINT

▶ 술래를 많이 놀리고 싶거든 노골적인 방법으로 고백을 거절해도 아주 재미있다.

▶ 고백이라고 해서 항상 그 사람의 장점만 말하는 것이 아니다. 그 사람의 단점 또한 고백의 이유가 될 수 있다.

▶ "미안해, 나는 너 같은 앤 싫어" 이렇게 고백을 거절한 뒤에 보이지 않는 신체부위의 특징을 얘기하면 더욱더 즐거움과 흥미를 유도할 수 있다. 예) 참외 배꼽의 사람이 좋아! 근육질이 좋아! 다리에 털이 많은 사람이 좋아! 성형수술한 사람이 좋아! 등

284 칭찬합시다

① 이 게임은 사람들이 많아야 가능한 게임으로 서로 칭찬함으로써 친목을 다지거나, 낯선 사람들끼리 모여 있는 곳에서 친숙하게 하기 위한 게임으로 그렇게 과격한 벌칙이나 행동들이 많지 않다. 칭찬의 방법에는 네 가지가 있다.

- 첫 번째는, 짝의 머리를 쓰다듬으며 "너 참 예쁘구나~"라고 말한다.
- 두 번째는, 짝의 어깨를 토닥거리며 "너 너무 착하구나~"라고 말한다.
- 세 번째는, 서로 가볍게 포옹을 하며 "사랑해~"라고 말한다.

- 네 번째는, 서로의 엉덩이를 치며 "잘 태어났어~"라고 말한다.

② 사람들을 두 팀으로 나눈 다음에(최대한 아는 사람끼리 뭉쳐서 팀을 만든다) 한 팀은

바깥원을 만들고 나머지 한 팀은 안쪽 원을 만든다.

③ 안쪽 원과 바깥쪽 원 사람들이 마주보고 선 후 마주 본 두 사람이 손가락을 두 개까지 펼 수 있는데, 한 개나 두 개, 아니면 펴지 않을 수도 있다. 그러므로 두 사람 사이에서 나올 수 있는 최대한의 손가락 개수는 4이고 최소한의 손가락 개수는 0이다.

④ 만일, 두 사람이 내놓은 손가락의 합이 4이면 네 번째 칭찬을 하는 것이고 2이면 두 번째 칭찬을 하는 것이다.

CLICK POINT

▶이 게임은 지도자가 있어야 한다. 지도자가 "하나 둘 셋~ 펴세요~!" 하는 소리와 함께 손가락을 편다.

▶시간이 어느 정도 흐르면 바깥쪽 원을 오른쪽으로 움직여 짝을 바꾸게 해서 서로 안면을 익힐 수 있게 도와줘야 한다.

285 세종대왕 게임

준비물 : 생수, 음료수, 술

① 이 게임은 넓지 않은 장소에서 7~8명의 사람이 하면 좋은 게임이다.

② 일단, 물이나 음료수 또는 술을 놓고(지나친 음주는 건강에 해롭습니다) 시작을 하는데 세종대왕께서 한글을 창조하셨다는 것을 새기며 게임 시작과 함께 영어 등의 외래어를 사용해서는 안 된다. 예를 들어 "원샷, 브라보" 등의 말을 사용해서는 안 되는 것이다.

③ 또 게임 도중 손가락으로 상대를 지목해서도 안 된다. 예를 들어 어떤 사람이 ""원샷"해서 걸렸는

데 다른 사람이 손가락으로 그 사람을 가리키게 되면 그 사람 역시 벌칙을 받게 되는 것이다.

④ 다른 사람에게 "마셔"라는 말을 해서도 안 된다. 역시 어떤 사람이 걸렸는데, 그 사람을 보고 "걸렸으니까 너 마셔"라고 말하면 그 사람 역시 "마셔"라는 말을 했기 때문에 벌칙을 받게 되는 것이다.

⑤ 이 게임은 얼핏 보기에 매우 단순해 보이지만 외래어도 신경을 써야 하고, 자신의 행동(손가락 짓), 그리고 술자리 등에서 나오기 쉬운 "마셔"라는 말에도 신경써야 하는 매우 흥미진진한 게임이다.

CLICK POINT

▶이 게임을 더욱 즐겁게 할 수 있는 방법은 사람들이 말할 때 말수에 제한을 두면 더욱 재미있게 할 수 있다. 예를 들어 말수를 제한하면 무슨 말을 하든지 4글자로만 말을 해야 한다. "너 벌칙야", "너 대단해"이런 식으로 무슨 말을 하든지 말수에 신경을 써야되는 것이다.
▶시간제한을 두면 보다더 스피드 있게 진행 할 수 있다.

286 왕대포 게임

① 지름 30cm 정도의 원 안에 술래가 두 손으로 발목을 짚고 다리를 편 채 엎드린다(술래는 1명).

② 술래를 제외한 나머지는 순서를 정하여 "왕, 대, 포"하면서 차례로 넘는다.

- "왕"하면서 술래의 등을 짚으며 넘는다.
- "대"하면서 술래와 엉덩이를 맞댈 수 있도록 한 번에 이동한다.
- "포" 하면서 엉덩이로 술래 엉덩이를 민다.

③ 이 때 술래가 엉덩이를 맞고 원 밖으로 나가면 다시 술래가 되어 엎드리고 안 나갈 경우 엉덩이를 친 사람이 술래가 되어 다시 시작한다.

④ 왕대포를 모두 성공하여 술래가 바뀌지 않으면 다양한 주문을 하며 논다. 이 때
1등이 선택을 하고 넘으면 나머지는 모두 따라야 한다.

CLICK POINT

▶술래의 등을 넘고서 바로 자리를 지켜야 한다. 이 때 자리를 잡지 못하고 움직이면 아웃된다.

287 김치 담그기 게임

① 두 팀 혹은 세 팀으로 나누어 차례로 번호를 붙여주고 전부 가운데로 모여 앉는
다. 가운데에 의자 하나를 놓고 의자가 고정되도록 한 사람이 앉아 있게 한다.

② 모든 팀의 1번부터 차례로 같은 별명을 붙여 준다. 1번이 배추, 2번을 무, 3번
은 고추, 4번은 소금, 5번은 새우젓 등으로 김치를 만드는 재료의 이름을 준다.

③ 지도자가 "무"하면 각 팀의 무들은 빨리 일어나 가운데 의자를 시계방향으로 돌
고 자기 자리에 돌아와 앉는다. 각 팀마다
심판이 한 명씩 배치되어 제일 먼저 돌아온
팀은 1점, 제일 늦게 돌아온 팀은 감점 1점
을 한다.

④ 계속 불러 나가다가 이번에는 "김장, 김장"
하고 외치면서 한바퀴 돌아앉는다. 이 때 점
수는 3점이 된다.

⑤ 흥이 나면 이번에는 진행자가 말하는 내용
중에 그 낱말이 나오면 빨리 돌고 오게 하
고 채점자는 바쁘게 점수로 기록해 나간다.

CLICK POINT

▶재료의 종류는 고루고루 나올 수 있도록 한다.
▶김치 담그기 외에 여러 가지 음식을 넣을 수 있는 음식이나 기타 다른 것을 이용해도 된다(볶음
밥, 김밥 등).

288 과일광주리

① 여러 팀으로 나누어 둘러앉은 채로 1~6번까지 차례로 번호를 붙인다.

② 1번부터 차례로 여러 가지 과일이름을 붙여준다. 예를 들면 사과, 배, 감, 포도, 수박, 귤 등을 번호 순서대로 붙여준다.

③ 지도자가 가운데에 서 있다가 수박이라고 소리치면 6번인 사람들은 모두 일어나 서로 자리를 바꾼다. 이때 진행자가 빈자리를 찾아 빨리 앉으면 한사람이 남게 되는데, 이번에는 그 사람이 술래가 되어 다른 과일 이름을 부르게 한다.

④ 지도자가 자기가 앉았던 자리를 빼고 술래를 세워 둔 채 연설을 시작한다. 예를 들면 "나는 과일을 좋아한답니다. 그 중에서도 특히 사과를 무척 좋아합니다. 그러나 겨울철이 되면 귤을 더 좋아한답니다"와 같이 연설 중에 자기가 받은 과일 이름이 나오면 빨리 자리를 바꾸어야 한다.

⑤ 또, 과일이 아니더라도 여러 가지 이름을 붙여 재미있게 진행할 수 있다.

⑥ 맨 마지막에 놀이를 진행하다가 "과일광주리"라고 외치면 모두 함께 자리를 바꾸어 앉는다.

CLICK POINT

▶이 게임은 지도자가 옛날 이야기를 하면서 중간에 가끔씩 과일 이름을 호명하면서 진행하는 것이 더 재미있다. 또한 이 게임은 처음 만난 남녀가 끼리끼리 앉아 있을 때 사용하면 효과적이다.

289 옆 사람을 피해라(수건돌리기)

① 모든 사람들이 원대형으로 원 안쪽을 바라보며 둘러앉는다.

② 오른손을 뒤로 내밀어 종이 방망이나 수건을 받을 준비를 하고 다같이 신나는 노래를 부른다.

③ 술래 1명을 정하여 그에게 종이 방망이나 수건을 1개 준다. 시작되면 술래는 시계방향으로 슬금슬금 돌아다니다가 아무 손에나 들고 있던 종이 방망이를 쥐어 주면 그 사람은 빨리 그 오른쪽 사람을 때리며 쫓아가고 오른쪽 사람은 달아나는데 한 바퀴 중 5번 이상 때려야 한다.

④ 한 바퀴 도는 동안 오른쪽 사람을 5번 이상 때리면 그 사람이 술래가 되고, 못 때리면 자기가 술래가 된다.

CLICK POINT

▶수건돌리기만큼 생명이 긴 놀이도 드물 것이다. 누구나 한두 번쯤은 해 봤고 지금도 어린이들이 변함 없이 즐기는 너무도 흔한 놀이다. 그러나 누구나 알고 많이 해 본 놀이라고 해서 시시하게 여기는 것은 잘못이다. 놀이의 종류를 선택하는 것도 중요하지만 놀이를 즐기는 마음가짐과 요령도 그만큼 중요하다는 사실을 잊지 말도록 하자

4) 상호교류형 게임

290 범인을 잡아라

① 참가자 전원이 원을 만들어 앉는다. 이때 술래 1사람을 정하여 눈을 감게 하거나, 실내이면 잠깐 밖에 나가 있으라고 지시한다. 그리고 지도자는 임의의 1사람을 정하여 어떤 행동을 하라고 한다.

② 예를 들어 머리를 긁적거리거나 왼쪽다리를 떨거나 박수를 치거나 두손으로 무릎을 치는 등의 행동을 하면 나머지 참가자들은 따라서 해야한다. 이윽고 밖의 술래가 들어오면 그 술래는 현재 같은 행동을 하고 있는 모든 참가자 가운데 누가 이와 같은 행동을 조종하고 있는지 찾아내야 하는 게임이다.

③ 그런데 이런 행동을 제공하고 있는 사람은 최소한 15초에 1회씩 술래가 눈치채지 못하게 하면서 다른 행동을 해야 되고 나머지 사람들은 바로 그 행동을 술래가 눈치채지 못하게 따라해야 한다.

CLICK POINT

▶지도자가 게임 진행시 속도를 스피드 있게 진행하면 더욱더 흥미와 재미있는 게임이 될 수 있다.

291 가 십

준비물 : 종이쪽지(게임에 참여하는 사람 수만큼), 펜

① 전원이 종이 5장과 볼펜1자루를 갖고, 둥글게 앉는다.

② 6HW에 따라서 1번 종이에는 자신의 이름을 쓰고, 2번 종이에는 유명인이나 가공의 인물 이름을 쓰고, 3번 종이에는 때(**년 **월 **일)를 쓰고, 4번 종이에는 장소(**에서)를 쓰고, 5번 종이에는 어떻게(***게)를 쓰고 6번 종이에는 했나(***했다)를 쓴다.

　-1번 종이 : 누가-순돌이가

　-2번 종이 : 언제-크리스마스때

　-3번 종이 : 어디서-공원에서

　-4번 종이 : 무엇을-옥수수를

　-5번 종이 : 어떻게-맛있게

　-6번 종이 : 했나-먹었다.

③ 종이를 번호별로 모으고, 잘 섞은 후 1장씩 나누어 갖는다.

④ 자기 것이 아닌 것들을 조합해서 읽으면 멋진 사건이 만들어진다.

예) 이쁜이는 일지매와 성탄절에 화장실에서 탱크를 타고 놀았다. 영자는 링컨과 함께 부엌에서 춤을 추었다.

⑤ 자기 것을 갖게 되면 오른쪽 사람과 바꾼다. 주어진 문장에 그럴듯한 해석을 스스로 붙여 발표한다.

CLICK POINT

▶다른 사람의 것을 조합해서 읽으면 황당하면서도 아주 재미있는 이야기 거리들이 쏟아져 나온다.

▶문장을 받았을 때 자기 것을 받으면 오른쪽 사람과 바꾸도록 한다.

▶1~6장의 6HW원칙에 따라 글을 읽어 나가다가 말이 잘 맞지 않을 경우에는 주어진 문장에 그럴듯한 해석을 스스로 붙여 발표한다.

292 전류선 놀이

대형 : 방사형

① 전체가 방사형으로 열을 선다 방사선형으로 중심을 향해 다섯줄 정도가 왼손으로 앞의 사람 어깨를 잡고 정렬한다.

② 술래가 어느 줄이던 맨 끝 사람을 치면 그 사람은 앞의 사람 어깨를 오른손으로 쳐서 차례로 앞으로 전달해 맨 앞사람이 전기야! 하면 흩어져 한바퀴 돌고 선 착순으로 언결하는데 이 때 맨 나중에 도착한 사람이 술래가 된다.

③ 어깨를 쳐서 신호를 보낼 때 다른 사람이 잘 모르게 신호를 한다.

CLICK POINT

▶이 게임은 쑥쓰러워하거나 하면 재미가 없다. 참가자들의 진지함과 리얼(?)함이 필요하다

▶어깨를 쳐서 신호를 보낼 때 다른 사람이 잘 모르게 신호를 한다.

▶술래가 맨 끝에 있는 사람을 치면 그 다음 사람은 신호를 받는 동시에 몸으로 재빨리 움직이는 게 묘미이다.

293 마 피 아

① 지도자를 선출한다. 전체가 게임 인원수에 알맞은 수의 마피아의 숫자를 정한다.
  예) 10~6명 : 시민, 4명 : 마피아

② 인원수에 맞게 쪽지를 준비한 후에 하나씩 잡고 확인한다. 눈을 감고 지도자의
  신호에 마피아들만 고개를 들어 확인한다.

③ 확인 후 전체가 눈을 감고 지도자의 지시에 모두 눈을 뜬다.

④ 모든 사람은 다같이 의논하여 마피아로 생각되는 사람을 엄지손가락만 들어 위로
  향하면 사는 것, 아래로 향하면 죽는 것으로 간주하여 다수결에 따라 지정된 사
  람을 확인한다. 이것이 결정되기 전에 지목된 사람은 변명할 기회를 한번 준다.

⑤ 결정이 되어 살았으면 다시 게임진행을, 죽었으면 지도자가 죽은 사람이 마피아
  인지 시민인지를 밝힌다. 죽은 사람은 게임에서 제외되며 게임의 진행에 있어서
  어떠한 의견도 낼 수 없다.

⑥ 마피아보다 시민의 수가 적게 남으면 과반수가 결정하기 때문에 시민이 모두 죽
  을 수밖에 없으므로 승리로 끝난다.

⑦ 마피아는 자신이 마피아라는 것을 시민들이 알지 못하게 연기를 해야 하며 경우
  에 따라 다른 마피아를 죽일만한 결단력을 가져야 한다. 마피아들끼리 서로 감
  싸주기만 하다가는 게임이 금방 끝날 수 있다. 또한 시민들도 적극적으로 참여
  해야 하며, 너무 말이 없으면 마피아라고 오인되어 죽을 염려가 있으며 너무 지
  나치면 참가자들이 합의하여 지적을 당할 수도 있다.

294 도둑 잡기 게임

준비물 : 종이쪽지(참가자 수만큼), 펜, 가볍게 때릴 수 있는 소도구(쿠션, 페트병 등)

① 역할배분 : 도둑, 공범, 증인, 형사, 시민

② 종이를 사람 수만큼 찢어서 역할을 적어둔다(도둑 : 1,공범 : 1, 형사 : 1, 증인 은 사람수가 많으면 늘릴 수 있다. 나머지는 선량한 시민).

③ 종이를 중간에 놓고 참가자들은 하나의 종이를 집는다. 거기에 적힌 역할을 자 신만 알고 모두 엎드린다. 모두 엎드린 상태에서 도둑의 공범자역할인 사람은 아주 조심스럽게 남이 눈치채지 못하도록 살짝 일어나 페트병으로 아무나 때린 다. 그리고는 아무 일도 없었다는 듯 다시 엎드린다. 이 때부터 형사의 도둑 잡 기는 시작된다.

④ 증인은 자신이 감지한 최대한의 증거를 형사에 게 제공해야 하고 모든 상황을 근거로 심리전도 펴며 도둑을 잡는다. 이때 공범자가 아닌 도둑을 잡아야 한다. 도둑이 잡히면 잡은 사람은 도둑을 때릴 수 있다. 잡지 못하면 형사가 시민들에게 맞아야 한다.

CLICK POINT

▶쪽지를 집어서 자신의 역할을 확인한 다음 키득키득 거리며 자신의 역할을 노출시켜선 안 된다.
▶도둑은 쿠션으로 때릴 때 정확히 한 사람만을 때려야 하며, 최대한 세게 던져야 한다.
▶그리고 이를 지켜보는 증인 또한 도둑으로 오인되지 않도록 조심해야 한다.

295 이름 따로, 사람 따로

① 동그랗게 모여 앉은 후에 지도자는 누군가를 손가락으로 가리키면서 이름을 부 르는데 그 사람이 아닌 다른 사람의 이름을 부른다.

② 지적 당한 사람은 "네"라고 대답을 하고 이름을 불린 당사자는 아무 말 없이 벌떡 일어선다.

③ 이때 일어선 사람도 지도자처럼 누군가를 가리키면서 다른 사람의 이름을 부르고 앉는다.

④ 불린 이름의 실제 사람이 엉겁결에 "네"라고 대답을 하거나 또는 지적 당한 사람이 "네"라고 대답을 안 하면 벌칙을 받게 한다.

CLICK POINT

▶ 진행속도를 빠르게 하면 더욱더 재미있는 게임이 될 수 있다.

▶ 지도자는 누군가를 손가락으로 가리키면서 이름을 부르는데 그 사람이 아닌 다른 사람의 이름을 부를 때는 다른 곳을 쳐다보면서 하는 것이 아니라 그 사람의 눈을 주목하면서 지적해야 한다.

296 재판소 법정

대상 : 중학생 이상

인원 : 제한 없음

준비물 : 시사성이 있는 범죄(예 : 미국의 클린턴 대통령 간통죄)

방법 : 법정을 띠는 형식으로 재판장의 모습을 본떠 하면 된다.

① 증인 몇 명, 피해자들 그리고 판사와 변호사, 검사, 배심원 등을 정해놓고 사건의 전말을 소개하여 진행해 나간다. 판사는 배심원들의 의견을 존중하여 판결하도록 일러준다.

② 사건 채택에 있어서는 너무 쉽게 판결을 내릴 수 있는 것은 지양하고, 간통죄, 부모간의 불화. 현 사회의 부조리. 정치 지도자들의 작태 등을 사건으로 올려놓

고 참가자 전원이 참여하여 쌍방간에 법정 투쟁을 벌이도록 한다.

③ 판결은 배심원들의 표결에 따라 판사가 내리도록 한다. 쉽게 결론지을 수 없는 성질의 것은 사회자가 적절하게 풀이를 하여 끝내는 것이 좋다.

CLICK POINT

▶ 내가 생각하고 있는 의견을 다른 사람에게 마음껏 전달하고 표현할 수 있는 묘미가 있다.
▶ 다른 사람의 의견과 나의 의견이 틀릴 때에도 다른 사람의 생각이나 의견을 존중해줄 수 있는 마음을 키워 갈 수 있다.
▶ 다른 사람과 대화하는 방법 및 태도를 익힐 수 있다.
▶ 다른 사람과 대화할 때에는 너무 심한 언쟁은 피하도록 한다.

297 쥐를 잡자!

① 먼저 둥그런 원형으로 만들어 서로를 바라볼 수 있는 대형을 만든다. 모두 함께 "쥐를 잡자~ 쥐를 잡자~"라는 율동구호를 외치면서 시작한다.

② 율동은 누구나 알고 있는 4박자 기본율동이다. 그 다음 구령에 공동의 구령에 맞춰 한 사람씩 진행 과정별로 응답을 하면서 이어간다.

③ 진행 상황을 순서대로 설명하면 다음과 같다. "쥐를 잡자~ 쥐를 잡자~ ① 쥐! ②를! ③ 잡! ④ 자! ⑤ 쥐를! ⑥ 잡자! ⑦ 몇 마리? ⑧ ○○마리!" 여기까지가 후렴이고 ⑦의 물음에 ⑧이 "○○마리"라고 대답을 하면 그 다음 사람들은 "잡았다, 놓쳤다"를 무작위로 자유롭게 외친다.

④ 예를 들면, ⑧이 3마리를 잡는다고 하면, "잡았다, 놓쳤다, 잡았다, 놓쳤다, 놓쳤다,

잡았다"와 같이 3마리를 잡을 때까지 "잡았다, 놓쳤다"를 반복하면서 해당하는 수에 맞게 쥐를 잡으면 되는 것이다. 이렇게 해서 게임은 계속 반복 진행한다.

CLICK POINT

▶ 이 게임은 단순한 단어의 반복이지만 그 스피드에 맞게 집중하지 못하면 반드시 헷갈려서 실수를 하는 사람이 나오게 마련이다. 그래서 이 게임은 특성상 주의집중이 절실히 요구된다. 게임 참여자들의 수준이 어느 정도 되면 속도를 더욱 빠르게 해도 좋다. 이 게임은 그리 오래 할 만한 게임은 아니지만, 분위기를 UP하는데 있어서 상당히 좋은 게임이다.

298 짜릿 짜릿 짜르르

준비물 : 동전, 손수건, 의자

① 동그랗게 1열로 원을 만들어 의자에 앉는다. 그리고 양손을 뒤로하여 서로의 손을 잡는다.
② 지도자는 그 원의 상태에서 2팀으로 나눈 후 양팀을 구분할 수 있는 자리에 앉고 또한 양팀의

끝자리 옆에 의자 1개를 놓고 그 위에 손수건을 올려놓는다.
③ 지도자는 동전을 꺼내어 참가자 전체에게 설명을 하는데 동전을 위로 던져 다시 손바닥에 받았을 때 앞부분(100)이 나왔으면 지도자의 바로 옆의 좌우에 있는 사람들이 자기 팀에게 전기를 보내도록 한다.
④ 이렇게 전기를 통하게 되면 끝에 있는 마지막 사람이 전기를 받자마자 손수건을 재빨리 집도록 한다. 이 때 빨리 전기를 받아 손수건을 먼저 집는 팀이 승리하게 된다.
⑤ 그리고 동전의 뒷부분(세종대왕)이 나오면 전기를 보내지 말고 그대로 있으라고 한다.

CLICK POINT

▶동전앞뒤의 확인은 지도자의 좌우 1사람만 할 수 있고 다른 사람은 보면 안 된다.

▶게임을 하다보면 양팀이 중간에서 계면대로 전기를 보내어 손수건을 집는데 이것은 반칙이다.

▶이러한 반칙은 쉽게 찾아 낼 수 있다. 찾아내는 방법은 지도자가 동전을 던져 일부러 세종대왕이 나오도록 하여 가만히 있어 본다. 간혹 성격 급한 팀의 구성원들이 전기를 보내거나 아니면 속임수로 전기를 보내고 만다.

▶동전이 땅바닥에 떨어지는 순간 즉시 행동에 주어짐으로 다른 사람에게 전기를 전해 주는 것으로 스피드 있게 행동을 취한다.

299 윙크게임

준비물 : OX가 적힌 종이(X는 1개만)

① 동그랗게 1열로 원을 만들어 앉는다

② 술래는 다른 사람들에게 각각 한 장의 종이(O, X가 적힌 종이)를 나눠준다.

③ 종이를 받은 사람은 다른 사람이 못 보도록 조심스럽게 펼쳐본다.

④ X가 적힌 종이를 받은 사람은 술래가 눈치채지 못하도록 다른 사람에게 살짝 윙크를 해준다.

⑤ 윙크를 받은 사람은 또다시 다른 사람에게 윙크를 해준다..

⑥ 그러면서 주위의 사람들에게 윙크는 전달되는 중에 술래는 윙크의 주범이 누구인지 잘 살펴본다.

⑦ 누구인지를 알 것 같으면 알아 맞춘다.

⑧ 다른 사람들도 X의 종이를 받은 사람이 누구인지를 알아 맞춰 본다.

CLICK POINT

▶다른 사람들도 함께 윙크를 하기 때문에 범인을 찾아내기가 참 힘들지만 찾아내는 과정이 재미있다.

▶X의 종이를 받은 사람은 다른 사람에게 윙크를 보낼 때 정확한 동작으로 윙크를 보내도록 한다.

▶처음 게임을 시작할 때 X의 종이를 받은 사람은 다른 사람이 보지 않도록 조심해서 봐야 한다.

300 간단한 벌칙게임

1. **하늘에서 병아리가** : 이 벌칙은 처음엔 틀린 사람을 제외한 구성한 모두가 틀린 사람을 중심으로 손을 하늘에 올리고 "하늘에서 병아리가"라고 노래를 거기까지 부른 후, 손이 내려와 틀린 사람의 등을 꼬집으며 크리스마스 노래인 "노엘 노엘 ~~"을 부른다. 노엘이 끝날 때까지 꼬집는다.

2. **스머프** : 스머프 노래를 부르며 틀린 사람의 등을 때린다. 한 곡 한 곡 끝날 때마다 "애들아 누구누구 스머프 봤니?"라고 물을 때, 모두가 "아니"라고 말하면 계속 때리고, 한 사람이 라도 "응"이라고 말하면 그만 때린다.

3. **전화걸기** : 틀린 사람은 아무한테나 전화를 걸어 "사랑합니다"라고 말하고 끊는다. 대게 이러한 벌칙은 크리스마스 때나 무슨 명절이 있을 때 많이 하는 것이 보통이다. "사랑합니다" 외에 "새해 복 많이 받으세요" 등의 인사말을 하는 것도 괜찮다.

4. **공룡 시리즈** : 처음엔 아기 공룡, 엄마 공룡, 아빠 공룡으로 시작해서 나중엔 초슈퍼 울트라 공룡에 이르기까지 강도가 점점 세어지는 벌칙이다. 처음엔 가소롭지만, 나중엔 맞아 죽는 게 아닐까 하는 생각이 들 정도이다.

5. **심부름** : 말 그대로 심부름하기이다. 만약, 같이 노는 사람 중에 짓궂은 사람이 있다면, 정말 곤란할 수도 있는 벌칙이기도 하다.

6. **100미터 달리기** : 틀린 사람이 달린다고 생각하면 오산이다. 오히려 틀린 사람은 등을 내보이며 가만히 엎드려 있기만 하면 된다. 달리는 것은 사람들의 손이기 때문이다. 처음엔 서서히 달리다 나중에는 허파가 터지도록 달리기에 등에 불이난다.

7. **80미터 장애물달리기** : 앞의 벌칙과 동일하다. 그러나 간간이 허들이 나온다. 그럴 때마다 사람들의 손이 점프에서 강하게 등에 착지를 하면서 계속 달린다. 그냥 손들이 넘어져서 탈락하기만을 바랄 뿐이다.

8. **부흥회** : 교회에서 많이 하는 등을 때리는 벌칙이다. 등에 한손을 올려놓고 "불 길 같은 성신이여 간구하는 우리에게!~~~"하며 박수를 치듯 한손을 내리친다. 노래가 끝나면 그 중 한명이 "주여~ 3창하신 후 기도하시겠습니다"라고 외치면 나머지 사람들은 "주여"를 세 번 외치면서 "주여"라는 말을 할 때마다 두손을 사용해서 빨래 방망이 하듯이 때리면 된다.

9. **전국 노래자랑** : 한손으로 박자를 맞추며 "빠밤빰빰빰 빠라빠바라 빰빰?"하며 전 국노래자랑 테마곡을 부르면서 사회자 한명이 여러 명의 가수를 소개하면서 사 람들은 계속 때리면 된다. "첫번째 초대가수 모십니다. 김○○"라고 하면 김○○ 는 자신이 노래하고 싶은 것을 한 곡 부른다. 노래를 부르는 동안 다른 사람들 은 계속 때리면 된다. 두 번째 초대가수와 세 번째 초대가수 역시 노래를 하고 나머지는 노래도 듣고 때리기도 한다.

레크리에이션 프로그램의 실제

제4장

집단협동을 위한
Group Dynamics 프로그램

그룹 다이나믹스 프로그램은 공동체 놀이, 팀 파워게임, 팀워크게임, 팀 빌딩 등 여러 가지 말로 쓰여지고 있다. 이책에서의 그룹다이나믹스 프로그램이란 "프로그램에 참여한 구성원들이 팀을 이루어 공동의 목표를 이루기 위한 집단 협동 프로그램"이라고 규정하도록 하겠다. 프로그램 지도자는 팀을 구성하고 팀간에 선의의 경쟁을 통하여 소속팀의 애착과 단합 그리고 봉사정신을 통한 적극적 참여의식을 이끌어내도록 노력해야 한다. 지도자의 입장에서 선의의 경쟁으로 분위기를 유도할 수만 있다면 상대적으로 다른 프로그램보다는 비교적 쉽게 진행할 수 있을 것이다. 다양한 게임으로 구성원의 장점을 최대한 발휘하게 하고 지나친 경쟁의식을 갖지 않도록 유도해야 한다.

마무리는 전체가 함께할 수 있는 프로그램으로 공동체 의식을 심어주는 것이 중요하다. 이장에서는 팀별 경쟁형태인 팀파워게임, 공동과제해결 형태인 팀 워크 게임, 공동체 발견과 이해 프로그램인 공동체 훈련, 대표자 게임 형태의 명랑운동회, 전체가 참여하는 야외 단체전 게임 등을 소개하기로 하겠다.

1 팀파워게임

301 동물빙고

① 팀별로 준비물(도화지, 볼펜)을 나누어주고 도화지를 14등분해서 한 칸으로 만들게 한다.

② 제한시간 내에 각 칸마다 그 자음으로 시작하는 동물이름을 가능한 한 많이 쓰게 한다.

③ 지도자가 각 자음별로 동물이름을 몇 개씩 불러나가는데 지도자가 부르는 동물이름을 쓴 팀은 크게 자기 팀이름을 외치고, 확인한 후 점수를 준다.

④ 지도자는 동물도 물에 사는 거, 뭍에 사는 것, 파충류 등의 많은 정보가 필요하다.

ㄱ : 강아지, 고슴도치, 기린, 고양이, 고래, 공룡, 개구리, 갈매기, 고릴라, 고질라, 구미호

ㄴ : 노루, 낙타, 너구리, 늑대, 날다람쥐

ㄷ : 도요새, 도롱뇽, 돌고래, 다람쥐, 닭, 두더지, 도마뱀, 둘리

ㄹ : 라이온, 로드러너, 레옹(사람도 동물이죠?)

ㅁ : 망아지, 말, 미꾸라지, 맘모스

ㅂ : 붕어, 박쥐, 비둘기, 백조, 봉황, 불가사리, 바퀴벌레

ㅅ : 상어, 사슴, 산토끼, 소, 송아지, 수달, 삵쾡이, 사람

ㅇ : 올챙이, 잉어, 양, 악어, 원숭이, 오리, 여우, 얼룩말, 용가리

ㅈ : 자라, 쥐, 집토끼, 조랑말

ㅊ : 청개구리, 참치, 치타, 참새

ㅋ : 코끼리, 코알라, 캥거루, 킹콩, 카멜레온, 코요테

ㅌ : 토끼, 타이거

ㅍ : 피래미, 퓨마, 표범

ㅎ : 황소개구리, 하마, 홍학, 황새, 하이에나, 해마, 햄스터

CLICK POINT

▶지도자는 동물의 이름을 불러 나갈 때 각 동물의 이름을 적은 종이를 함에다 넣고 한 장씩 뽑으면서 "이번 동물은 100점 짜리 입니다"라고 외치고 뽑으면 아직 불리지 않은 동물들의 기대감이 커서 게임이 더 재미있을 것이다.

302 인간 사물놀이

① 전체를 4개팀으로 편성을 한다. 그리고 각각의 악기를 지정한다.

② 오른손을 위로(꽹과리)-땅도 땅도 내 땅이다
오른손을 아래로(장구)-덩덕덕 쿵덕
왼손을 위로(북)-둥가리 당당 둥당당
왼손을 아래로(징)-아 징

③ 지도자가 가리키는 강약에 따라 반응을 하도록 유도한다.

CLICK POINT

▶지도자가 약속한 동작 이외의 엉뚱한 동작을 하게 될 경우 참가자들의 반응을 보는 것도 재미있다.

▶양발을 손과 같이 사용하면 더욱 역동적이면서 재미를 더할 수 있다.

303 쏴라! 꽝

① 5명이 1조가 되어 둘러앉으면 첫째 사람이 함장이 되어 일어서고 나머지 1번부터 4번까지는 선원이 된다.

② 각 배의 이름을 함장들이 정한 후에 팀별로 돌아가며 자기 배의 이름을 외친다.

③ 함장이 다른 배 함장을 가리키며 그 배 이름을 부르면 자기 배의 1번 선원은 "쏴라!" 하고 오른 주먹을 내뻗고, 이어서 2번은 "꽝!", 3번은 "맞았다!", 4번은 "우지끈"하고 주먹을 내뻗은 후 모두 함께 "만세!"를 외치며 양손을 든다.

④ 피격 당한 배의 함장은 이어서 다른 배를 지적하고 그 선원들이 같은 방법으로 공격을 해 나간다.

⑤ 한 번 침몰된 배는 모두가 앉아서 계속하고, 두 번 틀린 배는 완전 침몰되어 탈락하되 다른 배가 "만세!"를 부를 때 계속 따라서 "만세!"를 불러야 한다.

⑥ 끝까지 안 틀린 배가 승리한 배가된다.

CLICK POINT

▶ "호"자로 끝나는 배이름으로 해도 재미있고 기도기는 만세를 외칠 때 한 사람이라도 하지 않으면 실격이니 그 사람을 파악하며 끝까지 게임의 공정성을 잃지 않는다.

304 텔레파시

① 각 조별로 조장을 선출한 후 조장에게 종이와 볼펜을 나누어주고 종이를 8등분하여 접으라고 한다. 각 조원들은 둥그렇게 무릎을 맞대고 앉게 한다.

② 리더는 각 조원들에게 16절지 왼쪽 첫째 칸에 서로 협의하여 생선이름 3가지를

기록한다. 이때 리더나 다른 조원들에게 들리지 않도록 기록한다.

③ 왼쪽 첫째 칸에 생선이름 3가지를 다 기록하였으면 둘째 칸에는 산 이름 3가지, 셋째 칸에는 독립운동가중에 가장 존경하는 사람 3인, 넷째 칸에는 우리나라 여자 이름 중 가장 흔한 이름이나 시골스러운 이름 3가지, 가정집에 사는 해충, 벌레 3종류 등을 기록하도록 한다.

④ 기록 후 리더는 각 조원들에게 자기 조가 기록한 32개의 이름을 1분 안에 암기하도록 하고 용지를 회수한다.

⑤ 리더는 지금부터 이 용지를 보지 않고 순서대로 이름 1가지 리더 맘대로 부르는데 이때 자기 조원들이 기록한 이름과 같을 경우 양 팔을 들고 일어서며 최대한 소리를 지르도록 한다. 이때 소리 는 '오! 예'로 한다. 소리를 잘 지르는 팀은 보너스 점수를 주도록 한다.

⑥ 테이블 빙고 : 25칸 안에 1 25까지의 숫자를 임의로 정하여 기입한 후에 지도자가 부르는 숫자를 체크하는 단체 빙고 게임

CLICK POINT

▶ 지도자는 참가자들의 빙고 쪽지를 보아 가면서 너무 빨리 빙고가 나오지 않도록 유의하고, 팀간 점수의 균형을 맞추도록 노력한다.

305 배구게임

① 9인제 배구를 응용한 게임으로 먼저 A팀에서 서브를 한다(예 : 서브 7).

② B팀에서 7번이 리시브한다(예 : 리시브 4).

③ B팀의 4번이 토스를 한다(예 : 토스 2).

④ B팀의 2번이 스파이크를 한다(예 : 스파이크 5).

⑤ 상대 A팀의 5번이 리시브를 한다.

⑥ 응용 : 블로킹이나 속공 등을 추가할 수 있다.

예) A팀에서 "스파이크 5번"이라고 했을 경우 B
팀에서는 곧바로 5번이 "블로킹 4번" 하면 공
은 바로 A팀의 4번으로 넘어간다.

CLICK POINT

▶두개의 팀만 게임을 할 수 있으므로 리그전으로 게임을 진행하면 더욱 재미있다.

▶처음부터 속공과 블로킹을 쓰지 말고 차츰 경기가 고조 될 때 혹은 경기의 결승전을 진행할 때
넣으면 재미있다.

▶지도자는 심판이므로 발음의 부정확으로 인해 경기가 과열될 수 있으므로 발음에 대한 정확한
규칙을 설명해 준다.

▶서브 또한 5초 안에 서브를 하지 않을 경우 공격권은 상대팀으로 넘어가게 된다.

306 악기 빼앗기

① 전체를 6개팀 정도로 나누고 맨 왼쪽에 팀장을 앉힌다.

② 한 팀에 한 가지 악기씩을 정하여 주면, 팀원 전부가 그 악기를 연주하는 동작
을 하면서 노래를 '라라라라'로 부르도록 훈련한다.

③ 이제는 피아노팀의 팀장
만이 다른 악기를 뺏을
수 있는 권리가 있다고
말해주고 피아노 팀장이
피아노를 연주하다가 하
모니카를 빨리 연주해 보
도록 한다. 팀원들은 자
기 팀장을 잘 보고 있다
가 모두 따라서 하모니카
를 연주한다.

④ 하모니카 팀장은 빨리 자기 악기가 뺏긴 것을 알고 자기편이 피아노 연주팀이 되어야 한다.

⑤ 새로 피아노팀의 팀장은 조금 연주하다가 또 다른 악기를 빼앗아 연주하면 같은 방법으로 악기가 바뀌게 된다.

⑥ 틀린 팀은 감점이고, 다시 처음 악기로 돌아가서 놀이를 계속한다.

⑦ 노래악기가 아닌 실제 손쉽게 구할 수 있는 악기(트라이앵글, 피리, 탬버린, 짝짝이 등)을 써서 직접 행동으로 하는 것도 좋다.

CLICK POINT

▶빠른 진행으로 경기의 분위기를 고조시킨다.

307 이름대기 차차차

① 팀을 나누고 인도할 팀장을 선출한다.

② 산이름으로 할 경우 예를 들면 A팀은 '한라산 한라산 한라산 야'를 외치고 B팀은 '백두산백두산 백두산 야' C팀은 '지리산 지리산 지리산 야' D팀은 '금강산 금강산 금강산 야'를 외친다.

③ 강이름, 도시이름, 동이름, 나라 이름 등 다양한 형태로 응용을 하여 실시한다.

CLICK POINT

▶팀장의 빠른 센스가 필요하며 지도자는 다른 팀에서 외친 구호인지를 잘 기억해야한다.

▶계속해서 팀들에게 산의 이름을 부르게 하고 틀린 조는 탈락시킨다.

▶외치는 구호의 단어를 한정하는 것도 더 재미있다.

308 노래 대항전

① 노래를 인도할 팀장을 나오게 한다.

② 춘하추동 노래 대항전

③ 동(동요), 가(가요), 명(명곡), 민(민요) 대항전

CLICK POINT

▶팀원들의 단합을 요구하며, 서바이벌게임으로 정해진 곡의 반주를 들려주고 알고 있는 사람이 마이크를 쟁취하여 노래를 부르는 형태의 게임으로 변형해서 사용해본다.

309 몸짓 대항전

① 팀을 나눈 후에 먼저 "배구, 배구, 배구, 배구"를 네 번 외치면서 배구하는 시늉을 일제히 하게 한다.

② 이번에는 야구, 축구 등을 연습시킨 후 한편씩 돌아가면서 한가지씩 구기 종목의 경기명을 외치면서 몸짓을 하도록 한다.

③ 각 편은 자기편 조장의 지시에 따라 남이 안한 것을 찾아내어 해야 하는데, 열 셀 때까지 못하거나 중복되면 감점을 당한다.

④ 다음에는 둘이 마주 싸우는 경기, 한국 민속놀이, 세계 각국의 춤 종류, 군인 동작, 가정의 화목한 행동 등 다양하고 의미 있는 주제들을 주어 진행한다.

CLICK POINT

▶지도자는 팀들을 자신이 중앙에 오게 원형으로 배치하고 돌아다니면서 그 팀에서 하는 구호와 몸짓을 물어보며 다닌다.

310 김밥스

① 사회자는 먼저 팀을 나누고 구호 및 동작을 고르도록 한다. 팀명과 구호의 예로는 다음과 같은 것이 있다.

−김밥스 팀 : 말고 먹고 말고 먹고 말고 먹고, 김밥스 김밥~

　· 말고 − 두 손으로 잼잼 하는 식으로 주무른다.

　· 먹고 − 수박 먹는 모양을 한다.

　· 김밥스 − 두 손을 가슴앞에서 잡고 방아 찧는 시늉을 한다.

−신닭스 팀 : 아찌아찌 아찌아찌 아찌아찌, 신딱스 신딱~

　· 아찌 − 왼손을 옆으로 내밀며 누구를 부르는 자세를 한다.

　· 아찌 − 오른손을 옆으로 내밀며 누구를 부르는 자세를 한다.

　· 신닭스 − 두 손으로 구두를 닦는 모션을 한다.

−뭘봐스 팀 : 이쪽저쪽 이쪽저쪽 이쪽저쪽, 뭘봐스 뭘봐~

　· 이쪽 − 두 손을 허리에 하고 고개를 왼쪽으로 내밀며....

　· 저쪽 − 두 손을 허리에 하고 고래를 오른쪽으로 내밀며....

　· 뭘봐스 − 두 손을 허리에 하고 고개를 앞으로 내밀며....

　　　－람보스 팀: 으쌰파워 으쌰파워 으쌰파워, 람보스 람보~

　　　　·으쌰 － 활 쏘는 모습을 한다.

　　　　·파워 － 두 손 주먹 쥐고 얼굴 양쪽에 어깨로 ㄷ을 눕혀 놓은 듯한 모습을 한다.

　　　　·람보스 － 파워와 같은 모션을 한다.

② 사회자는 이것을 조별로 충분히 연습을 시키고, 자기 팀 구호 마지막에 상대팀을 부른다.

③ 참가자들이 익숙해지면 응용하여 실시한다.

　　　－숫자를 첨가한다 : '김밥스 3번'하면 긴 구호를 여러 명이 3번이나 틀리지 않고 외쳐야 한다.

　　　－이름 따로 팀 따로를 첨가한다

CLICK POINT

▶술래팀은 어느 팀이든 손으로 가리키면서 부르는데 그 팀이 아닌 팀의 이름을 부른다.

▶지적당한 팀은 구호를 술래가 외친 것이 아닌 자기팀 것으로 외친다.

▶조 전원이 틀리지 않았다면, 다시 이번에 구호를 외친 팀이 술래가 되어 다른 팀의 이름을 부르며 그 팀이름과 다른 팀을 지적한다.

▶불리운 이름의 실제 한명이라도 착각하여 자기 구호를 외치면 또는 지적당한 팀의 한 명이라도 구호를 외치지 않으면 조 전체가 벌칙을 받는다.

▶속도의 빠르고 느림을 잘 조절한다.

311   숭그리당당 숭당당

① 적어도 5~6명 정도가 한 팀을 이루어 네 개의 팀을 이룬 후에 각각의 팀마다 구호를 준다.

－ 숭그리당당 숭당당

－ 아까끼고 또끼고

－ 간장공장 공장장

－ 아기다리 고기다리

② 진행자의 손짓이나 발짓, 또는 몸짓으로 한 팀을 지적한다. 그러면 그 팀은 자신들에게 주어진 부호를 노래로 부르는데, 사회자의 손짓이 높이 올라갈 때는 고음으로, 낮게 내려갈 때는 저음으로 부른다.

CLICK POINT

▶한 팀에게 하는 것이 아니라, 사회자의 마음에 따라 이 팀에게, 저 팀에게 왔다 갔다 하면서 지휘를 한다. 여기서 음이나, 많이 틀리면 벌칙을 받는다.

312 풍선에 몸을 싣고

① 팀마다 20개씩의 풍선을 나눠준다.
② 각 팀의 조장 및 팀장을 풍선을 사용하여 바닥에서 띄우는 게임이다.
③ 최소의 풍선으로 바닥에서 띄운 팀이 승리한다.
④ 풍선의 크기는 제한을 두지 않는다.

CLICK POINT

▶각 팀별로 아무나 한 사람을 뽑으라 하면 몸무게가 가장 적은 사람을 택하기 때문에 지도자가 몸무게가 가장 많이 나가는 사람으로 지정해주면 더욱 흥미로운 게임이 될 수 있다.
▶지도자가 "시작"하여 정해진 시간 내에 풍선 위에 있어야 한다. 10~20초 사이가 적당하다.

313 고요속의 외침

① 지도자들에게 노래 제목이 한가지씩 적힌 쪽지를 한 장씩 나누어준다.
② 노래의 수는 나누고자 하는 그룹의 수만큼 정하며 그룹 구성원 숫자만큼의 쪽지에 같은 노래제목을 적는다.

③ 이때, 그 쪽지는 자신만이 보아야 한다.
④ 지도자는 음악하나를 틀어놓고 불을 끈다.
⑤ 지도자들은 자신의 쪽지에 적힌노래를 부르면서 암흑속에서 자신과 같은 노래 제목을 가진 구성원들을 찾아야 한다.
⑥ 절대로 말을 해서는 안되며 노래만을 부르며 자신들의 그룹을 찾아야 한다.

CLICK POINT

▶소수의 인원이라면 지도자는 음악을 크게 틀어 방해를 놓는다. 음악이 없을 때에는 지도자 자신이 노래를 불러도 된다.

314 발바닥 위의 세숫대야

① 팀당 6~8명 정도가 하기에 알맞은 게임이다.
② 팀원들은 전부 뒤로 두러 눕고 발을 세워서 가운데 모은다.
③ 지도자는 그 위에 물이 들은 세숫대야를 올려놓는다.
④ 팀원들은 신발을 천천히 벗는다.
⑤ 세숫대야를 떨어지지 않게 가장빨리 벗은 팀이 승리하는 게임이다.
⑥ 지도자의 신호에 따라 발을 하나씩 떼어 내면서 최후에 남는 팀이 이기는 서바이벌 경기로 진행한다.

CLICK POINT

▶물은 깨끗한 물 보단 더러운 물을 쓰면 참가자들은 물을 쏟지 않으려고 필사적일 것이다.
▶실내에서 물대신 책을 몇권 올려 놓아도 된다. 또한 신발뿐이 아니라 양말까지도 벗게한다.

315 글자 만들기

① 쪽지에 한글의 자음과 모음을 분리하
여 한자씩 써서 각 팀에게 나누어준다.
② 각 팀에서는 한사람이 한 장씩의 쪽지
를 받아 가슴에 부착한다.
③ 지도자의 지시에 따라 정해진 인원으
로 글자를 만든다.
④ 글자를 만들때는 지도자들이 앉거나, 서거나, 눕거나,
하여 글자의 형태를 완성한다. 예) 4사람이 레크를 만
들어 보세요.

CLICK POINT

▶명령은 사람수로만 하지말고 "ㅁ"자로 시작되는 글자라든지, 남녀 3사람씩이라든지, 전원이 참여
하여 글자를 만들게 한다.
▶영어 철자를 사용해도 재미있다.
▶또한 한 팀으로는 만들 수 없는 문장을 제시하여 모두가 한꺼번에 만들 수 있는 단합을 유도해
도 좋은 게임이다.

316 주사위 야구

① 야구 판과 주자(바둑알, 동전)를 만들고, 공격 팀과
수비팀을 정한다.
② 주사위를 던져 나온 숫자에 따라 다음과 같이 운영
한다. 1 : 1루, 2 : 2루, 3 : 3루, 4 : 아웃, 5 : 병
살, 6 : 홈런
③ 공격 팀 선수들이 순서대로 나와서 주사위를 던진
후 상대 팀(1번부터 6번의 선수를 지정)의 같은 번호

선수와 가위 바위 보를 하여 이기면 진루하고 지면 아웃이다.

④ 공격 팀에서 4와 5가 나오더라도 가위바위보를 이기면 파울볼이다. 가위 바위 보에서 지면 아웃이다.

CLICK POINT

▶각 팀마다 '찬스'를 쓸 기회를 1번씩 준다. 이 찬스는 자기 팀이 어려움에 처했을 때 사용하는데 '찬스'를 쓰면 그 회는 그 시점에서 끝난다.

317 팔짱끼고 앞으로

① 지도자들을 2개의 팀으로 팀 나눈다.

② 중앙선을 그리고, 중앙선을 기준으로 좌우 5m씩 떨어진 곳에 평행선을 그린다.

③ 한팀당 1사람씩 교대로 하여 1줄로 줄을 선후, A팀은 앞 방향으로 서고 B팀은 뒷방향으로 팔짱을 끼고 중앙선에 일렬로 나란히 선다.

④ 시작 신호와 함께 각자 5m 앞에 있는 선을 밟기 위해 앞으로 안간힘을 써서 전진한다.

⑤ 누군가 1사람이 선을 밟으면 그 팀이 이긴다.

CLICK POINT

▶앞으로 전진하는 대신 뒤로 나가는 게임도 재미있다. 이 때는 뒤에 있는 상대 팀의 선에 상대방의 발이 닿거나 지나면 이긴다.

▶또한 지도자의 호각소리나 신호에 따라 앞, 뒤라고 부르면 그때마다 자기 팀이 밟아야 하는 선이 달라진다.

318 가위 바위 보 미식축구

① 참가자를 2개 팀으로 나눈다.

② 양쪽 골대의 간격을 10m로 하여 중앙(5m 지점)에 중앙선을 긋는다.

③ 각 팀은 중앙선에서 1줄로 줄을 선후 상대 팀과 마주보고, 공격팀과 수비 팀을 정한다.

④ 지도자의 '가위 바위 보'구령에 자기 앞에 있는 상대 팀 사람과 가위 바위 보를 한다.

⑤ 이긴 사람은 서 있고 진 사람은 앉는다.

⑥ 서 있는 사람의 숫자를 비교해 더 많은 팀이 이긴다.

⑦ 공격팀은 3번의 가위바위보에서 2번을 이기면 1m 앞으로 전진하여 그곳에서 계속 공격을 하고, 지면공격과 수비를 그곳에서 바꾼다.

⑧ 골라인에 도착하면 2점을 얻고, 그곳에서 팀장끼리 가위 바위 보를 하여 이기면 보너스 1점을 추가로 얻고 지면 2점으로 끝난다.

⑨ 다시 중앙선에서 시작한다.

CLICK POINT

▶공격 팀은 팀장의 지휘 아래 귓속말로 전다하여 가위 바위 보를 통일하고 수비팀은 각자의 생각대로 가위 바위 보를 할 수도 있다.

▶실내에서 할 경우 칠판을 이용해 그곳에 상황을 표시하며 진행하고, 운동장에서 할 경우 땅에 선을 긋고 진행한다.

319 독안에 든 쥐

① 전원이 1열로 둥그렇게 원을 만들어 서서 양손을 잡는다.

② 지도자는 술래를 인원에 맞게 3~5명을
선정하여 술래를 제외한 나머지 참가자
들이 만들어놓은 원 중앙에 나오게 한다.

③ 지도자의 노래와 박자에 맞춰서 오른쪽,
왼쪽, 가운데, 뒤로 등 구령에 따라 몇
발자국씩 움직이며 돈다.

④ 이때, 노래하며 도는 도중에 지도자의 '
땅'하는 소리에 술래들은 원 안을 필사적
으로 탈출해야 하며 그 외의 참가자들은
술래들이 나오지 못하도록 한다.

CLICK POINT

▶참가자들끼리 몸싸움이 심하게 일어날 수 있으므로 게임이 과열되는 것을 지도자는 관찰을 잘
해야한다.

320 엽기 올림픽

① 창던지기-이쑤시게를 멀리 던지는 게임

② 투포환-코 안에 콩을 넣고 콧바람으로 멀리 콩을 날리는 게임

③ 오래달리기-선수들을 집합시켜 시작과 동시에 오랫동안 한숨에 "아"하고, 길게
외치는 게임

④ 제자리 멀리 뛰기-제자리에서 신발을 차서 멀리 나가는 팀이 이기는 경기

⑤ 역도-책을 든 채로 자신의 양말을 빨리 벗는 게임

⑥ 높이뛰기-입 크기를 재는 경기

⑦ 펜싱-종이 휴지를 말아서 서로의 코를 간질러서 먼저 웃지 않는 사람이 이기는
경기

⑧ 성화 봉송-팀에게 성냥을 하나씩 나누어주고 시작이란 신호에 처음 사람부터 끝
에 있는 사람까지 빨리 성냥불을 전달하는 경기

2 팀웍게임

3 2 1 모듬 신문 만들기

① 조끼리 모여 벽 신문을 만들게 한다.

② 조별로 신문을 만들 수 있도록 전지 1장, 매직, 크레파스, 파스텔, 사인펜 등을 준비한다.

③ 신문 내용은 조별로 의논해서 정하도록 하고 특히 '새로운 달 5월', '가정의 달을 맞아' 등 시사적인 내용도 첨부하도록 한다.

④ 무작정 시키는 것보다는 예시를 들어주는 것이 효과적이다.

예) 신문제목(모듬 이름을 이용해도 됨)/만든 날짜, 만든 사람

· 우리 모듬 소개(모듬노래, 모듬구호, 모듬 자랑, 모듬원 소개 등)

· 우리 모듬 소식(사소한 것이라도)

· 글모음(시, 생활문, 독후감, 편지, 견학문 등)

· 어린이날 특집(우리가 만든 학교, 우리들의 외침, 선생님·부모님께 한마디, 내가 보낸 어린이 날, 내가 어른이 되면 등)

· 광고, 만화, 수수께끼 등으로 응용해 본다.

322 협동 포스터

① 신문, 잡지, 풀, 켄트지 전지, 가위를 조별로
   나누어준다.
② 지도자가 불러주는 글씨를 빨리 찾아내어 동
   그라미를 쳐 나가는데, 먼저 찾은 사람은 각자
   구호를 만들어 소리치게 한다.
③ 두 사람 이상이 같이 찾았을 때는 활자가 큰
   쪽이 승리한다.
④ 야외의 경우에는 나뭇잎 풀 등을 이용해 자연물
   포스터제작으로 응용할 수 있다.

323 온몸을 바쳐서

① 각각의 몸에 점수를 매겨 준다. 게임에 아주
   필수적이니까 확실히 외우도록 한다.
   발-1점   팔꿈치-4점   등 - 8 점
   손-2점   엉덩이-5점   머리-10점
   무릎-3점   배-7점
② 신체부위가 바다에 닿으면 점수가 인정된다.
③ 발이나 손 같이 짝으로 되어있는 것은 각각 1
   점씩이다.

324 움직이는 피라미드

① 6명씩 팀을 구성하여 팀별로 신속하게 인간 피라미드를 만들도록 한다.
② 지도자는 여러 가지 주문을 하게 되는데, 시작 신호가 나면 지도자의 주문대로

신속하게 마친 팀이 이긴다.

③ 주문의 예

 - 맨 밑의 가운데 사람은 신발을 벗으십시오.

 - 가운데 있는 두 사람은 모두 거꾸로 도세요.

 - 맨 위에 있는 사람은 가운데 두 사람의 머리를 쓰다
 듬어 주십시오.

 - 가운데의 두 사람 중에서 왼쪽(오른쪽)사람만 뒤로 도
 세요.

 - 피라미드의 방향을 완전히 바꾸십시오(예 : 사람이 그냥 서 있으면 - 발이 두
 개 닿았으므로 2점).

④ 연습게임으로 10점이 맞도록 모든 조원들이 각종 모션을 취하게 한다. 적응이
 되면 항상 애매한 점수를 준다(예 : 17점, 21.5점 등).

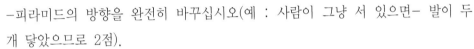

3 2 5 사진모델

① 리더는 어떤 모양의 사진을 찍는다고
 발표한다.

예) 못난이 3형제, 미스코리아 선발대회,
 미스터코리아 선발대회, 각설이 5형제,
 이산가족 상봉, 인기가수 총출연 등

② 각 팀에서 사진에 필요한 어울리는 모
 델들을 선발한다.

③ 제한 시간 내에 가장 그럴듯하게 연출
 을 하는 팀이 이긴다.

CLICK POINT

▶ 분장하는 시간을 짧게 준다.

▶ 사진을 실제로 찍어 두면 좋은 추억거리가 된다.

326 미스·미스터 선발대회

① 참가자 전체에서 최고 미스와 미스터를 선발하는데 각 팀에서 남자는 여자로 여자는 남자로 분장시켜 출전시킨다.

예) 남자에게는 핸드백, 하이힐, 스카프, 귀고리, 브래지어, 액세서리를 이용하고, 여자는 특별히 수염을 그리거나 건달같은 제스처를 취하면 점수를 더 준다.

② 분장이 끝나면 입장을 하는데, 디스코 음악에 맞추어 개별적으로 무대진행을 한다.

CLICK POINT

▶각 출전한 사람들에게 익살스럽고 약간 심술스런 인터뷰를 통해 분위기를 한층 더 고조시킨다.

▶상의 종류를 섹시상, 분장상, 스텝상 등 출전 선수들에게 골고루 다 주도록 하면 팀마다 기쁨과 위로를 줄 수 있어 더 재미있다.

327 우리는 명탐정

① 각 팀마다 인원을 5명으로 나누어 과제를 해결하기 위해 필요한 정보지를 각 멤버에게 나누어준다.

② 각 멤버에게는 부분적인 정보 외에는 돌아가지 않지만 전원의 정보를 합치면 문제를 충분히 풀 수 있는 정보를 얻게 된다.

③ 각 멤버는 자기가 가지고 있는 정보의 일부를 다른 멤버에게 알릴 수는 있으나 자기 가지고 있는 정보 쪽지는 다

른 멤버에게 줄 수 없다.

④ 정보 중에는 문제해결에 도움이 안 되는 것도 있다.

⑤ 다음의 과제를 해결하도록 한다.

　· 과제 1) 조 선생님은 어떤 순서로 각 반을 가르쳤습니까?

　· 과제 2) ○○초등학교의 시간표를 완성하시오(교생선생님 포함).

⑥ 과제를 해결하는 데 필요한 정보는 다음과 같다.

　▷정보 1

　· 서일 초등학교에는 4명의 교사와 2명의 교육실습생이 있는 4개 반이 있다.

　· 각 반은 자기들 스스로가 자기 분단의 별명을 가지고 있다.

　· 교사 전원은 같은 시간에 모두 수업시간에 참석하고 있어 시간마다 교실을 변경한다.

　▷정보 2

　· 각 교사가 제일 좋아하는 반은 서로 다르다.

　· 넷째 시간에는 각기 자기가 제일 좋아하는 반에서 가르쳤다.

　· 김 선생님은 교무주임이다.

　▷정보 3

　· 각 교사는 그 날 첫 시간부터 넷째 시간까지 모든 반을 가르쳤다.

　· 첫째 시간에 이 선생님은 A반을 가르쳤다.

　· 박 선생님은 4개 반 중에서 A반을 가장 좋아했다.

　▷정보 4

　· 교무주임은 첫 시간에 B반을 가르쳤다.

　· 김 선생님과 조 선생님은 윤 선생님과 같은 시간에 가르치기를 원하기 때문에 시간을 짜기가 매우 어렵다.

　· 어느 반이 가장 다루기 쉬운가에 대해서는 두 교생 선생님(윤 선생님과 임 선생님) 사이에 의견대립이 있다.

　▷정보 5

　· 조 선생님은 둘째 시간에 D 반을 가르쳤다.

　· C반은 다른 반 보다 인원이 많기 때문에 보조교사가 필요하다.

　· C반은 이 선생님에게 셋째 시간에 배웠다.

328 훌라후프 콩나물 시루

① 팀별로 제한 시간 내에, 1개의 훌라후프 안으로
   몇 명까지 들어갈 수 있나를 갖고 승부를 낸다.
② 훌라후프를 허리에 올리고 하거나, 땅에 내려놓고
   한다. 땅에 내려놓고 할 경우 훌라후프를 조금 이
   라도 밟고 있으면, 그 사람은 수에서 뺀다.

CLICK POINT

▶ 훌라후프에 들어가는 제한 시간은 1분이 좋다.

329 뱀 허리 벗기

① 각 팀별로 1열 종대로 줄을 선 후 양발을 벌린다.
② 자기의 왼손을 앞사람의 다리 사이로 넣어 앞사람의 오른손을 잡는다.
③ 시작 신호와 함께 맨 뒷사람부터 누우면, 앞사람들은 발을 벌린 채 천천히 후퇴
   하면서 계속 연결하여 눕는다.
④ 전원이 드러눕게 되면, 반대로 뒷사람부터
   역순으로 일어나면서 앞으로 나아간다.
⑤ 가장 먼저 원래의 형태(1열 종대)로 돌
   아온 팀이 이긴다.

CLICK POINT

▶ 바닥에 위험한 것이 없는지 확인을 한 후 진행한다.

330 인간 콘베이어 벨트

① 팀별 같은 인원으로, 1줄로 하여 옆으로(횡대) 줄을 선다.
② 전원이 그 자리에 눕는다.
③ 맨 앞의 사람은 출발선이고 끝 사람은 도착선이다.
④ 출발 신호와 함께 각 팀의 선수(5명 이상)들은 1번부터 출발하는데, 하늘을 보며 꼿꼿이 출발선 사람 위에 눕는다.
⑤ 누워 있는 사람들은 자기 몸 위에 선수가 올라오면 몸을 오른쪽으로 돌려서 선수를 도착선으로 보낸다.
⑥ 도착선을 통과 한 선수는 반환점을 돌아와 다음 선수와 바톤 터치한다.
⑦ 모든 선수가 들어온 후 먼저 일어서는 팀이 이긴다.

CLICK POINT

▶앞의 내용으로 진행하되, 선수를 보낸 1번째 사람은 일어나서 앞으로 달려가 10번째 사람 다음으로 누워, 11번째 사람이 되고, 2번째 사람은 12번째 사람이 되고, 이런 방식으로 응용해서 사용해도 재미있다.

331 숟가락 바느질

① 팀별로 1줄로 선다
② 숟가락에 끈을 매달아 각 팀의 1번 선수들이 들고 대기한다.
③ 시작 신호와 함께 숟가락을 1번의 오른팔 옷(소매) 속으로 들어가서 왼팔로 나오게 한 다음 2번에게 숟가락을 넘겨준다.

④ 2번은 3번에게…, 끝번까지 먼저 숟가락을 넘겨준 팀이 이긴다.

CLICK POINT

▶숟가락은 반드시 사람의 옷 속으로 지나다니게 한다.

▶숟가락을 팔에서 다리(바지)로 통과시켜 다음으로 넘기면, 다음 사람은 다리에서 팔로 통과시켜 다음으로 넘겨도 재미있다. 단, 치마는 안 된다.

▶도구를 큰 빗이나 요리용 젓가락 등으로 다양하게 변형해도 좋다.

332 밤의 가마행렬

① 팀별 5사람이 1조가 되어 릴레이 대형으로 줄을 선다.

② 5사람 중 4사람은 눈가리개를 하고 튼튼한 정사각형의 천(1m 이상) 귀퉁이를 각 각 잡고, 남은 1사람은 천 위에 올라탄다.

③ 시작 신호와 함께 가마를 탄 사람이 앞을 못 보는 가마꾼들을 이리저리 운전하여 반환점을 돌아와 다음 조에게 가마(천)와 눈가리개를 준다.

CLICK POINT

▶가마가 지나가는 길을 꼬불꼬불하게 하거나 장애물을 설치하면 더욱 재미있다.

▶가마꾼은 남자로, 가마 타는 사람은 여자로 하는 것이 좋다.

333 젓가락 릴레이

〈준비물〉 젓가락, 성냥, 바둑알, 구슬

① 각 팀별로 개인마다 젓가락 1개씩을 가지고 1줄로 선다.

② 지도자는 각 팀의 1번에게 성냥갑 3개를 주고 시작 신호와 함께 젓가락으로 성냥갑을 하나씩 집어 뒷사람에게 전달한다.

③ 3개의 성냥갑을 떨어뜨리지 않고 끝까지 먼저 보내는 팀이 이긴다.

④ 도중에 성냥갑을 떨어뜨리면 처음부터 다시 시작해야 한다.

CLICK POINT

▶ 젓가락 2개를 한 손에 잡고 하는 것보다는 한 손에 1개씩 잡고 양손으로 젓가락질을 하게 하면 더 재미있다.

▶ 성냥갑 대신 구슬이나 바둑알 등 집기가 어려운 것을 이용하면 좋다.

334 허둥지둥

① 문짝을 설치한다.

② 팀별 1줄로 선다.

③ 시작 신호와 함께 1번이 문을 닫는다.

④ 끝번까지 통과가 끝나면 1번은 문을 닫는다.

⑤ 다시 반대 방향으로 1번부터 끝번까지 문을 통고하고 문을 닫으면 이것이 1회이다.

⑥ 10회 또는 그 이상의 횟수를 정하고 어느 팀이 더 빨리 왕복하는지를 본다.

CLICK POINT

▶ 문은 반드시 닫고 난 다음 열도록 해야한다.

▶ 문을 설치하기가 곤란하면 훌라후프나 터널을 만들어 이것들을 통과하도록 한다. 생각보다 힘들면서 재미있는 게임이다.

335 모자이크 그림

〈준비물〉 도화지, 크레파스

① 지도자는 도화지를 5등분이 되도록 접어서 각 팀이 1번 사람에게 도화지와 크레파스를 나누어준다.

② 1번은 도화지의 맨 윗 부분에 사람의 머리 부분을 그리고 2번은 목부분을, 3번은 양팔과 가슴 부분을, 4번은 허리 부분을 5번은 다리 끝까지 그리게 한다.

③ 그림이 전달되는 동안 절대로 앞사람이 그려놓은 그림은 볼 수 없다

④ 도화지를 펴서 전체 그림을 보고 결과를 평가한다.

CLICK POINT

▶도화지를 사람의 수만큼 준비하여 동시에 각자가 많은 부분을 그린 후 한 곳에 모아 대형 그림을 완성해도 좋다.

▶이러한 게임은 게임의 승패보다는 작업하는 과정에서 서로가 친숙해지는 것에 목적을 두어야 한다.

336 소문 만들기

〈순비물〉 볼펜, 종이

① 각 팀에게 종이와 볼펜을 나누어준다.

② 각 팀의 지도자가 팀별로 한 사람씩 돌아가면서 소문을 더해 가며 종이에 쓴다.

③ 예를 들어, 지도자가 '철이네 아빠 이가 다 빠졌네'라고 문장을 팀에게 똑같이 주면, 각팀은 다음과 같이 이야기를 한 사람씩 더해 가며 엮어 나갈 수 있다.

'엿 먹다가 빠졌대 → 그래서 치과에 갔대 → 의사 선생님이 틀니를 해 넣으래

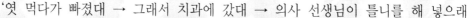

→ 돈이 없어서 싼 틀니로 했대 → 이제 딱딱한 음식도 잘 먹는대 → 너무 잘 먹어서 뚱뚱해졌대 → 너무 뚱뚱해져서 한번 누우면 일어나기가 힘들대 → 식이요법과 운동으로 살이 쫙 빠졌대 → 틀니까지 빠졌대……'와 같은 방법으로 문장을 만들어 나간다.

CLICK POINT

▶일정한 시간을 주어 각 팀이 소문을 완성한 후, 팀별로 발표한다.
▶배경음악을 사용하는 것도 좋다.

337 배사장님 나가신다

〈준비물〉 신문지
① 반환점을 향해 팀별 1줄로 줄을 선다
② 맨 앞의 1번 주자에게 신문지 1장씩을 준다.
③ 시작 신호와 함께 1번은 신문지를 배에 올려놓고, 양손은 뒷짐을 지고, 바람을 이용해(공기의 저항) 신문지가 떨어지지 않도록 하여 반환점을 돌아와 2번에게 신문지를 넘겨준다.
④ 신문지가 떨어지면 처음부터 시작한다.

CLICK POINT

▶야외에서 할 때에는 나뭇잎을 이마에 대고 하거나, 머리 위에 올려놓고 한다.

338 방석빼기

〈준비물〉 방석, 스펀지
① 방석 10개를 포개 놓는다.

② 2사람이 한팀 되어 A는 방석 위로 올라가 앉고
B는 옆에 선다.
③ 시작 신호와 함께 A는 앉은 상태로 펄쩍 뛰고
B는 방석 1개를 빨리 잡아 뺀다.
④ 계속 반복하여 방석 10개를 모두 빼내는 데 걸
리는 시간으로 승패를 가른다.

CLICK POINT

▶커플게임으로 응용해도 좋다
▶방석 대신 압축 스티로폴이나 두꺼운 스펀지를 방석 크기로 잘라서 이것으로 게임을 해도 재미있다.

339 가상 줄넘기

① 각 팀별로 나와서 두 명은 줄을 돌리고 나머지는 주자가 된다.
② 줄을 돌리는데 줄은 없고 가상의 줄을 돌리는 것이다(황당하지만 재미있다).
③ 팀원이 많으면 2열 종대로 서서 한다.
④ 연습은 두세 번 시켜보고 시작한다.
⑤ 시작과 함께 줄을 돌리는 사람의 손
과 뛰어 넘는 사람들의 발을 모두가
무사히 넘었는지, 또한 누구 한 사람
이라도 틀렸는지 알아내서 승패를 가
른다.

CLICK POINT

▶줄이 없어 처음에는 황당할 지 몰라도 매우 재미있는 게임이다.
▶지도자가 진짜 줄이 있는 것처럼 너무 낮게 돌려 사람들이 뛰기 힘들다는 말을 하면 참가자들의
흥미를 유발시켜 게임의 재미를 더한다.

340 우리팀의 IQ

〈준비물〉 긴 작문이나 노래가사 카드, 볼펜 5자루, 종이 5장

① 각 팀을 종대로 길게 서게 한 후 각 팀 5명의 대표주자를 앞으로 나오게 한다. 지도자는 미리 작성해 놓은 긴 작문의 카드를 보여 주고 이것을 1분 동안 외우도록 한다.

② 1분이 지나면 지도자는 이 작문카 드를 주머니에 넣는다. 그리고 각 대표주자끼리 간격을 3미터정도 거리를 두고 서있게 한다. 이어서 그 다음 주자들이 지도자의 구령 소리에 따라 각 팀 대표주자들에 게 달려가 전송이 끝나면 다른 한 곳에 모이도록 한다.

③ 이 때 대표주자들이 전송이 끝나면 다른 한곳에 모이도록 한다.

④ 이러한 방식으로 계속 한사람씩 나와서 메시지를 전달하는데 이렇게 하여 제일 마지막 주자는 지도자가 준비해 둔 볼펜과 종이를 받아 앞 주자로부터 전송 받은 긴 작문을 기억하여 종이에 써 내려간다.

⑤ 지도자는 이것을 다 수거하여 다시 다 모인 자리에서 먼저 원래의 긴 작문을 읽어 주고 나서 각 팀별로 전송한 작문을 읽어준다.

⑥ 각 팀의 전송된 작문이 앞뒤의 내용이 맞지 않고 상이하게 되어 있는 경우가 많아 재미있는 게임이다.

메시지 예문 : 내발산동 78번지에 사는 진떡배씨는 밥을 많이 먹기로 유명하고 구파발 34번지에 사는 나떡순씨는 잠을 많이 자는 것으로 동네에 소문이 자자했다. 이 두 사람은 우연히 왕십리 뒷산을 산책하다 눈이 맞아 이것이 운명의 만남으로 이어져 2003년 9월 23일에 결혼을 하게 되었다. 그런데 결혼은 했지만 부부는 밥과 잠만 좋아하고 다른 것에는 관심이 없었다. 어느덧 10년이 흘러 이들 부부는 체중이 늘었는데 남편은 112kg, 허리 59인치이고 부인은 78kg, 허리 43인치나 되었다.

CLICK POINT

▶ 노래가사로 대신할 수 있다.
▶ 지도자는 숫자의 정확함과 문맥의 뜻이 연결되는지를 확인하여 점수를 부여한다.

3 공동체훈련

341 사막에서의 조난 극복

① 팀을 8~12명이 되게 편성한다.
② 사막에서의 조난 상황 기록지와 물품 목록표를 배부한다.
③ 개인별 순위를 1난계란에 기록하게 한다.
④ 팀별 순위를 2단계란에 기록하게 한다.
⑤ 전문가의 결정 순위와 그 이유를 알려준다(3단계란에 기록)
⑥ 개인 오차(4단계)와 집단 오차(5단계)를 계산하여 보고하게 한다.
⑦ 팀별 의사결정의 과정과 그 합리적 결정 배경에 대해 검토해본다.

상황 – 때는 더위가 최고의 기승을 부리던 8월 어느 날 아침 10시 여러분이 타고 가던 쌍발엔진 경비행기는 미국의 남서쪽 쏘노라 사막에 추락하였습니다. 조종사를 비롯하여 승무원과 비행기는 전부 불에 타 버렸고 여러분만이 살아 남았습니다.

조종사는 추락하기 이전에 비행기의 위치를 아무에게도 연락하지 못했습니다. 그러나 다행치도 타다 남은 비행기의 계기는 우리의 위치를 대충 알게 하는 데 도움이 되었습니다. 우리는 어느 탄광촌으로부터 남남 서쪽 70마일 지점에 추락하였습니다. 그리고 비행기는 예정 항로에서 65마일이나 벗어나서 비행하다가 추락하였음을 알았습니다.

추락 지점은 아주 평평한 사막 지대입니다. 선인장 외에는 식물이라고 전혀 찾아볼 수 없는 볼모지 입니다. 일기예보에 따르면 현재 온도는 43도이며 지표면의 온도는 49도입니다.

여러분은 얇은 반소매 셔츠와 바지를 입고 있으며 양말과 구두를 신고 있습니다. 모든 사람이 손수건을 갖고 있습니다. 여러분이 갖고 있는 현금은 모두 합해서 385,000원 그리고 담배 3갑 볼펜 3개가 있습니다. 그러나 다행히도 비행기가 불타기 시작했을 때 우리는 다음의 15가지 물품을 건져냈습니다. 이들은 모두 쓸 수 있는 상태였습니다.

과제 – 여러분이 살아남는데 가장 중요하다고 생각되는 것부터 차례대로 1~15까지 번호를 매겨 그 번호를 1단계 난에 각자 적으십시오. 누구와도 의논하지 말고 여러분은 혼자서 조용하게 하기 바랍니다.

물품명	1단계	2단계	3단계	4단계	5단계
6볼트 크기의 전지					
잭나이프(다용도 등산용 칼)					
지역별 지도					
어른용 플라스틱 우비					
자기 장치 나침반					
붕대를 포함한 찜질 의료기구					
45구경권총(실탄장진)					
빨갛고 흰색으로 된 낙하산					
정제소금(1000알)					
1인당 1리터의 물					
"사막에 사는 식용 동물"책					
1인당 썬글라스 1개					
보드카 2병					
1인당 겉저고리 한 벌					
여자 화장용 손거울 1개					
합계					

물품명	1조	2조	3조	4조
6단계: 평균 개인 득점				
7단계: 집단의 오차(5단계)				
8단계: 6단계−7단계(향상도)				
9단계: 최저오차/최대오차				
10단계: 집단오차 이하자 수				
집단의사 결정시 소요시간	분	분	분	분

전문가의 결정순위와 그 이유

물품명	순위	순위 결정 이유
6볼트 크기의 전지	4	밤에 구조대에게 신호용
잭나이프(다용도 등산용 칼)	6	연장으로 사용
지역별 지도	12	주로 구조대가 다가올 방향 인식에 도움
어른용 플라스틱 우비	7	야간에 추위를 이길 수 있음
자기 장치 나침반	11	구조대의 방향 인식에 도움
붕대를 포함한 찜질 의료기구	10	화상이나 상처 치료에 도움
45구경 권총(실탄 장진)	8	강력한 지도력에 사용, 신호용, 호신용 가능
빨갛고 흰색으로 된 낙하산	5	구조 비행기에 조난 위치 식별용으로 사용
정제 소금(1,000알)	15	필요가 그다지 없음, 먹으면 위험
1인당 1리터의 물	3	탈수 방지 위해, 생존 위해 필수적
"사막에 사는 식용 동물"책	13	큰 도움이 되지 않음
1인당 선글라스 1개	9	시력 보호용
보드카(술)2병	14	상처 소독용으로 사용 가능
1인당 겉저고리 한벌	2	화상 방지 및 야간 보온용
여자 화장용 손거울 1개	1	주간에 구조 비행기에 신호용

342 NASA GAME

① 팀별로 8~12명이 되게 편성한다.

② 상황설명 기록지와 물품 목록표를 배부한다.

③ 개인별 순위를 1단계 난에 기록하게 한다.

④ 팀별 순위를 2단계 난에 기록하게 한다.

⑤ 전문가의 결정 순위와 그 이유를 알려준다(3단계 난에 기록).

⑥ 개인 오차(4단계)와 집단 오차(5단계)를 계산하여 보고하게 한다.

⑦ 팀별 의사결정의 과정과 그 합리적 결정 배경에 대해 검토해본다.

상황 – 여러분은 달여행 우주선의 맴버입니다. 계획으로는 밝은 달표면상에서 마중오는 모선과 랑데부하기로 되어 있었습니다. 그런데 여러분의 우주선은 기계의 고장으로 착륙예정지점(모선과의 랑데부 지점)에서 200킬로미터 멀어진 곳에 착륙해 버렸습니다. 게다가 재돌입과 달표면 착륙시에 탑재한 많은 기계를 파손당했습니다. 생존하기 위해서는 여러분은 어떻게 해서든지 모선착륙지점에 가지 않을 수 없습니다. 때문에 달표면 200킬로미터의 여행에 휴대하고 가야 할 필요한 물건을 선택하지 않을 수 없습니다. 다음에는 착륙시 파손을 면하여 완전한 상태로 남은 열 다섯 가지 물건의 리스트입니다.

과제 – 과제는 여러분 승무원 그룹이 랑데부 지점에 도달하기 위한 필요도(중요도)에 따라서 이들 물건에 순위를 결정하는 일입니다. 먼저 당신 개인으로서 순위를 결정하시오. 가장 필요불가결의 물건을 1로 하고 그 다음으로 중요한 것을 2 이하 3, 4, ……의 순으로 적되 가장 필요가 적은 물건을 15로 하여 전 품목에 순위를 기입하시오.

물품명	1단계	2단계	3단계	4단계	5단계
성냥이 든 상자					
우주식					
나일론 로프 15미터					
낙하산의 면포					
운반용 난방기					
45구경권총 두자루					
분유 1케이스					
백파운드들이 산소통 두개					
달에서 본 성좌도					
구명대					
자석의 나침반					
5갤런의 물					
발화신호					
주사바늘이 든 구급상자					
태양으로 작동하는 송수신기					
합계					

물품명	1조	2조	3조	4조
6단계: 평균 개인 득점				
7단계: 집단의 오차(5단계)				
8단계: 6단계−7단계(향상도)				
9단계: 최저오차/최대오차				
10단계: 집단오차 이하자 수				
집단의사 결정시 소요시간	분	분	분	분

전문가의 결정순위와 그 이유

물품명	순위	순위 결정 이유
성냥이 든 상자	15	산소가 없다.
우주식	4	음식을 취하지 않아도 며칠은 견딜 수 있다.
나이론 로프 15미터	6	지형이 나쁜 곳을 넘기 위하여
낙하산 면포	8	운반, 눈가리개
운반용 난방기	13	밝은 달표면은 뜨겁다(당분간은 밤이 되지 않는다).
45구경 권총 두자루	11	추진력으로서 어떤 용도가 있을 것이다.
분유 1케이스	12	물이 필요한 보조 식량
100파운드들이 산소통 2개	1	달표면에 공기는 없다.
달에서 본 성좌도	3	방향을 알기 위해 필요
구명대	9	운반,해가리개,내용물인 가스를 추진력 등의 이용가치
자석 나침반	14	달표면의 자장은 매우 약하다. 그리고 지구와는 다르다.
5갤론의 물	2	물 없이는 오래 견딜수 없다. 우주복 내부는 발한작용이 크다.
발화 신호	10	시계내신호
주사바늘이 든 구급상자	7	구급약품 영양제 등을 사용할 수 있다. 바늘은 특히 관계가 없다.
태양으로 작동하는 송수신기	5	FM원거리는 곤란하더라도 연락용으로는 필요하다.

343 톰과 제리

① 7~8명을 1개팀으로 하여 팀을 나눈다.

② 각 팀에서 한 명을 '톰'으로 정하고 또 다른 한 명은 '제리'로 정한다.

③ 나머지 멤버는 손을 맞잡고 원을 그린다.

④ 다음 톰은 제리를 잡으러 다니고 제리는 도망다닌다.

⑤ 도망가는 제리에게는 팀언들이 쉽게 길을 열어 주고 쫓아가는 톰에게는 결사적으로 길을 막아준다.

⑥ 한 팀이 끝나면 그 역을 다름 팀이 바꾸어서 해 본다.

⑦ 모두 마친 후에 각각의 역할에 대해 느낌을 나눈다(집단에서의 소외와 배척).

344 집단 COPY

① 도화지 또는 질이 좋은 종이 1인 1매와 크 레파스를 1인 1통씩 준비하고 팀별로 탁자에 둘러앉는다.

② COPY를 써서 제출하면 지도자가 읽으면서 그 장본인을 소개한다. 혹은 자신이 스스로 소개한다(예 : 안녕맨, 밤의 여왕, 고독한 남 자. 산소같은 여자 등).

③ 4~5명씩 팀을 정하고, 그 팀에서 어떤 사람 을 선전할 수 있는 광고를 만든다. 혹은 자기 팀 안에 있는 구성원들이 copy를 이용해서 어떤 상품을 선전할 수 있는 광고 작품을 만든다.

④ 게임을 하면서 느낀 점들을 이야기하고 끝낸다.

345 젊은 여성과 선원 이야기

① 젊은 여성과 선원 이야기 상황문을 배부하여 읽게 한다.

② 개인 호감도 순위를 기록하게 한다.

③ 집단의 순위를 기록하게 한다.

④ 개인오차와 집단 오차를 계산하여 보고하게 한다.

⑤ 오차의 차이에 대한 의미와 결과를 해석해 준다.

⑥ 모든 과정을 마치고 각자의 느낌을 발표하고 피드 백을 준다.

상황 – 폭풍우를 만나 한 척의 배가 침몰했습니다. 그 배에 타고 있던 사람들 중에서 운 좋게 다섯 사람이 2척의 구명 보트를 잡을 수 있었습니다. 보트 한 척에는 선원과 젊은 여성 그리고 노인 이렇게 세 사람이 타고 다른 한 척에는 젊은 여성의 약혼자와 그 친구가 타고 있었습니다. 그런데 두 보트는 악천후 상태에서 파도에 휩쓸려 서로 다른 방향으로 가게 되었습니다. 젊은 여성이 탄 보트는 어떤 섬에 착륙하였습니다. 약혼자와 동떨어지게 된 그녀는 약혼자가 생존해 있다는 근거를 어떻게 해서든지 잡으려고 하루 종일 또 하나의 보트를 찾아보았습니다. 아무것도 찾을 수가 없었습니다. 다음날 날씨는 회복되었으나 젊은 여성은 아직도 단념을 할 수가 없어서 다시 약혼자를 찾아보았습니다. 그러나 역시 찾지를 못했습니다.

그녀는 그날 바다 저 건너 멀리 떨어진 섬을 발견했습니다. 그녀는 참다못해 약혼자를 찾고 싶은 일념으로 선원에게 "보트를 수리해서 저 섬으로 데려가 주세요"라고 부탁했습니다. 선원은 그녀의 소원이라면 들어주겠다고 말했으나 한가지 조건을 제시했습니다. 그것은 그녀와 하룻밤을 같이 지내자는 것이었습니다.

애가 타고 당황한 그녀는 노인에게 "이 일을 어쩌면 좋을까요, 좋은 방법이 없을까요?" 하고 의논을 했습니다. 노인은 "당신에게 어떻게 하는 것이 옳은 일인지 아닌지를 내가 말할 수는 없어요 당신의 마음에 물어 보고 그대로 따라 가야지요"라고 대답할 뿐이었습니다. 그녀는 고민하던 끝에 결국 선원이 제시한 말을 따랐습니다.

다음날 아침 선원은 보트를 수리해서 그녀를 그 섬에 데려다 주었습니다. 약혼자의 모습을 먼발치에서 찾은 그녀는 모래사장에 발을 내 딛기가 무섭게 있는 힘을 다해 달렸습니다. 그리고 약혼자의 품에 힘차게 안겼습니다. 약혼자의 따뜻한 가슴에 안겨 그녀는 어젯밤의 일을 말할까 말까 여러 번 망설였습니다. 결국 결심을 하고 다 털어놓았습니다. 이 말을 들은 약혼자는 미친 듯이 마구 화를 내며 그녀에게서 멀리 달려가 버렸습니다.

그녀를 본 약혼자의 친구는 그녀 가까이 다가와서 어깨에 손을 얹고 "두 사람이 싸운 것은 잘 알아요 약혼자에게 말을 잘 해야겠지요, 그러면 내가 보살펴 주겠소"라고 말했습니다.

과제 – 위의 이야기에 등장하는 5명의 인물 중 당신이 가장 호감을 가지는 인물부터 그 순위를 개인 순위란에 1, 2, 3, 4, 5,로 기입하시오 단 당신이 느낀 호감도의 관점에서 순위를 정하되 같은 순위는 적시 마시오. 순위기입이 끝난 후 그 순위를 결정하게 된 나름대로의 이유를 간단히 적어 주시오.

등장인물	개인순위	집단순위	오 차	개인의 호감도 순위 결정 이유
젊은여성				
약혼자				
선원				
노인				
친구				

1. 이 실습을 통해서 당신 자신의 생각, 태도, 행동에 대해서 특별히 느낀 점은 무엇입니까?
2. 이 실습을 통해서 참가자 중(자기가 속했던 소그룹 내) 다른 사람의 생각, 태도, 행동 등에 대해서 특별히 느낀 점은 어떤 것입니까?(특히 인상깊게 느꼈던 사람에 대해서)

3 4 6 이혼사유

① 이혼 사유 상황문을 배부하여 읽게 한다.

② 개인 호감도 순위를 기록하게 한다.

③ 팀별로 순위를 기록하게 한다.

④ 개인 오차와 집단 오차를 계산하여 보고하게 한다.

⑤ 오차의 차이에 대한 의미와 결과를 해석해 준다.

⑥ 팀별 의사결정 과정과 관련하여 다음과 같은 설명을 해준다.

⑦ 모든 과정을 마치고 각자의 느낌을 발표하고 피드백을 준다.

이혼사유 - 젊은 부인에게는 아파트의 벽들이 마치 감방의 창살같이 느껴졌다. 3년 전 결혼한 이래로 남편은 줄곧 일에만 관심이 있지 아내에게는 별 관심이 없는 것 같다. 걸핏하면 야근, 출장이고 어쩌다 일찍 들어와도 책상에 앉아서 서류하고만 씨름하고 있었다. 이번에도 해외출장을 떠난 지 1주일이 되었건만 아직 전화 한 통화 없고 아마 1주일쯤 뒤에 느닷없이 벨을 누르고 나타날 것이다.

낮에 다녀간 친구의 얘기가 자꾸만 생각났다. 어떻게 남편 하나만 쳐다보고 사느냐는 이 친구는 학교 때부터 소문난 친구였다. 지금도 혼자 살면서 거의 매일 남자를 바꾼다고 얘기를 했다. 그까짓 돌아보지도 않는 남편을 쳐다보고 어떻게 사느냐는 것이었다.

이 젊은 부인은 외로움에 못 이겨 결국 수화기를 들고 결혼 전부터 자기를 좋아하던 K씨에게 전화를 했다. 그러자 K씨는 당장 나오라는 것이었다. 오랜만에 만난 두 사람은 하룻밤을 같이 지내게 되었다. 그런데 호텔에서 나오는 두 사람을 목격한 남편 친구가 이 사실을 남편에게 이야기했고 그 결과 두 사람은 이혼을 하게 되었다.

과제 - 위의 이야기에 등장하는 5명의 인물 중 당신이 가장 호감을 가지는 인물부터 그 순위를 개인 순위란에 1, 2, 3, 4, 5,로 기입하시오 단 당신이 느낀 호감도의 관점에서 순위를 정하되 같은 순위는 적지 마시오. 순위기입이 끝난 후 그 순위를 결정하게 된 나름대로의 이유를 간단히 적어 주시오

등장인물	개인순위	집단순위	오 차	개인의 호감도 순위 결정 이유
젊은여성				
약혼자				
선원				
노인				
친구				

1. 이 실습을 통해서 당신 자신의 생각, 태도, 행동에 대해서 특별히 느낀 점은 무엇입니까?
2. 이 실습을 통해서 참가자 중(자기가 속했던 소그룹 내) 다른 사람의 생각, 태도, 행동 등에 대해서 특별히 느낀 점은 어떤 것입니까?(특히 인상깊게 느꼈던 사람에 대해서)

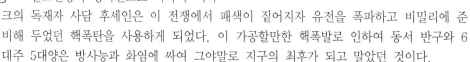

347 최후의 생존자

① 최후의 생존자 상황문을 배부하여 읽게 한다.
② 개인적으로 생존 대상자7명을 선택한다.
③ 팀별로 함께 의논하여 생존 대상자를 선택한다.
④ 실습검토표를 작성한다.
⑤ 서로 피드백을 나눈다.

상황 – 걸프전쟁이 장기전으로 가다가 이라

크의 독재자 사담 후세인은 이 전쟁에서 패색이 짙어지자 유전을 폭파하고 비밀리에 준비해 두었던 핵폭탄을 사용하게 되었다. 이 가공할만한 핵폭발로 인하여 동서 반구와 6대주 5대양은 방사능과 화염에 싸여 그야말로 지구의 최후가 되고 말았던 것이다.

땅위와 땅속에 살고 있는 동물과 식물, 생명이 있는 모든 것은 삽시간에 없어지고 말았다. 그러나 기적은 어느 경우나 있기 마련인가 보다. 초토가 된 지구의 피투성이 속에서도 꼭 12사람의 생명이 건재하여 숨을 쉬고 있었다. 이것이 하나님의 뜻이었는지....

한편 지구의 지하 깊숙한 연구실에서 지구 최후의 이 날을 대비하여 연구를 거듭해 왔던 한국과학원의 한 과학자 유 박사는 캡슐을 만들어 두었었는데 이제 이 캡슐로 지구 상의 방사능이 제거되고 생물체가 생존할 때까지 지구를 떠나 있다가 다시 귀환하여 인류를 다시 시작할 단계에 도달한 것이다. 인간의 생존을 보장하고 있는 현대과학의 완전한 결정체인 캡슐로 지구의 마지막 생존자이며 미래 지구촌의 새 역사적 주인공의 구출 작업을 펴야 할 것이다.

그러나, 그 보호 캡슐에는 과학자 자신을 포함해서 오직 8명만이 탑승할 수 있게 되어 있다. 그러면 지구촌의 유일한 생존자 12명 중 인명 자료를 보고 그 중에서 7명만을 엄선하여 주시기 바랍니다. 자 새 역사 새 주인공을 뽑아 주시기 바랍니다.

구조대상자 명단

1. 과학자   2. 임신중인 농부의 아내   3. 탁월한 외교관
4. 용감한 무장군인   5. 올림픽 축구 선수   6. 인기 절정의 여배우
7. 트럭 운전기사   8. 저명한 역사가   9. 전과 3범이었으나 개과한 여자
10. 16세의 여중생   11. 젊은 성직자   12. 외국에서 유학온 남자 대학생

과제 - 1. 먼저 생존하지 못할 5명과 그 이유는?

2. 이 실습을 통해서 당신 자신의 생각, 태도, 행동에 대해서 특별히 느낀 점은 무엇입니까?

3. 이 실습을 통해서 참가자 중(자기가 속했던 소그룹 내) 다른 사람의 생각, 태도, 행동 등에 대해서 특별히 느낀 점은 어떤 것입니까?(특히 인상깊게 느꼈던 사람에 대해서)

348 구조선에서의 희생자

① 12명에서 16명 사이가 적당하며, 이들 중 10명만 의사결정에 참여시키고 나머지 팀원들은 의사결정 과정을 관찰하게 한다.

② 팀원들 중 10명이 바닥에 그려진 구조선에 들어와 앉게 한다. 나머지 참가자들은 관찰자로서 구조선 주위에 앉게 한 후 관찰하도록 지시한다.

③ 지도자는 구조선에 탄 사람들에게 상황을 설정해 준다

④ 이 과제에 대한 질문을 받고 답한 후, 지도자는 30분 후 알람이 울리도록 장치한 자명종을 구조선 근처에 두어 똑딱 소리를 들을 수 있게 한다.

⑤ 관찰자들에게는 관찰기록지와 필기구를 나누어 준 후 기록지의 지시사항을 읽게 한다.

⑥ 조난당한 사람들은 구조선 안에서 토의를 시작하게 하고, 중간 중간에 남은 시간을 알려준다.

⑦ 알람이 울리면, 토의를 중지시키고 집단 의사결정 과정에서의 느낌을 이야기하도록 한다.

⑧ 관찰자들에게 관찰 소감을 이야기하게 한다.

상황 – 여러분은 유람선을 타고 태평양을 항해하던 관광객이었습니다. 그런데 폭풍이 일어나 모선이 벼락을 맞아 침몰하였고, 모든 구명정도 모두 사라지고 말았습니다. 여러분 집단만이 최후의 생존자인 것입니다. 유일한 구조선이 하나 있어 여러분 10명이 올라탔습니다. 그런데 이 구조선에는 9명분의 식량과 공간밖에 없었습니다. 여러분 중 1명은 나머지 9명의 구조를 위해 희생될 수밖에 없는 처지입니다. 이제 누구를 희생시켜야 할지를 결정해야만 합니다.

여러분 각자는 자신의 입장과 처지를 근거로 자신이 꼭 살아 남아야 할 이유를 주장한 다음, 집단 전체가 합의하여 한 사람을 바다에 던져야만 합니다. 이 말은 투표를 하지말고 결정된 의견에 모두 동의해야만 합니다. 결정할 시간은 30분밖에 없습니다. 30분 후에도 10명이 구조선 안에 있으면 이 구조선은 침몰하게 될 것입니다. 시작 시간을 알려 드리겠습니다.

과제 – 1. 구조선에서 자신을 변호하기 위해 논쟁을 하는 가운데 어떤 일이 일어났습니까? 집단 내에 어떤 반응들이 일어날 것 같았습니까? 어떤 요인들이 작용하고 있는 것으로 보았습니까?

　　　 2. 의사결정 과정 속에서 어떠한 집단역동이 일어났습니까? 정서적 상태는 어떠했습니까? 집단을 움직이는 힘은 무엇이었습니까?

　　　 3. 누가 집단에 영향력을 행사하는 것으로 보았습니까? 그들의 영향력을 어떻게 설명하겠습니까?

　　　 4. 최종 결정할 때의 집단의 분위기는 어떠했습니까? 그 분위기를 어떻게 생각하십니까?

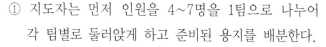

349 주사를 맞아야 할 사람

① 지도자는 먼저 인원을 4~7명을 1팀으로 나누어 각 팀별로 둘러앉게 하고 준비된 용지를 배분한다.

② 지도자는 참사사들에게 이 활동에 필요한 "상황"을 이야기해 준다.

③ 용지에 자기가 생각하기에 제일 먼저 면역주사를 맞아야(살아야) 한다고 생각되는 사람 5명을 (가)란에서 선정하여 (나)란 제1순위에 기록한다.

④ 그 다음 제 2순위로 주사를 맞아야 할 사람 5명을 기록한다.

⑤ 기록이 끝난 다음 팀별로 전체 순위를 정하여 (다)란에 기입하도록 한다.

⑥ 팀별로 결정된 것을 발표하게 하여 전체가 우선순위를 어떻게 정했는지를 알아

본다(각 팀이 결정한 것을 칠판에 혹은 종이에 기록하여 빈도수를 확인함으로써 전체적인 의사를 알아낸다).

⑦ 전체가 정한 것과 자신이 정한 것을 비교하여 (마)란에 제1순위에는 몇 명이, 제2순위에는 몇 명이 같았는지 비교하게 한다.

⑧ 지도자는 전체의 우선순위를 설명하고, 100% 같은 사람이 있는가를 알아보고, 있으면 기립시켜 그에게 박수를 한 다음, 대부분의 사람들은 똑같은 견해를 가지고 있지 않다는 것과, 이견을 좁히기 위해서는 서로 진지하게 타인의 주장을 들어 주고 자신의 주장을 하여야 한다는 점을 지적하고 종결을 알린다.

상황 – 지금 여러분께 배분한 용지에는 방공호에 피신해 있는 각기 다른 직종을 가진 18명의 사람들이 나열되어 있습니다. 이들은 길 가던 보행자들이었으므로 서로 아는 사람은 한 명도 없습니다. 방공호에서 생활한 지는 10여 일이 되었으며 아직도 이들은 몇 개월 더 지낼 수 있을 만큼 충분한 식량과 물이 있습니다. 그러나 이들은 모두 곧 밖으로 나오기를 바라고 있습니다. 그 이유는 이곳에 오래 있으면 결국은 식량이 떨어져 죽을 수밖에 없고, 또 밖으로 나오면 혹시 다른 생존자들을 만날 수 있을지도 모르기 때문입니다. 그러나 밖으로 나오기 위해서는 우선 원자재 방사선으로부터 보호를 받을 수 있고 각종 전염병으로부터도 보호를 받을 수 있는 '특수한 예방주사'를 맞아야만 합니다. 그런데 이 방공호에서 현재 그것이 5개밖에 없고 혹시 사람들이 나가서 근처에 있는 다른 방공호에서 구한다 하여도 5개 이상은 더 구할 수 없을 것 같습니다. 즉 결국 8명 정도는 이 방공호 속에서 지내다가 생을 다할 수밖에 없습니다. 이러한 경우 당신은 이 사람들 중 과연 누구부터 현재 가지고 있는 주사를 맞도록 해야 할 것인지 빠른 시간 내에 선정하여 주십시오.

기록용지

　가. 방공호에 있는 사람

　　A 남자 : 전기 수리공, 물리학자, 운전사, 의사, 판사, 목사, 생물학자, 배우, 군인, 정치가, 대학생, 벽돌공, 기업가

　　B 여자 : 임산부, 간호사, 요리사, 영양학 교수, 고등학교 학생

　나. 주사를 맞을 순서(개인선정)

　　제1순위(5명)　　　　　　　제2순위(5명)

　다. 주사를 맞을 순서(집단선정)

　　제1순위(5명)　　　　　　　제2순위(5명)

　라. 주사를 맞을 순서(전체의 선정)

　　제1순위(5명)　　　　　　　제2순위(5명)

　마. 자신이 선정한 사람들과 전체가 선정한 사람들과 일치하는 숫자

　　A (　　　)명　　　　　　B (　　　)명

350 광고회사

① 지도자는 각 팀별로 끝내야 할 과제를 주고 참가자들이 함께 작업해야 함을 설명한다. 과제는 다음과 같다.

과제 - 여러분들은(그룹 구성원들) 광고회사를 위한 기획팀입니다. 사탕 회사가 초콜릿과 캐러멜, 호두로 새로운 캔디 바를 만들었습니다. 그리고 그 광고회사는 여러분의 팀에게 이 새로운 캔디 바의 이름과 1분간의 라디오 광고를 디자인해 달라고 여러분을 고용했습니다. 결론적으로 말해서, 여러분의 팀은 다음에 주어질 5분 동안 캔디 바의 이름을 만들어야 합니다. 그리고 나서 여러분은 라디오 방송에 광고될 광고문을 약 30분 동안 디자인하는 것입니다.

② 지도자는 충분히 이해를 시킨 후에, 빈 종이와 연필을 나누어주고 큰 전지와 매직펜도 그룹별로 나누어준다. 그리고 참가자들이 그 캔디 바의 이름을 짓도록 시간을 준다. 참가자들은 별도의 지시를 할 때까지 라디오 광고를 작성하지 않도록 한다.

③ 작성한 광고문을 발표하게 한 후, 다음에 보기에 나오는 항목들에 대해 효과적인 팀웍의 척도를 표시하여 각 팀의 작업에 대해 평가해 본다.

	최저		보통		최고
참여도	1	2	3	4	5
협 동	1	2	3	4	5
융통성	1	2	3	4	5
서로에 대한 민감도	1	2	3	4	5
위험성	1	2	3	4	5
과업에 대한 의견	1	2	3	4	5
그룹과정의 용이	1	2	3	4	5
서로에 대한 개발	1	2	3	4	5

4 대표자 릴레이

351 바벨탑의 최후

① 같은 크기의 종이박스 30개를 준비한 후에 종이박스를 조립하여 탑을 누가 먼저 쌓는가 하는 경기로 2인1조로 진행된다.

② 게임은 종이 박스를 해체한 다음 시작한다. 팀 당 15개씩 주어진다. 호루라기 소리와 함께 2명이 박스를 모두 조립하여 15층탑을 먼저 쌓는 팀이 이긴다.

③ 마음이 급하면 높이 쌓을 수 없으므로 침착하게 전체적인 균형을 유지하도록 주의한다.

352 양복입기 릴레이

① 두 팀으로 나누어 지도자의 신호와 함께 제일 앞에 선 사람부터 미리 준비된 양복 상의를 입고 단추를 채운다.

② 지도자의 확인과 함께 다시 벗은 후, 다음 사람에게 전달한다.

③ 이와 같은 요령으로 가장 끝에 있는 사람까지 먼저 도달한 팀이 이기게 되는 게임이다

CLICK POINT

▶옷은 제일 큰 사이즈를 준비한다.

353 만리장성

① 시작 신호와 함께 팀 전원은 옷이나 넥타이 같은 자기가 소지하고 있는 물건을 잇는다. 지정된 시간 동안 팀원들이 협력하여 소지품을 가장 멀리 이어가면 이기는 게임이다..

② 지도자가 끝 부분을 잡아당겨서 끊어지면 끊어진 거리까지만 인정하고 가장 길게 연결한 팀이 승리한다.

③ 노끈이나 실은 소지품 중에서 제외시켜야 하며 웃음을 연출하기 위해서는 바지나 속옷이 나오면 큰 가산점을 준다고 유도한다.

CLICK POINT

▶팀 전원의 옷이나 소지품을 이용하지만 팀원 전체가 참가하면 게임이 너무 빨리 끝나게 되므로, 소지품을 엮는 사람은 팀원 5명 정도로 대표를 선발하여 운영하는 것이 좋다.

354 타이슨 권투

① 팀별로 대표자를 선발하여 토너먼트 형식으로 진행한다. 진행 요령은 먼저 준비된 사과상자나 나무 위에 올라가서 권투 글러브를 양손으로 잡고 상대방을 밀어 밖으로 떨어뜨리는 경기로 3전2선승제로 한다.

② 단, 글러브로 얼굴을 밀어서는 안 된다.

③ 준비물은 동대문 완구상가에 가면 살 수
있는 간이 권투 글러브 중 제일 큰 것으로
사서 글러브 안에 솜을 잔뜩 집어넣고 글러
브 입구에 2m 정도의 나무 막대를 꽂아서
조여 놓으면 장비가 완성된다.

CLICK POINT

▶수영장에서 활용하면 더 재미있다.

355 시너지 파워

① 팀별로 10~15명이 원형 천을 잡고 천 위에 고무공(지름 1m)을 올려놓은 상태에
서 팀원이 함께 튀겨 가장 오랫동안 공을 튀기는 팀이 승리하는 게임이다.

② 처음에는 잘 안되겠지만 약 2분 정도 연습
시간을 준 뒤 실시하면 팀워크가 형성되면서
게임 진행이 원활해진다.

③ 공이 떨어지거나 손을 사용하게 되면 실격
처리가 되고 공이 천에서부터 약 1m 이상
올라가야 득점으로 인정된다.

CLICK POINT

▶한 팀씩 기록을 측정하면서 진행할 수도 있으나 여러 팀이 동시에 진행하도록 한다.
▶천이 없을 때에는 팀원 전체가 손을 이용하여 하늘로 높게 띄운다.

356 공 굴리기

① 각 팀별로 대표선수를 3인1조(남 2, 여 1)로 구성한다.
② 준비물은 소형 애드벌룬을 준비하고 송풍기로 바람을 넣어서 명랑 운동회 앞부

분에서 진행하는 것이 좋다(서서히 바람이 빠지기 때문).

③ 진행 요령은 출발선에서 시작 신호와 함께 2~3명이 함께 애드벌룬을 준비하여 진행해야 한다(유아 : 지름 1m, 성인 : 1.5m 이상).

④ 안전사고 예방을 위하여 다음 팀에게 공을 넘길 때는 반드시 자기 팀 뒤를 돌아온 뒤 다음 조에게 인계하도록 한다. 들어오는 팀과 나가는 팀의 충돌이 있을 경우 애드벌룬의 탄력에 의해 부상을 당할 우려가 있으므로 각별히 주의해야 한다.

⑤ 팀원이 적을 경우에는 3전 2선승제로 경기를 운영해도 좋다.

CLICK POINT

▶지도자는 참가자들의 남녀 비율을 파악하여 진행한다.

357 무지개 용사들

① 3사람이 한팀이 되어 7개 팀이 출발선에 선다.

② 막대기 7개를 출발선과 반환점 중간 지점에 놓는다.

③ 1팀부터 출발하여 중간 지점에 있는 막대기 1개(빨강)를 오른손으로 집아들고 반환점을 돌아온다.

④ 2팀 3사람은 1팀이 들고 온 막대기를 왼손으로 함께 잡고 출발하여 중간 지점에 있는 또 다른 막대기 1개(주황)를 오른손으로 잡아 들고뛴다.

⑤ 처음은 3사람이 뛰고, 두 번째는 6사람이, 세 번째는 9사람이 뛴다.

⑥ 21사람이 함께 막대기를 들고 먼저 들어오는 팀이 이긴다.

358 인간 소포 전달

① 각 팀의 남자 10명을 선발하고, 이어서 각 팀에서 남녀 구분 없이 가장 가벼운 선수 1명을 선발한다.

② 10명 중 첫 번째 선수가 가벼운 선수를 업고 반환점을 돌아온 뒤, 다음 선수 등에 전달한다.

③ 같은 방법으로 전달받은 선수는 반환점을 돌아온 뒤 세 번째 선수에게 전달한다.

CLICK POINT

▶등에 업힌 선수를 다음 선수에게 전달할 때 등에 업힌 선수의 다리가 땅에 닿으면 실격 처리되므로 선수들 모두가 함께 돕도록 한다.

359 달리기 메들리

① 운동장에 10m 간격으로 평행선 7개를 긋는다.

② 1번 선은 출발선이고 7번 선은 도착선 이다.

③ 1번 선에서 2번으로 갈 때는 걸어서 가고(경보) 2번에서 3번으로 갈 때는 뛰어서 가고, 4번으로 갈 때는 뒤로 돌아서 뛰어가고, 5번에서는 토끼뜀으로, 6번으로 갈 때는 한 발을 들고(깽깽이), 7번으로 갈 때는 손을 땅에 대고(4발로) 기어서 들어온다.

④ 개인전으로 할 경우는 시간을 재고 팀 대항전으로 할 경우는 릴레이 경기로 진행한다.

⑤ 지도자의 재량에 따라 거리와 뛰는 방법에 변화를 주면 좋다. 예) 오리걸음, 낮은 포복, 높은 포복, 굴러서 가기 등

360 세발자전거 릴레이

① 꼬마들이 흔히 타고 노는 세발자전거를 이용해 경기를 해 보면 아주 색다른 재미를 느낄 수 있다.
② 팀별로 세발자전거를 타고 반환점을 돌아오는 릴레이 경기로, 남녀노소 모든 대상에 적용할 수 있는 경기이다.
③ 세발자전거 페달을 밟으며 어릴 적 추억을 상기한다면 재미있는 경기가 될 것이다.

361 캔디 만들기

① 팀별로 풍선과 커다란 통비닐을 준다(인원수에 따라 길이에 차등을 둔다. 보통 5m나 7m가 좋다).
② 시작 신호와 함께 팀원 전체가 협력하여 풍선을 불어서 비닐 안으로 집어넣는다.
③ 제한 시간 내에 아름다운 공(비닐)을 크게 만드는 팀이 이긴다.
④ 시작하기 전에 비닐의 한쪽 끝을 묶어 놓고, 제한 시간이 되면 다른 한 쪽 끝을 묶는다.

CLICK POINT

▶ 사전에 비닐에 붙일 글자를 준비하여 완성과 함께 글자를 붙이도록 하는 것이 좋다.

362 올챙이 특공대

① 각 팀에서 5~7명의 대표자를 뽑아 일렬로 세운다.

② 맨 앞사람 배부분에다 풍선을 넣고, 옷으로 감싼다(임산부 배모양).

③ 지도자의 신호에 따라 메트리스가 펼쳐진 곳까지 뛰어가서, 양팔과 양다리를 펼치며, 매트리스에 몸을 날려 풍선을 터트리고, 다음 사람에게 교대하는 릴레이 게임이다.

CLICK POINT

▶중간 위치에 '훌라후프', '제기차기' 등의 게임을 추가하면 더욱더 흥미있는 게임을 유도할 수 있다.

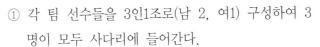

363 칙칙폭폭 릴레이

① 각 팀 선수들을 3인1조로(남 2, 여1) 구성하여 3명이 모두 사다리에 들어간다.

② 선수들은 럭비공을 몰고 반환점을 돌아와야 하는데, 럭비공은 가장 앞사람만이 발로 몰 수 있고 그 뒤의 사람들은 앞사람이 가는 대로 따라가야만 한다.

③ 럭비공이 타원형이기 때문에 방향을 예측할 수 없으므로 흥미진진한 경기가 된다.

CLICK POINT

▶럭비공 대신 일반 축구공이나 배구공으로 진행해도 가능하다.

364 종합 장애물

① 각 팀 선수들은 경기장에 놓여 있는 장애
물 4개를 차례로 통과하여 다음 선수에게
바통을 넘겨준다.

② 1코스 : 그물, 2코스 : 줄사다리, 3코스 :
터널, 4코스 : 공기막 장애물

CLICK POINT

▶바통은 일반적인 바통보다 눈에 잘 띄는 초대형으로 제작하여 이용하면 더욱 흥미롭다.

365 공주님 모시기

① 가마에 남자가 가마꾼이 되어 자기팀 여자들을
다 태워 다른 쪽으로 이동시키는데 빨리 이동시
키는 팀이 이기는 게임이다

② 꼭 사람이 아니더라도 된다. 예를 들어서 가벼운
풍선, 큰 곰인형을 옮기는 게임으로 변형을 해서
실시를 해도 된다.

366 지네발 릴레이

① 팀별 4사람이 1조가 되어 슬리퍼를 신 듯이 지네 발을 신고 앞사람의 허리를 잡
는다.

② 출발 신호와 함께 4사람이 협력하여 반환점을 돌아오고 다음 조에게 지네발로
바통 터치를 한다.

③ 반환점에서 맨 앞사람은 뒤로, 다른 사람들은 1칸씩 앞으로 자리를 옮기고 돌아
　오는 규정을 두어도 재미있다.

④ 지네발 1개를 오른발에 신고 반환 점에서는 왼발로 옮겨 신고 들어오는 경기도
　재미있다. 많은 인원으로 진행할 경우, 끈을 여러 개 달면 된다.

367 공 보내기 릴레이

① 각 팀은 앞을 보고 한줄로 선다.

② 시작 신호와 함께 정해진 방법대로 공을
　뒤로 보내면 맨 뒷사람은 공을 갖고 앞으
　로 나와 1번에게 공을 준다.

③ 가장 먼저 1번에게 공을 주는 팀이 승리하
　는 팀이다.

예) 머리위로 공 보내기, 공을 받아 다리 사
　이로 보내고, 다리 사이로 공을 받아 머리
　위로 보내기, 옆으로 공 보내기

CLICK POINT

▶맨 뒷사람이 공을 갖고 1번에게 갖다줄 때, 공을 무릎과 무릎 사이에 끼고 갖다 주도록 하면
진풍경이 벌어진다.

368 치킨런

① 일정 공간을 만든다

② 2사람씩 짝을 짓게 한다.

③ 술래를 한 쌍 선발한다.

④ 한사람은 눈을 감고 남은 한사람이
　눈을 가린 사람을 말로서 움직이게

한다(왼쪽, 왼쪽, 오른쪽! 앞으로! 이런 식으로).

⑤ 술래 역시 운전자의 지시를 받아 이동을 해서 손으로 치면 그 사람이 술래가 된다. 물론 다른 사람들은 필사적으로 움직여서 도망다녀야 한다.

CLICK POINT

▶ 도망다니는데 절대 뛰어서는 안 된다는 조건을 달면 더욱 재미있다.

369 폭탄 주고받기

① 풍선에 물을 넣고 2인 1조가 되어 서로 간격을 멀리한 다음 주고받기를 한다.

② 풍선이 터지면 그곳까지가 팀 성적이다.

③ 풍선이 땅에 떨어져도 풍선이 터지지 않으면 계속할 수 있다.

CLICK POINT

▶ 풍선 대신 달걀을 사용해도 된다.

370 인간 탄환열차

① 팀별로 두 줄로 선 후에 서로 마주보고 서서 두 손을 마주 잡고 선다.

② 제일 가벼운 사람(주자)은 자기 팀의 팀원이 마주 잡은 손 위로 엎드린다.

③ 다른 팀원들은 주자를 튕겨서 앞으로 보낸다.

④ 주자는 반환점을 돌아서 올 때에는 터널을 만들어서 그 밑으로 뛰어오게 한다.

CLICK POINT

▶주자를 몸무게가 많아 보이는 사람으로 한다면 더 재미있다.

371 어기적 릴레이

① 마분지를 한 사람에 한 장씩 준비하도록 한다.

② 준비된 마분지의 중앙에 길이 약 15cm 정도의 타원형으로 구멍을 두 개씩 뚫은 다음 그 구멍에 양 발목을 넣고 릴레이 대형으로 선다.

③ 지도자의 신호에 따라서 출발한 사람은 목표를 돌아와 다른 사람과 교대한다. 걸어가는 모양이 어기적 어기적 가는 것 같아서 어기적 릴레이라고 하는데 이때 종이가 찢어지면 출발선으로 다시 돌아와 다른 종이를 받아서 다시 다녀오도록 한다.

④ 한 쌍이 손을 잡고 둘이서 같이 하는 방법도 있고 또 둘이서 한 발씩 넣고 가는 방법도 중간 중간에 넣어 변형시킴으로써 더 많을 재미를 유발할 수 있다.

CLICK POINT

▶릴레이로 하지말고 모두 그냥 상자 종이를 끼고 종이를 끼고 번호를 불린 양쪽사람이 나와 가운데 놓여 있는 과자를 빨리 집어먹는 놀이로 변형을 시켜도 많이 재미있고 우스꽝스러우며 다채롭다.

372 화장실 오솔길

① 팀별 반환점을 향하여 한줄로 줄을 선다.

② 시작신호와 함께 각 팀의 1번은 출발선에서부터 화장지를 깔아 그 위를 밟아 가

며 반환점을 돌아온다. 반환점을 돌아오면 화장지는 두겹으로 깔린다.

③ 화장지가 도중에 끊어지면 처음부터 다시 출발을 해야한다.

④ 발이 화장지 밖으로 나가면 실격이다.

CLICK POINT

▶반환점까지의 거리는 5m 정도가 적당하고 짝수 번호 선수들은 화장지를 다시 말아가면서 돌아오는 경기를 하면 좋다.

373 디스코 릴레이

① 출발선에서 선수가 출발을 한다.

② 반환점 가까이 왔을 때 지도자의 정지신호와 함께 디스코 음악을 틀어 준다(1분 정도). 이 때 주자는 달리다가 바로 멈추어서 그 자리에서 디스코를 추어야 한다.

③ 이 때 양팀 응원단의 응원도 포함하는 것도 좋으며, 응원점수를 포함시키겠다고 미리 말 해둔다.

④ 음악이 끝나면 다시 달려서 다음 주자와 터치한다.

CLICK POINT

▶성인용으로 할 경우에는 큼직한 여자용 꽃팬티를 준비해서 달리는 사람들에게 입게 한다(물론 옷 겉에).

▶음악이 나오면 팬티가 강조되게 엉덩이춤을 추게 한다(지도자의 웃음 유도).

▶릴레이 게임에서는 게임 진행을 도와줄 보조자들이 반드시 있어야 한다.

▶음악은 다양하게 준비하는 것이 좋다(댄스곡, 람바다, 동요, 트위스트, 한국무용 등).

374 3인 4각

① 3인을 1팀으로 하여 안쪽 발을 묶으면 3인 4각이 된다.

② 팀원 3명 중 가운데 선수는 눈을 가리고 출발하여 반환 점을 돌아오는 릴레이 경기로서 3명의 단결력, 협동심 및 감각 능력을 고취시키게 한다.

375 오리발 릴레이

① 오리발을 신고 반환점을 돌아오는 릴레이 게임으로 진행한다. 출발선부터 반환점까지는 뒤로 뛰어가고 반환점을 돌아 되돌아 올 때는 앞으로 뛰어 오게 한다.

② 오리발이 크기 때문에 일자로 예쁘게 뛰려고 하다가는 넘어질 수가 있다.

③ 오리발은 스킨스쿠버 장비 상점이나 일반 스포츠용품 판매점에서 구입할 수 있다.

376 게걸음 릴레이

① 2인 1팀이 되어 팀별 2열 종대로 정렬한다. 2명이 서로 등을 마주 대고 서서 팔짱을 끼고 시작 신호와 함께 게 걸음으로 반환점을 돌아오는 릴레이 게임이다.

② 3~7명의 인원이 한 팀이 되어 서로 등을 대고 팔짱을 낀 상태에서 반환점을 돌아오는 경기로 응용한다.

377 고구마 릴레이

① 야구방망이로 럭비공을 몰아서 반환점을 돌아오는 경기로, 릴레이 방식으로 진행한다.

② 럭비공이 고구마 모양으로 타원형이기 때문에 방향을 예측할 수 없어 재미있다. 발로 공을 차면 반칙이 되고 너무 공을 세게 다루면 오히려 늦어진다는 것을 지도자에게 주지시킨다.

CLICK POINT

▶야구 방망이를 다음 선수에게 전달할 때 던지지 않도록 주의한다.

378 쌍쌍 릴레이

① 대형 자루 속에 남녀가 함께 들어가 어깨동무를 한 상태에서 자루를 잡고 통통 뛰어 반환점을 돌아오는 릴레이 경기이다.

② 발이 가지런히 모아진 상태에서 경기장에 돌이 있으면 넘어질 우려가 있으므로 안전에 유의해야 한다.

379 살얼음 위로 걷기

① 팀 별 반환점을 향해 1줄로 줄을 선다.

② 맨 앞의 1번 선수는 발등(좌우)에 성냥갑을 1개씩 올려놓는다.

③ 시작 신호와 함께 성냥갑을 떨어뜨리지 않고 반환점을 돌아와 2번에게 성냥갑을 넘겨준다.

④ 성냥갑이 떨어지면 다시 올려놓고 계속한다. 릴레이 경기이다.

CLICK POINT

▶성냥갑 대신 밥공기나 비누 등을 이용해도 재미있다.

380 철인경기

① 체력에 자신 있는 사람을 각 팀 1명씩 출전시켜 경기를 하는데 9코스를 연속적으로 하여 가장 빨리 도착한 사람이 승리하는 게임이다.

② 각 코스의 간격은 10~15m 정도가 알맞지만 장소의 크기에 따라 유동적으로 정해서 하고, 순서는 다음과 같다.

1코스 : 코끼리 코잡고 5바퀴 돌고   2코스 : 밀가루 속에 있는 사탕먹기

3코스 : 줄넘기하며 달리기   4코스 : 풍선하나 불어 터트리기

5코스 : 그물 통과   6코스 : 머리위에 세수대야 물이고 달리기

7코스 : 제기차기 15개   8코스 : 비스켓먹고 휘파람불기

9코스 : 신문지 가슴에 대고 손 안대고 달리기

③ 마지막 9코스에서 달리기할 때에는 도착지점의 양쪽에서 흰 테이프를 들고 서 있다가 선수들을 맞이하면 분위기는 더욱 고조될 것이다.

CLICK POINT

▶이 게임은 야외 활동에 있어서 맨 마지막 순서에 하면 효과적이다.

5 단체전 게임

381 늦다리 밝기

① 먼저 두 팀으로 나누고 각 팀은 각각 한 줄로 줄을 선다.

② 각 팀에선 세 사람을 선발한다. 한사람은 자기 팀 등을 밟고 걸어갈 사람이고 나머지 두 사람은 등을 밟고 걸어갈 사람이 떨어지지 않도록 양쪽에서 손을 잡고 보조하며 앞으로 나아갈 사람이다.

③ 줄을 선 사람들은 옆으로 돌아선다. 그리고 자기의 발목을 잡고 엎드린다. 이제 그 위를 자기 팀에서 비교적 가벼운 한사람이 걸어갈 차례이다.

④ 자기 등을 밟고 지나간 후엔, 얼른 일어나 줄의 끝으로 달려가 다시 줄을 만들어줘야 된다.

⑤ 반환점을 만들어두고, 만약에 떨어졌을 경우엔 그 자리에서 다시 시작할 수 있도록 한다.

382 따발축구

① 남자, 여자 모두 함께 축구를 할 때 좋다. 축구공을 다섯 개 풀어놓고 시합을 시작한다.
② 대신 자유 킥으로 아무나 골키퍼가 될 수 있으며, 손으로 잡을 수 있는 거리는 넓이 뛰기로 세 걸음 이내여야 한다.
③ 양쪽 골대에는 반드시 수비 중 들어간 골수를 세고 있는 한 명씩을 파견해야 한다.

383 서바이벌 피구

① 일반적인 피구경기와는 달리 정사각형 모양의 경기장 하나로만 한다.
② 양팀 선수는 공격수와 수비수를 절반으로 나누어 진행하되, 양팀 공격수 모두는 경기장 라인 밖에 함께 서서 사각형 안에 있는 선수를 공으로 맞추어 아웃시키고 사각형 안에 있는 수비수는 공을 받거나 피해야 한다.
③ 정사각형 안의 남자 수비는 2인 1조가 되어 서로 팔짱을 끼고 피하거나 공을 잡아야 되고 여자 수비수는 혼자 자유롭게 볼을 받거나 피하면 된다.
④ 양팀 경기장 진영을 구분하지 않고 동시에 함께 사용하기 때문에 몸의 접촉을 피할 수 없다.

⑤ 경기가 과열되지 않도록 심판을 엄격히 보고 최종 1명이 남을 때까지 경기를 진행하거나 시간을 약 5~10분 정도 정해 두고 진행해야 한다.

384 파도타기

① 팀별 4열 종대로 정열한다.
② 팀에서 대표자를 2명씩 선발하여 밧줄 양쪽 끝을 잡고 자기 팀원들 맨 앞줄에서부터 뒷줄까지 밧줄을 다리 밑으로 통과한 뒤, 다시 뒤에서 앞으로 올 때는 팀원 머리 위로 지나서 온다. 이런 방법으로 왕복 3회 실시한다.

385 전략 줄다리기

① 각 팀 선수를 A조와 B조로 나눈다.
② 중앙에 3개의 줄을 놓고 각 팀의 A조 선수들이 줄을 잡고 B조 선수들은 대기선에서 A조 선수들을 지원할 준비를 한다.

③ 지도자의 시작 신호가 두 번 울리게 되는데, 첫 번째 신호에서는 A조 선수들이 줄을 당기기 시작하고 두 번째 신호가 울리면 B조 선수들이 A조 선수를 지원하러 출발한다.

④ 3개의 밧줄 중에서 2개를 먼저 자기 진영으로 끌어오는 팀이 승리한다.

CLICK POINT

▶밧줄을 5개 정도 놓고 진행해도 좋다. 밧줄 수는 항상 홀수로 한다.

386 헹가래 릴레이

① 모든 선수를 대표선수와 일반선수로 구분한다. 대표선수는 각 팀에서 남자 7, 여자 3명으로 구성하고 남은 선수들은 모두 일반선수가 된다.

② 각 팀의 일반선수 전원은 2열 횡대로 마주 보고 선 뒤 헹가래 천을 잡는다.

③ 대표선수를 차례로 헹가래 천을 이용하여 지정된 지점까지 나르면 대표선수 10명은 도착한 순서대로 탑을 쌓고 맨 마지막 선수는 맨 위에 올라가 자기 팀의 깃발을 흔드는 경기이다.

④ 대표선수들이 순서는 1~7번은 남자, 8~10번은 여자로 통일하여 몸무게가 무거운 남자들이 아래, 몸이 가벼운 여자선수들이 위로 올라갈 수 있도록 구성한다.

CLICK POINT

▶가장 높은 곳에 올라간 여자선수는 깃발 대신 구호가 적혀 있는 현수막을 아래로 펼쳐 보일 수 있다.

387 꽃바구니 터뜨리기

① 앵글이나 장대(3~3.5m)를 조립하고 장대의 맨 위쪽에 꽃바구니를 단다.
② 그리고 오자 미로 의문의 바구니를 맞추어 그 충격을 이용하여 터뜨리는 경기이며 꽃바니 속에는 꽃가루 오색 테이프 플랭카드 등을 넣는다.

388 알까기 술래

① 그물술래처럼 운동장에 피구라인처럼 네모 선을 그린다.
② 한 사람이 술래가 되어 다른 사람을 쫓기 시작한다. 그런데 처음 시작하는 술래는 왼손을 머리 위에 올린 채로 시작한다.
③ 다른 사람을 손으로 치면, 그 사람도 역시 술래가 되는데, 이때 술래가 손으로 때린 곳이 발이라면 왼손으로 발을 잡은 채로 뛰어야 하고, 엉덩이라면 그곳에 한 손을 대고 뛰어야 한다.
④ 술래가 기하급수적으로 늘어나기 때문에 누가 술래인지를 구분하는 방법은 두 손을 자유롭게 움직이는 아이는 술래가 아님을 알 수 있다.
⑤ 생각보다 금방 끝나고 술래인 아이들이 정확하게 한 손을 짚고 다니지 않아 아이들끼리의 다툼이 있을 수 있으니 그에 대한 정확한 지도가 필요하다.

389 드높은 기상

① 글자가 써 있는 플랭카드나 깃발을 풍선으로 매달아 먼저 띄우는 팀이 승리한다.

② 이 게임은 상조할 수 있는 팀웍이 바탕을 이룬다. 그리고 가족 단위 및 부서별 등으로 팀을 만들어 플랭카드나 깃발에 특유의 명칭이나 회사의 그 해의 운영 방침을 써넣어 풍선을 매달아 띄우는 게임으로 한다.

390 저울숯

① 그림과 같이 저울에 달려 있는 바구니 속에 시작 신호와 함께 각 팀 선수들은 운동장에 널려 있는 콩주머니를 주어 바구니 속에 넣는다. 일정 시간이 지나 콩주머니가 많이 들어 있는 바구니 쪽으로 기울게 되면 경기는 종료된다.

② 콩주머니 대신 예쁜 공으로 대체해도 좋지만 공은 가벼워 저울이 기울어지지 않을 수 있으므로 양 팀 바구니에 담겨 있는 공의 숫자를 세어 승부를 가린다.

391 풍선 폭죽

① 청, 백 2팀으로 나눈 후 전원에게 풍선 2개와 50cm 정도의 끈 2개를 나누어준다(고무밴드를 이용하면 좋다).
② 각자 풍선을 불어 그림과 같이 발목에 묶는다.
③ 시작 신호와 함께 상대팀으로 뛰어가 상대팀의 풍선을 발로 밟아 터뜨린다.
④ 제한 시간이 되면 자기 팀의 지역으로 돌아와 터지지 않고 남아 있는 풍선의 숫자로 승패를 가린다.

CLICK POINT

▶4팀일 경우 색깔이 있는 포장끈(청색, 홍색, 백색, 황색)으로 묶고 4팀이 동시에 경기를 치른다.

392 꼬리잡기

① 술래와 머리, 꼬리를 정한 다음 술래가 꼬리를 잡는 놀이이다.
② 열병 안팎의 사람들이 가위바위보를 해서 일등을 한 사람이 머리가 되고 꼴지는 술래가 된다.
③ 이와 같은 방법으로 2내지 3열이 될 때까지 계속한다.
③ 마지막에 맨 앞머리에 있는 사람이 상대편 꼬리를 먼저 잡으면 이긴다.

CLICK POINT

▶꼬리잡기로 끝나지 않고 게임이 끝난 상태에서 바로 들어갈 수 있는 팀대항 게임 등으로 하면 더 재미있는 게임이 될 수 있다.

393 판 뒤집기

① 두 가지 색의 판을 준비하여 양 팀의 중앙에 놓는다.
② 지도자의 신호와 함께 달려가서 자기 팀의 지정된 색깔이나 모양이 보이도록 뒤집는다.
③ 시간 내에 많이 팀의 지정된 판을 보이게 하면 이기는 게임이다.
④ 성인의 경우에는 뒷짐을 지고 발을 사용하여 뒤집도록 해도 된다.

CLICK POINT

▶경기가 시작되면 의욕이 앞선 나머지 분위기가 가열되어 지도자들끼리 머리가 부딪치지 않도록 안전사고에 주의한다.

394 살신성인 피구

① 모두 모여 원을 만들며 둥글게 선다.
② 3사람이 한팀이 되어 1열 종대로 선 후, 앞사람의 어깨를 잡고 원 안으로 들어가 수비를 한다.
③ 원을 만들고 있는 사람들은 공을 서로 주고받으면서 3사람 중 맨 뒷사람을 공격하여 맞힌다.

④ 3사람은 일치 단결하여 맨 뒷사람이 맞지 않도록 도망을 가거나, 앞사람이 양손으로 공을 막는다.

⑤ 1분 동안에 맨 뒷사람이 맞지 않으면 그 조는 통과한다.

CLICK POINT

▶ 사람이 많으면 팀 경기로 진행한다. 팀 경기로 진행할 경우 공격은 전원이 공격하고, 수비는 5개조만 안으로 들어가 수비를 한다. 이 때 제한 시간은 3분이 적당하다. 2사람이 한팀이 되거나, 4사람이 한팀이 되어 게임으로 유도해도 좋다.

395 그물술래

① 먼저 피구를 할 때처럼 직사각형의 네모를 라인기로 그린다.

② 술래를 한사람 지정해 네모 안에서 다른 사람들을 쫓아다닌다. 만약 술래의 손에 몸이 닿으면 술래와 손을 잡는다. 술래가 두 사람이 되는 것이다. 이때, 두 사람의 바깥쪽 손으로만 다른 사람들을 찍을 수 있다.

③ 술래가 한 명씩 늘어나면, 계속 해서 그물처럼 긴 대형으로 좌우 가장자리 사람의 잡지 않은 손만으로 도망 다니는 아이들을 칠 수 있다. 도망가다가 네모를 벗어나는 아이는 자동 탈락된다.

⑤ 이렇게 하다가 마지막 남은 한 아이만 시상하거나 상표를 주면 된다. 생각보다 시간이 많이 걸린다. 특히 마지막 한 두 명을 잡으려면 전체가 그물처럼 한군데로 몰아야만 되기에 쉽지 않다.

396 대형 현수막 펼치기

① 일반적인 릴레이 경기와 동일하나 마지막 주자가 골인한 다음 사전에 준비된 배낭을 메고 소속팀 응원석으로 올라가 배낭 속의 현수막을 먼저 펼쳐 보이는 경기이다.

② 모든 팀의 현수막이 펼쳐지면 하나의 문구가 완성된다.

397 풍선기둥 세우기

① 참가자 전원에게 팀별 색깔이 다른 풍선을 1인당 약 2개 정도씩 나누어 준다.

② 참가자 중에 각 팀별로 10~30명의 대표선수를 선발한다. 선발된 선수는 지도자들이 불어 주는 풍선을 받아 대형 투명 비닐에 빠르게 담는 역할을 한다.

③ 시작 신호와 함께 참가자들은 풍선을 불어 운동장으로 보내고 대표선수들은 풍선을 제한된 시간에 빨리 담아 멋진 모양으로 풍선기둥(높이 5m, 지름 1.8m)을 만든다.

CLICK POINT

▶ 완성된 풍선기둥을 선수 대표들이 동시에 높이 올리거나 2인 1팀이 되어 풍선기둥을 들고 뛰어 반환점을 돌아오는 릴레이 경기로 연결하여 진행할 수 있다. 행사 종료 후 어린이들에게 선물로 나누어 줄 수도 있다.

398 단체 줄넘기

① 밧줄을 돌릴 두 명의 선수가 밧줄 양쪽 끝을 잡는다. 남은 선수들은 줄잡이 선수들 사이에 1열이나 2열로 정렬한다.

② 구령과 함께 줄잡이 선수들이 줄을 돌리면 남은 선수들은 숫자를 세면서 줄을 피해 제자리에서 뛰어 넘는다.

CLICK POINT

▶ 줄잡이가 줄을 돌리고 남은 선수들은 돌아가는 줄 안으로 한 명씩 들어가는 방법도 있다.
▶ 순서는 '가위바위보'로 정하고, 연습시간 3분정와 2번의 기회를 주고, 그 횟수를 더한다.

399 종이비행기 날리기

① 이 게임은 참가 인원이 많을수록 좋은 게임이다. 전체 참가자 중 팀별 대표 20명은 체육관 바닥에 내려와 바구니를 든다.

② 좌석에 앉아 있는 대부분의 참가자들은 사전에 준비된 종이비행기를 음악이 시작되는 동시에 날리고 선수 대표들은 바구니로 종이비행기가 떨어지는 것을 담는다.

③ 최종 종이비행기를 팀별로 모아 전자 저울로 측정하여 판정을 내린다.

400 퀴즈 동서남북

① 지도자는 큰 원 하나와 X표를 지면에 그려놓고 가운데에 경계선을 그려놓는다.

② 진행자는 미리 준비한 퀴즈를 1문제씩 내어 참가자들이 생각 할 때에 맞는다고 생각하면 'O'표시, 틀리다고 생각하면 X표시에 가서 서있으라고 한다.

③ '말은 서서 잠을 잔다.' 이것이 맞는다고 생각하면 O표시, 틀리다고 생각되면 X표시에 서있으라고 한다.

④ 정답 – 맞다. 이때 틀리다고 생각하여 X표시에 서있는 사람은 탈락이다. 이와 같은 방식으로 하면 된다. 그러나 이러한 퀴즈게임을 계속하면 탈락한 사람들이 많이 생긴다.

⑤ 지도자는 전체 분위기와 상황을 판단하여 이들을 다시 살려주는데 탈락된 사람들은 지도자의 신호에 따라 '살려주세요'하고 두팔을 들고 2번 소리쳐야 한다.

○, × 퀴즈 50선

1. 달에서 보면 지구는 푸르스름하게 빛난다. 이것은 지구에는 많은 나무들이 있기 때문이다. ×(바다 때문에)

2. 지구가 처음 생겨났을 때에는 굉장히 뜨거워서 생명체가 살 수 없었다. ○(생명체 탄생은 지구발생 후 몇 십억년 후)

3. 쥐라기에 살았던 공룡이 사라진 이유는 먹이가 부족했기 때문이다. ×(운석 충돌 후 기후변화 등의 원인이 더 설득력을 얻고 있음)

4. 돼지 저금통은 우리나라에서 처음 만들었다. ×(영국에서 제일 처음 만들었음)

5. 소는 특이하게 2개의 위를 가지고 있다. ×(소는 되새김질을 하기 위해 4개의 위를 가지고 있다)

6. 사람은 항상 자면서 꿈을 꾼다. ㅇ(누구나 4번 이상 꿈을 꾸지만 기억을 못하는 경우가 많다)

7. 하품은 인체에 있어서 가장 손쉬운 피로회복제 이다. ㅇ(하품 한번에 공기 2000cc가 새롭게 교환된다)

8. 채식을 주로 하면 늘 젊음을 유지할 수 있다. ㅇ(채소나 곡식에는 아연이라는 미네랄 성분이 노화를 방지한다)

9. 세계에서 가장 평균 수명이 긴 나라는 미국이다. ×(일본이 평균 수명이 가장 길다)

10. 상처에 침을 바르면 낫는다는 것은 기분이 뿐이다. ×(침에는 살균 성분이 있다)

11. 인체의 심장은 하루 내내 뛰고 있다. ×(심장은 1초당 3분의 1씩 하루평균 6시간 정도를 쉰다)

12. 나방이 불빛에 달려드는 성질을 '야광성'이라고 한다. ×(주광성)

13. 바퀴벌레는 옛날 '돈벌레'라고도 했다. ㅇ(바퀴벌레는 추운 곳을 싫어하기 때문에 따뜻한 부잣집을 좋아했다고 한다. 그래서 부잣집에서 사는 벌레라고 해서 돈벌레라고 했다한다)

14. 꿀벌은 '페로몬'이라는 특수한 냄새로 꿀이 있는 꽃의 위치를 동료들에게 알려준다. ×(꿀벌은 태양을 기준으로 춤을 추며 방향을 알려준다)

15. 거미는 곤충이다. ×(거미는 절지동물이다. 곤충은 머리, 가슴, 배로 나누어지고, 가슴에 3쌍의 다리와 2쌍의 날개를 가지며, 몸이 마디로 이루어진 동물을 가리킨다)

16. 하루살이의 총 수명은 약 하루이다. ×(성충으로는 약 하루지만 애벌레로 종류에 따라 6개월~12개월을 산다고 한다)

17. 반딧불의 알도 빛을 낸다. ㅇ

18. 모기는 수컷이 사람을 문다. ×(알을 낳기 위해 암컷이 문다)

19. 곤충의 피는 푸른색이다. ㅇ(헤모시아닌(인간의 백혈구와 같은 역할) 때문에 푸른색을 띤다)

20. 지렁이는 암수의 구별이 있다. ×(지렁이는 암수가 한몸인 '자웅동체'이다)

21. 바다속에도 곤충이 살고있다. ×(표면에는 소금쟁이류가 살고 있음)

22. 비행기 앞, 뒤의 바퀴는 3개이다. ×(이 세 바퀴의 크기는 위치에 따라 다르다)

23. 비행기의 꼬리날개에는 피뢰침이 있다. ×(피뢰침은 땅과 연결되어 전류를 땅으로 흘려보내야 하는데 비행기는 그럴 수 없다)

24. 닭다리는 왼쪽다리가 오른쪽 다리보다 맛이 있다. ○(닭은 오른쪽다리보다 왼쪽을 더 많이 사용하기 때문에)

25. 우리나리에서 첫 번째로 지정된 국립공원은 설악산이다. ×(첫 번째로 지정된 국립공원은 지리산이다)

26. 단양팔경은 모두 단양군에 있다. ×(단양팔경중 하나인 육순봉은 충북 제천시에 있다)

27. 토끼는 걸을 수 있다. ×(토끼는 뒷다리가 길기 때문에 걸을 수 없다)

28. 사람의 신체는 왼쪽이 오른쪽보다 더 무겁다. ○(신체의 왼쪽에 심장이 있기 때문에)

29. 이제 막 캐낸 고구마와 한달 정도 지난 고구마는 이제 막 캐낸 고구마가 더 맛있다. ×(한 달 정도 지난 고구마)

30. 파리가 앞발을 서로 비비는 것은 먹이를 찾는 행동이다. ×(더러운 것을 씻는 행동)

31. 남자와 여자 중 남자가 추위에 더 강하다. ×(여자는 피부 밑에 있는 지방이 많으므로 추위에 강하다)

32. 고래는 호흡을 할 때 바닷물을 내뿜습니다. 이때 고래가 뿜어올리는 물은 코안으로 들어간 바닷물이다. ○

33. 1년에 단 한번, 칠월칠석날 밤에만 만날 수 있다는 견우성과 직녀성, 직녀의 일은 베를 짜는 일인데, 견우의 일은 양치기이다. ×(견우는 소를 끈다는 뜻, 소치기)

34. 태풍은 태평양에서 발생하는 것인데, 인도양에서 발생하는 폭풍우는 허리케인이다. ×(사이클론, 허리케인은 대서양, 북태평양에서 발생한다)

35. 세계에서 제일 긴 강은 아프리카의 나일강이다. ○(나일강 : 6,690km, 남아메리카의 아마존강 : 6,300km, 북아메리카의 미시시피강 : 6,210km)

36. 개미는 작은 곤충을 잡아먹을 때, 독물을 뿌려 상대를 죽인다. ○(개미는 작은 곤충과 싸울 때 입으로 물고 개미산이라고 하는 독물을 뿌려 상대를 죽인다)

37. 날개를 가진 새 중 가장 빠른 새는 독수리이다. ×(송골매)

38. 문어는 조개를 껍질 째 먹고 껍질만 버린다. ×(조개가 숨을 쉴 때마다 껍질 틈새에 작은 돌을 넣어 입을 벌리면 꺼내 먹는다)

39. 거북이가 잠을 잘 때에는 머리를 집어넣고 잔다. ×(머리와 발을 모두 꺼내놓고 잔다)

40. 낙타의 등에는 많은 양의 물이 들어있다. ×(낙타 등에는 지방이 들어있다)

41. 오줌이 배출될 때 부르르 떨리는 것은 수분이 빠져나갔기 때문이다. ×(체온이 내려갔기 때문)

42. 닭을 많이 먹으면 닭살이 돋는다. ×(피부 솜털에 붙어있는 근육이 오그라들면 닭살이 돋는다)

43. 티눈은 어린이에게 더 잘 생기는 병이다. ×(가죽구두나 굽이 높은 신발을 신고 생활하기 때문에 발생한다. 따라서 어른에게 더 잘 생긴다)

44. 녹음한 목소리와 실제 자신의 목소리는 틀리다. ×(다른 사람이 들으면 같은 목소리이지만 자신이 들으면 틀리다고 생각되는 것이다)

45. 다이너마이트는 '니트로 셀룰로스'란 물질로 만든 것이다. ×(액체인 니트로 글리세린을 안전하게 고체 폭약으로 만든 것이 다이너마이트)

46. 월드컵 제1회 대회는 스위스에서 열렸다. ×(1930년 우루과이에서 시작되었다. 우승 : 우루과이)

47. 처음으로 월드컵에서 골을 넣은 선수는 김주성 선수이다. ×(박창선 선수가 첫 골)

48. 북한의 나라꽃은 진달래이다. ×(진달래꽃에서 목단, 즉 함박꽃으로 바뀜)

49. 우리나라 최초의 라면값은 10원이었다. ○

50. 피카소는 레오나르도 다빈치보다 먼저 태어났다. ×(레오나르도 다빈치가 300년 앞서 태어남)

참고문헌

김오중(2000). 여가레크리에이션 총론, 대경북스.

로제 카이와(1994). 놀이와 인간. 이상률 옮김. 문예출판사

마틴(2008). 유머심리학-통합적 접근. 신현정 옮김. 박학사

미하엘 티체 외(2007). 유머전략. 곽병휴 옮김. 학지사

박세혁(2000). 119레크리에이션 이론 및 실제, 화인미디어.

박종준(1996). 산업 교육레크리에이션 마음에서 마음으로, 한국자아완성교육원.

박창영(1998). 레크리에이션 노래 · 율동 레슨, 일신서적출판사.

박흥세 · 성락민 · 김의공(2001). 레크리에이션@이벤트, 삼호미디어.

밥 그렉손 · 강성애 · 인진한(1991). 짜릿하면서도 즐거운 게임, 베드로서원.

사)한국여가레크리에이션협회(1996). 레크리에이션지도서(1), 대경북스.

사)한국여가문화운동연합회(2003). 레크리에이션 지도의 이론과 실제, KORET.

이경열(1995). 생활노래교본, 정훈출판사.

이경열(1995). 실내놀이교본, 정훈출판사.

이봉석(2000). 관광레크리에이션@이론과 실제, 백산출판사.

이영민(2003). 와우! SIT, 국제제자훈련원.

이재선 · 조아미(2006). 청소년의 유머감각과 유머스타일이 스트레스대처방식 및 건강에 미치는 영
    향, 청소년학연구, 13(6), 79-100.

이현아(2010). 직장인의 유머감각이 스트레스 대처방식 및 직무만족에 미치는 영향, 명지대학교 대
    학원 석사학위논문.

전승훈(2000). 프로레크리에이션600 증보판, 엘맨출판사.

정해성 외(2011). 웃음임상치료의 실제. 도서출판 맑은생각

조민구(2015). 여가정책의효과성 제고를 위한 여가활동 영향요인의 실증적 연구. 서울시립대학교 대학원 박사학위논문.

조민구 외(2016). 2016 NCS 학습모듈 레크리에이션지도.

조택구 · 이재선 · 주정호(2002). 레크리에이션 프로그램 가이드, 대경북스.

조택구 · 주정호 · 이재선(2003). 보메와 함께하는 Fun story, 보령모자생활과학연구소.

조택구 외 4명(1995). 여가 · 레크리에이션, 이진출판사.

중앙청소년수련원(2002). 청소년 지도자 전문연수 레크리에이션, 국립중앙청소년수련원.

청소년대화의 광장(1997). 청소년의 유머, 청소년상담문제연구보고서.

최명선 · 최태산 · 안재영(2007). 청소년의 유머감각 및 유머스타일과 대인관계기술의 관계, 한국놀이치료학회지. 11(10), 97–108.

최미숙(2009). 초등학생의 유머스타일이 자아존중감과 이타성에 미치는 영향, 명지대학교 사회교육대학원 석사학위논문.

한국청소년연맹(2001). 인간관계훈련의 이론과 실제, 양서원.

함정은 · 유영창 · 한권상(1998). 레크리에이션, 형설출판사.

홍사성(1989). 4계절 레크리에이션 게임, 은혜출판사.

Bucher, C. A., Shivers, J. S., & Bucher, R. D.(1984). *Recreation for Today's society*(2nd ed.). NJ : Prectice-Hall.

Dumazedier, J.(1967). *Toward a Society of Leisure*. NY : Free Press.

George, W. R., & Berry, L. L.(1984). Guidelines for the advertising of sevices. In C. H. Lovelock(Ed.), *Services marketing ; Texts, Cases, and Readings*. Englewood Cliffs. NJ : Prentice-Hall.

Iso-Ahola, S. E., & Weissinger, E.(1987). Leisure and boredom. *Journal of Social and Clinical Psychology.*

Kraus, R.(1990). *Recreation and Leisure in Modern Society*(4th ed.). Glenview, IL : Scott, Foresman and Company.

Kelly, J. R.(1990). *Leisure*(2nd ed.). Englewood Cliffs. NJ : Prentice-Hall.

經濟企劃廳 國民生活局餘暇 生活文化室編(1993). 餘暇時代のまちづくりハンドブック, ぎょうせい.

餘暇開發センター編(1993). レジャー白書, 餘暇開發センター.

日本レクリエーション協會編(1991). 餘暇生活援助法, 日本レクリエーション協會.

高橋 和敏, 川向 妙子(1986). 圖解ゲームの指導事典, 不昧堂.

日本レクリエーション協會編(1989). 知的餘暇生活術, 日本レクリエーション協會.

日本レクリエーション協會編(1992). 餘暇生活診斷テスト實施マニュアル, 日本レクリエーション協會.

奧井札喜(1991). ライフプローデュース, 時事通信社.